招聘的
8节实战课

从小白到招聘专家的转变

邓玉金　著

首都经济贸易大学出版社
Capital University of Economics and Business Press

图书在版编目(CIP)数据

招聘的8节实战课:从小白到招聘专家的转变/邓玉金著. --北京:首都经济贸易大学出版社,2018.1

ISBN 978-7-5638-2740-4

Ⅰ.①招… Ⅱ.①邓… Ⅲ.①企业管理—人才—招聘 Ⅳ.①F272.92

中国版本图书馆CIP数据核字(2018)第000591号

招聘的8节实战课:从小白到招聘专家的转变

邓玉金 著

责任编辑 田玉春
封面设计 薛飞翔
出版发行 首都经济贸易大学出版社
地　　址 北京市朝阳区红庙(邮编100026)
电　　话 (010)65976483 65065761 65071505(传真)
网　　址 http://www.sjmcb.com
E-mail publish@cueb.edu.cn
经　　销 全国新华书店
照　　排 北京砚祥志远激光照排技术有限公司
印　　刷 唐山玺诚印务有限公司
开　　本 710毫米×1000毫米 1/16
字　　数 334千字
印　　张 19
版　　次 2018年1月第1版 2023年3月第1版第5次印刷
书　　号 ISBN 978-7-5638-2740-4
定　　价 38.00元

作者自序

我从大学毕业到现在，工作也快20年了，在国有企业、民营企业和外资企业都工作过，人力资源工作始终是我最核心的工作内容。这段时间，我要么主管人力资源工作，要么主管人力资源和行政工作，要么主管人力资源和分支机构的管理工作，随着在工作中的慢慢摸索、学习和积淀，渐渐地对HR有了比较全面的认知，驾驭起来貌似驾轻就熟了，尤其是在2010年以后。

我们知道，人力资源工作模块包含：人力资源规划、聘用管理、培训和人才发展、薪酬管理、绩效管理、员工关系管理、组织职位管理、胜任能力管理/任职资格管理、干部管理、企业文化、组织发展等。实际上人力资源管理的技术含量还是很高的，只是在企业的不同发展阶段，各模块的功能和重要性体现不明显而已。再加上国内HR从业人员普遍比较年轻，各企业人力资源实践时间比较短，企业主和总经理也没有那么职业化和专业化，造成了国内企业普遍存在关注业务工作、轻视管理工作的现状，尤其轻视花钱而短期效果不显的人力资源管理工作。

今年写《招聘的8节实战课》目的有几个：一是为了给人力资源部门和人力资源工作者正名——人力资源工作是有价值的；二是为了把工作的实战经验总结出来给读者朋友做个分享；三是因为从2010年工作之余抽空作为兼职讲师对外授课以来，确实是梳理了一些东西，尤其是在2014年、2015年、2016年分别给华企商学院、时代光华《名师在线》、管理十项群、知行环球 SAAS 平台做了人力资源管理课程的录制，特别是知行环球的总裁 Apple 女士也非常高兴跟我合作一起出书，对我有了很大的鼓舞！

感谢薛飞翔把我的语音课程整理成了文字，并在后期排版过程中做了大量工作。写书的过程中有很多朋友给出了建议和支持，在这里一并表示感谢！

我把企业招聘的全流程内容分了八节课，所以书的内容叫《招聘的八节实战课》，各部分的内容如下：

第 1 节课，人力资源管理的逻辑模型。招聘工作是人力资源工作中最常见、最普通的一项常规工作，可是在企业的发展实践中却是最具战略地位的一项人力资源工作。企业战略规划和年度计划最优先考虑的是人才的盘点，因为企业任何工作都是由一个个经理和员工来完成的，如果人岗不匹配，战略目标和年度目标不可能达成。既然招聘工作如此重要，为了保证此项工作的有效达成，本章先介绍几个人力资源模型。

第 2 节课，对接战略的工作分析机制建设。第 1 节课中通过人力资源的逻辑模型、人力资源的管理模型、人力资源管理的层次和高效招聘的四个关键点解析，介绍了三种企业管控模式以及基于企业管控模式下的三种人力资源管理模式。大的逻辑清晰后，如何给企业配置人员、配置多少人员、配置什么素质和能力的人员，以及如何快速配置人员到位呢，这些内容将在第二节课中着重介绍。

第 3 节课，靠谱的面试官队伍建设。前面两节课介绍了人力资源的招聘工作来源于业务的需要，人力资源管理的几个模型，以及基于战略和年度计划做工作分析（设置岗位、制定编制预算等内容），确定了招聘的数量和质量要求，而编制岗位说明书是招聘的唯一依据。

当下的人力资源市场中，有能力的候选人都是比较抢手的，如果我们没有安排好面试的流程，没有设计好面试的问题，候选人的体验就不会好，甚至不愿意配合面试。所以面试官的素质和能力是公司的形象，是脸面，是提高面试效率和效度最重要的一个维度。当然面试官需要懂得本公司的聘用理念和选才机制。

第 4 节课，招聘渠道建设和人才与价格对等理念的普及。招聘需要通过招聘渠道，相中的候选人的价格既要有外部竞争性又要体现内部公平性。那么，企业和人力资源部门维护和开拓招聘渠道的能力、平衡和匹配人才内外部价格的能力亦是提高招聘效率和效度的有效途径，本节课将详细介绍。

第 5 节课，招聘流程建设的要点。经过前面几节课的铺垫，应该进入到招聘面试环节了。面试前，我们需要做招聘需求评估，明确用人部门是否真的缺人、缺什么样的人、缺多少人；面试的过程中，我们运用的测评方式多种多样，有结构化面试、情景模拟、公文筐、无领导小组讨论等，力求全方位、多角度地判断和确定候选人是否就是企业所需的人才；我们还可以通过各种面试技术层层挖掘和检验候选人的能力和经验；在面试结束后，我们需要立即做录用评估，避免二次招聘的尴尬。

第 6 节课，薪酬谈判技巧。薪酬谈判在人才吸引、激励、保留中极其重要，也是无法跨越的环节。实际上，薪酬谈判的过程就是面试官与候选人之间的心理博弈。当我们觉得候选人符合企业价值观和岗位的要求，他也愿意加入到公司来，那么就进入谈价钱的环节。对于企业来讲就相当于花多少钱聘用人才，对于候选人来讲就是我的心力、智力和体力，卖给企业大概多少钱合适。

第 7 节课，入职和试用期管理。新员工的入职和试用期管理是人员招聘尤其是外部人员招聘的最后一个环节。很多人认为把候选人招进公司，整个招聘流程就已经结束了，其实不然，入职和试用期内的管理工作同样重要。我根据实际工作经历做过粗略的统计：员工离职 50% 以上是发生在试用期内的。所以为了保证招聘工作的前期成果落地，入职和试用期的工作一定要精细务实。

第 8 节课，人才培养体系的构建。现如今，越来越多的员工关注自我的职业发展和职业生涯管理，前面几节课的核心内容都是讲企业的外部招聘，本节课着重介绍企业内部招聘，即内部人才培养体系的建立。

本书从人员需求到整个面试的过程，到最后的人才培养，对招聘的全流程做了一个详细的解析。实际上涵盖了人力资源招聘方方面面的环节，但这里边有一个环节没有涉及，就是人力资源规划环节。这个话题留待将来再和大家分享。

希望本书能够给广大的人力资源工作者带来帮助！

邓玉金

2017 年 10 月于北京

序　言

2014 年 8 月，我创建了知行环球（Z – ING GLOBAL）。作为职业培训行业新人，第一时间去拜访了数位培训师前辈，一是希望能从专业老师那里听到一些行业心声，另外一方面则是为知行这份事业选择第一批合作讲师，这也是我与本书作者邓玉金老师结缘的伊始。我个人非常感谢邓老师在我创业路上对公司招聘、绩效、培训等 HR 专业领域问题上的实际帮助和启迪。为此，我认为知行环球有责任也很荣幸能和邓玉金老师联合出版此书。《招聘的八节实战课》在理论的基础上结合了邓老师多年的招聘实战经验，我相信他的真知灼见可以帮助管理者和招聘从业人员整理思路，更高效解决招聘中遇到的问题。

在知行成立之初，招聘是一个略带尬点的过程，原因很简单——我是一个光杆司令。创业期公司一没品牌，二没资源，三没有确定的未来。但我有决心成为一位有吸引力的雇主，或许也正是靠着这份理想化的追求，知行的第一位小伙伴（2014 年 9 月入职）至今还在和我一起共事，且在之后的三年打磨出知行最核心的团队。

在实际工作过程中，初创公司很难在单一的面试过程中吸引到合适的人才加入，招聘早期员工相对困难。我的一个做法是将正轨运营公司的上岗指导举措引入到知行环球的最后一个招聘环节，所以每一位早期加入知行的伙伴都会得到以下四个最基本的支持：

1. 重要业务领域的系统介绍。初创公司的业务模式通常不会太复杂，但很有可能是一种全新的玩法，帮助新伙伴了解公司业务的全貌，包括优势、弱点、机遇和威胁等成为必不可少的环节。

2. 团队融入。了解团队重要成员的工作背景，团队整体动态和发展历史。

3. 融入企业文化。初创团队的企业文化更多体现在创始人的理念、价值观和团队行事的方式，可以邀请新人与团队一起培训、团建或开研讨会。

4. 了解公司的长远发展目标。对于有兴趣加入创业公司的伙伴来说，创始人的品格、公司持续发展的计划、商业模式的建立、产品的定位等是否靠谱和有吸引力对于他们至关重要。在过去三年，对每一位即将加入知行环球的伙伴，我都会详细地和他们分享知行的业务战略意图——借助自有产品“知行云课堂”彻底解决在线企业大学建设的技术成本和内容质量两个痛点，打造企业培训服务新品牌，实现企业之间基于知识的交易。让他们了解公司的愿景、长期重点事项和现阶段需要一起实现的目标。

在我而言，招聘的核心体现就是为公司找到适合的人来执行工作和解决问题。但我深知初期团队的价值观会成为企业文化的基础，唯有和拥有良好价值观的优秀人才一起共事，才有机会让企业走得长远。知行的价值观是在公司三周年时候梳理的，写在大家工作证的背面。这三条价值观即是我们核心团队在过去三年行事风格的真实体现，也是未来我希望每一位知行人都坚持和践行的东西。

Respect jobs over job titles.

Be true to yourself，Be willing to learn.

Give Back.

关注工作本身，而非头衔，

做自己，也要善学习，

常怀感恩之心，常念相助之人。

2018 年起，知行环球会携手邓玉金等企业培训、人力资源行业专家合力打造系列丛书，以出版书籍的方式服务更多的企业和职场人。在创业的路上，知行人不断地体验未知和创造价值，拥抱这个时代的机遇和不确定，专注地一路向前！

孙朝秀（Apple. Sun）

知行环球（北京）科技发展有限公司 CEO

目　录

第 1 节课

人力资源管理的逻辑模型

招聘工作是人力资源工作中最常见、最普通的一项常规工作，可是在企业的发展实践中却是最具战略地位的一项人力资源工作。企业战略规划和年度计划最优先考虑的是人才的盘点，因为企业任何工作都是由一个个经理和员工来完成的，如果人岗不匹配，战略目标和年度目标是不可能达成的。既然招聘工作如此重要，为了保证此项工作的有效达成，本节课先介绍几个人力资源模型。

本节学习内容：

- 源于战略的人力资源逻辑模型
- 基于战略的人力资源管理模型
- 基于市场和企业实际情况的三种企业管控模式
- 匹配企业管控模式的三种人力资源管控模式
- 高效招聘的四个关键点解析
- 人力资源管理的层次

源于战略的人力资源逻辑模型

做生意要有经营模型，做业务要有业务模型，做企业要有商业模型，要不然难以取得投资人的风险投资。人力资源工作虽然是职能模块的工作，如果想要出彩的话，人力资源经理人一定要有经营的意识，要构建几个务实的模型，需要把公司的人力资源工作努力经营好，不仅仅是管好人力资源事务性的工作！

企业的经营大体上可以分为经营客户和经营人才两条线：经营好客户能带来比较好的经济收益；通过人才发展体系的构建来培养员工和经营人才，使人才能够心甘情愿地服务客户，那么必定会带来客户的忠诚，企业经营的经济型目标反而成了副产品。

笔者依据经营人才的理念设计了以下人力资源逻辑模型（见图1－1）：

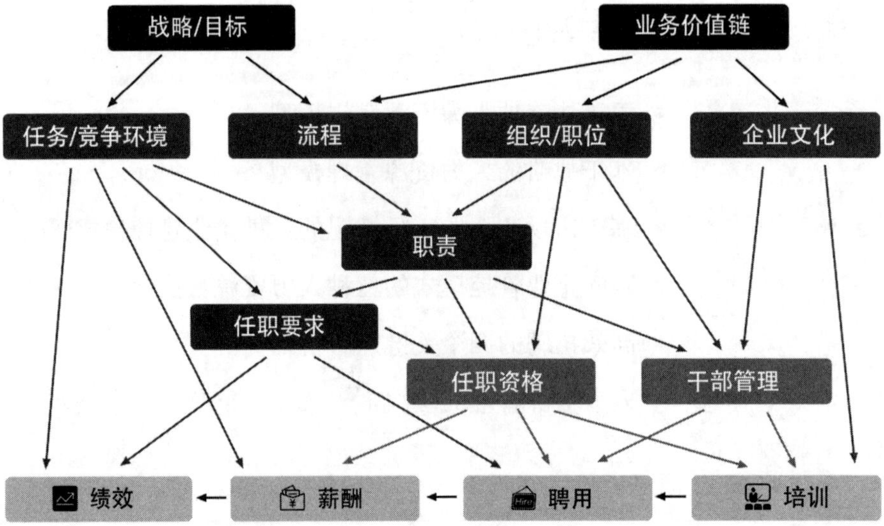

图1－1　人力资源逻辑模型

上述逻辑模型的内容，一眼看去特别显眼的是绩效、薪酬、聘用和培训这四个人力资源的核心模块，当然人力资源的工作还有任职资格、干部管理、企业文化、员工关系、职位管理、人力资源规划等。这些都是人力资源管理的核心内容，总共有差不多十几个模块。展示这个模型，目的不是告诉各位朋友人力资源有多少个模块，而是想说人力资源部门所有的工作都是从模型最上面的那两个模块派生出来的，这两个模块就是企业战略目标和业务价值链。

企业人力资源所有模块的工作，究其源头一定是业务，是从企业的业务需要派生出来的。如果企业人力资源的工作与企业的战略目标、业务价值链不一致的话，一定是违背企业经营的初衷。所以说人力资源从业人员在企业内开展人力资源工作的时候，一定要先判断如下几个问题：

- 企业基本状况怎么样
- 企业处于生命周期的哪个发展阶段
- 企业的战略目标是什么
- 企业业务价值链是怎么展开的

这样在开展人力资源工作的时候，才会有的放矢，不会给企业的生产经营带来比较大的非正常的内部干扰。

企业在创业初期的时候，最主要的工作就是业务模型的设计，清晰业务模型之后需要界定几个目标。现如今的企业要想快速发展，一般都会引进风险投资。业务模型和业务目标清晰之后，第二项工作是人员梯队的搭建。然后把人和资源集中投入到目标业务中，开疆辟土。所以创业期的企业人力资源的主要工作是人员招聘和新员工的培训工作，迅速地为企业的发展招募到优秀的人才同时将新人培训好是这个阶段要做的主要工作。一家连锁企业的老板当时对作为 HRM 的笔者的要求就是“挥挥手能来 300 人”，而那一年企业人员净增加 1 500 多人（流失率在 30% 左右）。

在企业业务和人员比较稳定的时候，人力资源最主要的工作是薪酬、员工激励、人才的保留和培养。这个阶段企业业务成熟，流程规范，薪酬在同行中一般不占优势，所以人员的激励和人才梯队的搭建显得尤为重要，要为企业今后的发展保留和培养足够的人才。比如杰克·韦尔奇时代GE的5 000人，阿里巴巴的200/300人计划就是比较好的思路。

企业进入衰退期后，最主要的人力资源工作是配合业务的退出做好裁员和稳定工作。这个阶段企业大的方向应该是培育新的增长点和战略的转移，老业务基本上就是缩减人员、维持稳定或者整体出售给其他企业，就像当年IBM将PC业务出售给联想一样。

所以人力资源从业人员一定要清晰地判断自己所服务企业的战略和业务价值链，在合适的时机配合业务推出得力的人力资源政策和项目，推动业务向前发展，成为业务发展的助力。如果人力资源从业人员在企业内推进的人力资源项目跟公司当下的业务需求不匹配的话，一定会给企业经营带来干扰，给各级经理和总经理带来不必要的麻烦，那么总经理对人力资源工作一定是不满意的。因此，人力资源经理人一定要发自内心地明白一件事：人力资源所有的工作都是从业务派生出来的，人力资源的工作要来自于业务，要为业务服务，不能给业务带来干扰，这样在不久的将来，您公司的人力资源工作才能高于业务，人力资源的工作价值才会得到体现！像阿里巴巴的业务板块出现问题时，往往冲在最前面解决问题就是人力资源部门，京东的刘强东也强调业务不行最主要是人不行！

基于战略的人力资源管理模型

人力资源的逻辑模型讲述的是人力资源职能工作和企业业务经营的内

在关系，即企业人力资源工作发源于企业业务的需要。而人力资源管理模型着重介绍由业务到人力资源的诸多模块的内在关联关系，详见图 1－2。

这个模型分“屋顶”和“房间”两个部分。“屋顶”是企业使命、愿景和战略，中间用管理界面切分一下，“房间”是人力资源的相关职能模块。

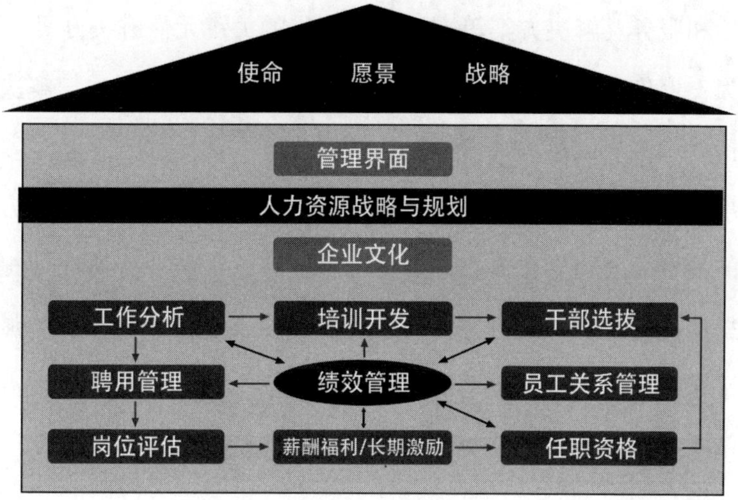

图 1－2　人力资源管理模型

使命

企业经营的源头是使命，人力资源工作的源头也是企业的使命。什么是使命呢？使命就是企业为什么存在的理由，或者说老板办企业的目的。新东方的俞敏洪说：“人或多或少都有使命感，更大的使命感是什么？来自你愿意为自己的家庭、社会、国家甚至于全球、世界做一些有意义的事情。”企业的使命也是在不断进化的，在企业很小的时候，使命只有一个，就是挣钱，先让自己活命。当企业发展壮大了，尤其是人员过了 100 人、销售额在一个亿的时候，企业的使命就已经细化了，变成企业今后较长一段时间或者百年企业所追求的那种东西了。比如：

麦肯锡公司：帮助杰出的公司和政府更为成功。

沃尔玛公司：给普通百姓提供机会，使他们能买到与富人一样的东西。

英特尔：成为全球互联网经济最重要的关键元件供应商，包括：在客户端成为个人电脑、移动计算设备的杰出芯片和平台供应商；在服务器、网络通信和服务及解决方案等方面提供领先的关键元件解决方案。

华为：聚焦客户关注的挑战和压力，提供有竞争力的通信解决方案和服务，持续为客户创造最大价值。

百事可乐：我们立志将百事公司建成世界首屈一指的、主营方便食品和饮料的消费品公司。在为我们的员工、业务伙伴及业务所在地提供发展和创收机会的同时，我们也努力为投资者提供良性的投资回报。诚信、公开、公平是我们所有经营活动所遵循的原则。

西门子家电企业：为消费者和股东创造价值。

愿景

愿景是企业在使命的引领下所要达到的美好情境，即企业将来发展成什么样子。说白了就是老板经常给大家画的那张“大饼”——将来我们要上市，我们要普惠人民大众，每人配房配车，给人民的生活带来某些便利……就如同马云做大黄页的时候给客户讲述的那样。

西门子家电企业：成为行业标杆。

华为：丰富人们的沟通和生活。

联合利华：每一天，我们都致力于创造更美好的未来。

我们的优质产品和服务，使人心情愉悦，神采焕发，享受更加完美生活。

我们将激发人们通过每天细微的行动，积少成多而改变世界。

我们要开创新的模式，在将公司规模扩大一倍的同时减少我们对环境的不利影响。

联合利华深信，我们能够带领我们旗下的众多品牌改善人们的生活，同时履行我们的社会责任。联合利华要建立成功的可持续的企业。我们认识到，诸如气候问题等全球面临的挑战和我们息息相关，我们必须时刻考虑自身对环境产生的影响，这一点深深植根于联合利华的根本理念中，也反映在我们的全球愿景中。

百事公司：

百事公司的责任是在环境、社会、经济等各个方面不断改善周围的世界，创造更加美好的未来。

百事公司的可持续发展愿景是“百事公司的承诺”的基础。它表达了我们的基本信念，即只有对社会有益的行为才是企业正当的行为，这涉及整个世界的繁荣兴旺，以及公司自身的健康发展。

英特尔公司：

超越未来。英特尔的目光聚焦于这四个字上。我们的工作是发现并推动技术、教育、文化、社会责任、制造业及更多领域的下一次飞跃，从而不断地与客户、合作伙伴、消费者和企业共同携手，实现精彩飞跃。英特尔公司将推进技术更迅速、更智能、更经济地向前发展，同时最终用户能够以前所未有的精彩方式应用技术成果，从而令其生活变得更惬意、更多彩、更便捷。

战略

战略是企业达成愿景的路径。一般情况下，企业的战略周期有 3 年、

5 年或者 10 年的，时间跨度视企业的管理偏好。管理能力好一些的企业能做好 3 年的战略规划，并逐年滚动发展。当然企业战略的优劣也决定了企业人力资源规划的优劣。凯洛格的董事长王成在《战略罗盘》一书中提到关于决定企业战略优劣的四大问题：

（1）战略有没有

你有战略吗？如果有，你能用一句话说清楚公司的战略吗？这是计划视角要解决的核心战略问题。

（2）战略好不好

你所拥有的战略是个好战略吗？战略不仅有高下之分，还有好坏之分，这是定位视角要解决的核心战略问题。

（3）战略实不实

战略不能务虚，任何战略都需要充分的资源和扎实的能力作为战略落地的基石，这是能力视角要解决的核心战略命题。

（4）战略快不快

“天下武功，唯快不破”，在剧变时代，你不仅需要科学规划战略，更需要加速进化战略，这是学习视角要解决的核心战略命题。

因此，人力资源职能战略有、好、实、快等特点，取决于公司大的战略规划能力。

管理界面

从人力资源职能的口径看，大家对管理界面这个名词实际上是陌生的。企业发展到一定规模之后，管理者就会对管理界面这个词熟悉起来。尤其是建立分支机构之后，随着分公司和子公司的跨区域建设，管理界面的概念和应用就会浮出水面。管理界面的内涵包括：总部有哪些权力，分支机构有哪些权力，总部部门有哪些权力，分部部门有哪些权力。管理界面的划分意味着总部权力和分部权力的界定，这就意味着：企业总部权力大，那么总部聘用人员的能力要强，并且编制要多，相应分支机构的编制和人员能力会少一些、低一些；如果分支机构权力大，分支机构聘用的人员能力要强、编制也要大一些。

所以管理界面的确定，实际上就是权力的划分，然后基于这种划分去做人力资源战略和规划，就是人力资源规划（HRP）。

工作分析

在企业大战略之下有职能战略，人力资源战略就是其中的一个，工作分析是企业人力资源战略达成的最有效的工具之一。之所以这样说，是因为企业的战略目标或者年度计划目标要想达成，首先要确定公司组织结构应该怎么设计，应该设计几个部门，或者几个子公司或者分公司；然后确定每一个部门要配多少个岗位，每一个岗位应该干哪些工作；最后确定每一个岗位应该有多少编制，这就是工作分析。简而言之，工作分析是企业定岗、定编的工作。

公司的年度计划目标定了之后，企业应该盘点一下，完成这些目标应该有几个部门或几个单位，他们下边应该设多少岗位，每个岗位能配多少人，才能达成企业的年度目标，所以每年年底年初企业应该做一次工作分析。工作分析之后，企业的编制就确定了下来，之后做人才的盘点：现有在岗人员哪些人员是可以留任的，哪些是需要晋升的，哪些是需要退出的，哪些是需要培训的，还需要招多少人？这就涉及下一个模块叫聘用管理，该招聘员工了。

聘用管理

招聘包括内部招聘和外部招聘，基于工作分析的结果，人力资源部门配合业务部门做员工的甄选工作。只有合格的人员到岗之后，企业的正常经营才能开展，没有人，一切的规划和计划都是空谈。本书着重介绍外部招聘，最后会有一个单独章节介绍内部招聘，即怎么去做干部的培养和提拔。从企业稳定性、连续性、激励性来讲，内部招聘的效果会更好一点。当然企业人员需求量大、一些企业不能培养的人才和培养周期非常长的人才需要从外部招聘，这是聘用管理。企业招聘的源头还是企业年度计划目标的达成。

薪酬管理

在做完工作分析的基础上，明晰了组织架构、岗位说明书和部门的职责之后，要做岗位的评估。

岗位的评估是要评估各岗位在公司内部价值贡献上都处于什么样的水平。根据价值贡献把企业内的岗位等级划分出来，同时结合企业的职系和岗位等级/职位等级，把岗位等级按管理、研发、营销、设计、生产等划分出来，就形成了薪酬结构。然后再结合薪酬调查、绩效的政策，设计出企业的薪酬体系和福利策略。

绩效管理

图1-2的正中间是绩效管理，因为绩效管理是企业战略落地的工具，绩效管理的源头是企业的年度计划目标或战略目标。企业为了达成目标，首先要搭建企业的三级目标体系，基于目标体系形成配套的KPI指标体

系，然后配套资源形成计划：基于企业的目标去做工作分析；基于工作分析形成的编制预算，去做人员的配置（含招聘工作）；基于工作分析形成的岗位说明书去做岗位评估，形成薪酬结构；基于人员的配置将涉及人员的猎取和发展，人员的发展实际上包含干部的选拔和培养，在做干部选拔和培养的时候，会涉及素质模型、任职资格的设计，培训体系的搭建。所以绩效管理模块可以说是一个平台模块。

绩效考核的结果会应用在员工的培训、晋升、薪酬晋级、评优、人员的进出（员工关系管理）等方面。绩效部分将在《绩效管理体系设计实战》一书中详细阐述。

企业文化

人力资源管理的源头一定是企业的使命、愿景和战略，然后才是围绕着绩效管理去展开。当然，还有一个模块是企业文化。企业文化这个模块比较特殊，它属于“水”的东西，是糅合在所有的管理模块中的。图 1－3 是企业文化模型：核心是价值观，落地靠制度文化，布道要有表层文化。这个部分将在《非人力资源经理的人力资源管理》一书中详细阐述。

以上就是人力资源的管理模型，这个模型说明：企业人力资源的各个模块之间是相互联系的，具有内推关系。

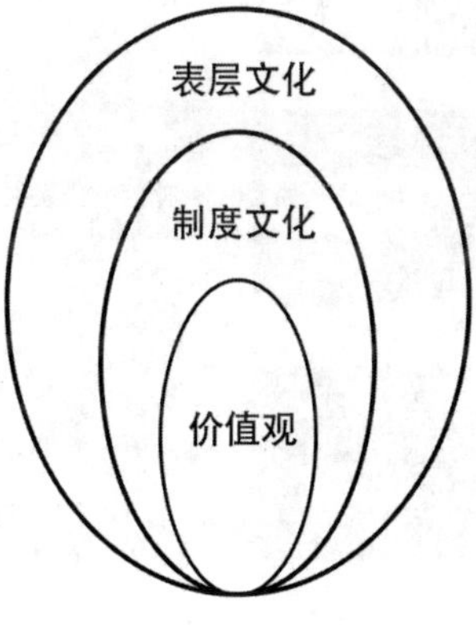

图 1－3　企业文化模型

基于市场和企业实际情况的三种企业管控模式

我们要把人力资源工作做好，一定要先弄清楚企业的治理逻辑和结构，之后再配置合适的人力资源管控模式。

企业的管理界面不同，管控的模式也不同，企业的人员配置也不一样。企业如果有总部、有分支单位，从总部与下属公司的关系、管理目标、总部的核心职能三个方面，按照分权和集权的比例大小，企业的管控模式可以分为三类：第一类是财务管理型，第二类是战略管理型，第三类是操作管理型，如图1－4所示。

	财务管理型	战略管理型	操作管理型
总部与下属公司的关系	● 以财务指标进行管理和考核，总部无业务管理部门	● 以战略规划进行管理和考核，总部一般无具体业务管理部门	● 通过总部业务管理部门对下属企业的日常经营运作进行管理
管理目标	● 投资回报 ● 通过投资业务组合的结构优化来追求公司价值最大化	● 公司业务组合的协调发展 ● 投资业务的战略优化与协调 ● 战略协同效应的培育	● 各子公司经营行为的统一与优化 ● 公司整体协调成长 ● 对行业成功因素的集中控制与管理
总部的核心职能	● 财务控制 ● 法律 ● 企业并购	● 财务控制 ● 战略规划与控制 ● 人力资源	● 财务控制/战略 ● 营销/销售 ● 网络/技术 ● 新业务开发 ● 人力资源

分权 ——→ 集权

图1－4　三种企业管控模式

财务管理型

财务管理型的企业，总部对下属公司以财务指标进行管理和考核。总部没有业务管理部门，总部对于下属公司的管理只有财务上的指标，每年做到多大的盘子或者挣多少钱就行。最典型的一个公司就是巴菲特的公司。财务管理型企业通过资产的配置来实现集团管控的目的。

财务管理型企业的管理目标是追求投资回报。企业投出去的资金要给企业带来什么样或者多少回报，这一点要提前测算，然后通过投资业务组合的结构优化来追求公司价值的最大化，这跟公司的风险喜好程度相关。财务管理型的企业可能不过问被投资企业的具体管理动作，但对于投资的业务组合要仔细研究，这些业务之间通过配比高风险和低风险资产比例，来达到追求价值最大化或者风险适合的目的。

财务管理型企业总部的核心职能就是财务控制、法律和企业并购。财务控制就是要控制财务风险，在战略管理型和操作管理型中总部也都有财务控制职能，从这一点上看企业经营的核心目的之一是挣钱。

总部的第二个核心职能是法律。由于财务管理型企业主要是通过投资的模式跟被投资企业发生关系，管控的手段不多，最多签个对赌协议，管理的风险还是比较高的，经营中会出现被投资企业耍赖皮的情况。为了控制风险，财务管理型企业一般都会设立法律事务部，主要是对风险进行管控，包含投前、投中、投后的风险管理，当然也可以委托外部律所，不过内部法律事务部门是必不可少的。这块职能很重要，尤其在法律法规不是很健全的国家，企业采用财务管理型的方式有一定风险，因为总部没有业务管理部门，对投资的这些资产的管控很弱，也不派管理人员，所以要有一个很强的法律事务部门。

第三个职能是企业并购。因为财务管理型企业追求的是投资业务的组合。投资给谁？为什么投？风险怎么管控？都是投资并购部门要考虑的问题，投资并购本身也是这类企业最主要的业务，所以选项目、控风险、投后管理的几个关键步骤要走好。

从总部与下属公司的关系、管理目标、总部的核心职能三个方面来看，财务管理型的企业，总部一般没有什么业务管理部门，几个核心部门人员也比较精简高效。这样的管理模式，要求总部投资部门、法律部门、企业并购部门的人力资源的配备要精简，人员能力要高，至少以一当十。

战略管理型

战略管理型的企业，总部对下属公司以战略规划进行管理和考核，总部一般无具体业务管理部门。跟财务管理型稍有区别的是，虽然这类型企业的总部也没有具体的业务管理部门，但是总部要做战略规划。总部根据大的战略规划提出每年的规划目标，下属单位依据总部的战略要求部署本单位的具体业务工作，年终根据目标达成的情况，总部对下属单位做目标考核。而财务管理型企业多数都是通过法律条文的形式做约束：如果下属单位达到一定规模或收益的话，按照约定应该怎么处理，达不到一定规模或收益的话要怎么处理，需要签一个对赌协议做约束。

战略管理型企业的管理目标是公司业务组合的协调发展，投资业务的战略优化与协调，还有战略协同效应的培育。举个简单例子，绿城是一家综合性的房地产公司，绿城除了是开发商之外，前几年创新出了一个代建的业务，就是在土地储备不足的情况下做其他地产商的代建业务，给其他房地产开发公司做地产的开发建设，包括做前期的设计（因为绿城有研究院），施工过程中的物料采购（因为它有采购平台），另外做建设施工包括监理这方面的管控。这样的操作，实际上意味着其他开发商拿了一块地，绿城代建把开发做完，甚至连销售也包了。这就要求绿城的设计、采购到后续的施工，甚至到销售环节，都是协同的，能共享优势资源，充分发挥研究院、采购平台等环节的资源共享优势。

战略管理型总部的核心职能包含：财务控制、战略规划与控制、人力资源管理。这里没有提到法律，因为此种管理模式下对于下属单位的管控，总部要派高管，比如总经理、财务总监、董事或监事，这样总部可以有比较直接的管理控制动作。

战略管理型的管控模式在当下国内是比较多的。总部对下属单位有管控，管控是从大的方向去把握，但又不是说放手不管，也不是说一竿子到底。下属单位有相应的权限，但大的战略方向、财务控制、高管的委派和考核，总部有一定要求。

操作管理型

操作管理型的企业，通过总部业务部门对下属企业的日常经营运作进行管理。这是对下属公司控制最强的一种管理模式，一般下属单位有什么部门，总部就有什么部门，总部有专门的业务管理部门。

操作管理型企业的管理目标之一是各子公司经营行为统一和优化，各子公司的行为都一样的，就像是双胞胎。要达到步调统一和优化、公司各单位整体协调成长，需要通过对行业成功因素的集中控制与管理，达到集中管理的目的。基本上要求子公司的那些部门怎么干、什么时候干、在哪里干、甚至干成什么样，都要听总部的指令，实际上 5W2H 的出口是总部。

操作管理型总部的核心职能包含：财务控制、战略、营销、销售、网络技术、新业务开发和人力资源管理。实际上公司运行的每个模块总部都统筹了，下属单位就是总部的一个部门或者派出单位，权限很小。

财务管理型、战略管理型、操作管理型这三类企业管控模式，采用的管控模式不同，总部和分支机构人员的配备、人员的数量、人员的能力是不同的。所以人力资源经理人开展人力资源管理工作的时候，一定要弄清楚总部和分支机构的管控模式。如果搞不清楚，在做人员配置的时候，会出现能力超配或者能力不足的情况，甚至会闹出笑话。

管控模式的不同，决定了总部和下属单位用人的能力水平和数量的多少。

财务管理型企业：总部的人员能力会很强，且人数少，下属单位人员能力强且数量会多。

战略管理型企业：总部和下属单位比较均衡。

操作管理型企业：总部人数会多且能力强，下属单位人数少且能力一般。

企业实操案例

给大家举一个地产集团的管理模式设计案例。

MT集团是一家金融控股集团，集团的主要业务是投资，地产业务集团有涉及，但不作为重点，也没有成立独立的机构来专门管理地产的投资业务，基本上是跟随合作伙伴投资，不做具体管控。从2009年开始，集团立项把地产作为一个投资方向，并且把集团已投的三个项目丽江、天津、重庆作为基础，成立地产事业部，按照二级集团的模式运营。

在整个运营的过程中，由于是先有项目公司再成立地产总部（地产事业部），所以管理中矛盾冲突不断。2012年，集团决定做地产模块的流程

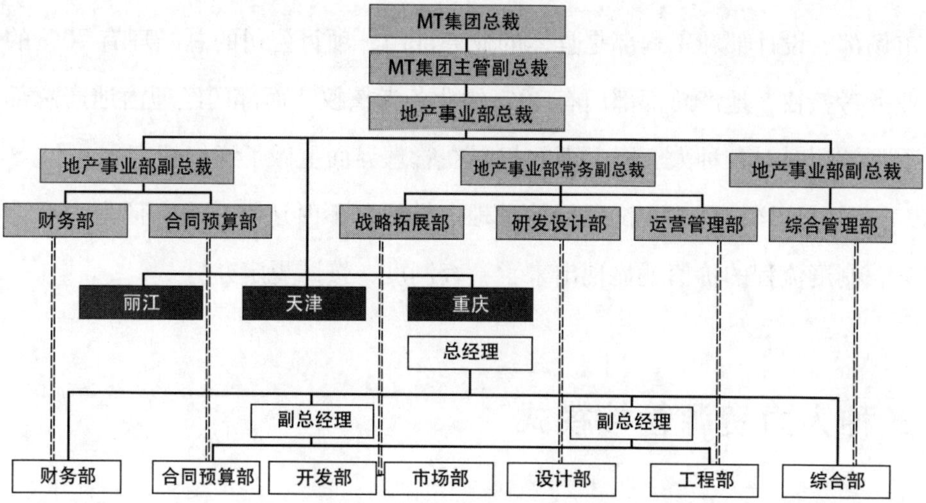

图 1-5　某地产集团组织架构与管控模式

再造项目，由人力资源部牵头、地产事业部配合，项目由笔者负责。

经过前期的调研，我们发现地产模块的运营前期基本按照财务管理型来运作的，等地产事业部建立后，总部人员逐步到位，向战略管理型转变，但是管理界面没有做划分，大家权限职责不清，所以总部和项目公司的冲突不断，逐步由前期业务管控的冲突过渡到总部和项目公司接口人员的冲突。

结合内部调研，我们对国内的大型地产集团做了直接和间接的调研，发现类似的情况各个集团基本上都出现过，但最终常用的集团管控模式是战略管理型。基于 MT 集团地产总部和项目公司激烈的矛盾，经过调研分析，我们建议在前期采用操作管理型，逐步把权力集中上来，管理理顺后再逐步过渡到战略管理型，就是图 1-5 所示的模式。

三个项目公司的财务部（钱）、合同预算部（招采）、综合管理部（人）的部门经理由总部委派，地产模块的总部部门对他们有 70% 的业务考核权限，项目公司的总经理对这三个部门有 30% 的业务考核权，项目公司可以推荐部门经理候选人，但是没有决策权。三个项目公司的开发部、市场部、设计部和工程部是具体的业务部门，项目公司的总经理有 70% 的业务考核权，地产总部部门有 30% 的业务考核权，而部门经理由地产总部委派。同时对各种人、财、事的权限在管理界面上做了详细规定。

通过这样梳理，在试运行的过程中虽然时不时还有冲突，但是一有冲突，制度流程的价值就显现出来了：查制度，按照规定办！

三种人力资源管控模式

与企业的财务管理型、战略管理型和操作管理型三种模式对应的企业人力资源管理模式可以归纳为松散管理型、政策指导型和操作指导型三类。这三类人力资源的管控模式将按照特点、优点和缺点依次介绍（见图 1－6）。

	松散管理型	政策指导型	操作指导型	全面管理型
特点	● 总部对分子公司基本没有管控，或者只有框架性地政策指导 ● 分子公司自行决定并实施各自的人力资源策略及运作方法	● 总部对分子公司进行人力资源管理政策的指导 ● 分子公司在总部统一人力资源政策下进行各自的管理操作	● 总部不仅对分子公司进行人力资源管理政策的指导，并在具体操作层面上给予指导 ● 分子公司在人力资源管理政策和具体操作上均比较统一	● 总部对分子公司的人力资源进行直接管理 ● 分子公司只需要在总部的管理下具体执行
优点	● 各分子公司完全按照自身特点针对性地决定其人力资源管理策略和模式	● 总部通过人力资源管理政策的指导，更好地贯彻实施总部人才管理策略，便于人才流动 ● 总部与分子公司在人力资源管理方面分工明确，效率提高 ● 总部对分子公司的控制力度加强。	● 各分子公司间能够保持人力资源管理政策的一致性，便于人才的流动 ● 提高总部对分子公司的管控力度	● 完全地贯彻执行总部的人力资源管理策略 ● 公司内部的人力资源管理具有完全的一致性
缺点	● 不同的人力资源模式阻碍了全公司间的人员流动，不利于合理的人员配置 ● 造成类似业务单元间的不公平 ● 总部对分子公司控制力度弱	● 统一的人力资源管理政策可能忽略分子公司独特的业务和行业特点 ● 对总部人力资源管理的能力提出较高要求	● 统一的人力资源政策可能忽略分子公司独特的业务和行业特点 ● 总部在人力资源操作方面的管控深度需明确界定	● 总部的管理难度大 ● 难以兼顾不同业务的特点

图 1－6　三种人力资源管控模式

松散管理型

（1）特点

总部对分子公司基本没有管控，或者只有框架性的政策指导，分子公司自行决定并实施各自的人力资源策略及运作方法。

（2）优点

各分子公司完全按照自身特点针对性地决定其人力资源管理策略和模式。

（3）缺点

不同的人力资源模式阻碍了全公司间的人员流动，不利于合理的人员配置，造成类似业务单元间的不公平，总部对分子公司控制力度弱。

松散管理型的人力资源管理模式实际上是放养，基本上属于放任自流。一方面可以发挥各下属单位的主观能动性，但是很容易出现经理人控制的现象。这和财务管理型的集团管控模式只追求财务指标、不追求企业掌控权的特点相对应。

政策指导型

（1）特点

总部对分子公司进行人力资源管理政策的指导，分子公司在总部统一的人力资源政策下进行各自的管理操作。

（2）优点

总部通过人力资源管理政策的指导更好地贯彻实施总部人才管理策略，便于人才流动，总部与分子公司在人力资源管理方面分工明确，效率提高，总部对分子公司的控制力度加强。

（3）缺点

统一的人力资源管理政策可能忽略分子公司独特的业务和行业特点，

对总部人力资源管理的能力提出较高要求。

政策指导型的人力资源管理模式属于大的方向上根据公司业务战略和人力资源策略的需要做整体管控，但又不是非常深入，大的方向上不出问题即可，但是对于人力资源经理人的要求极高。这同战略管理型的集团管控模式追求大的战略协同、小的经营运作放手的原则相对应。

操作指导型

（1）特点

总部不仅对分子公司进行人力资源管理政策的指导并在具体操作层面上给予指导，分子公司在人力资源管理政策和具体操作上比较统一。

（2）优点

各分子公司能够保持人力资源管理政策的一致性，便于人才的流动，提高总部对分子公司的管控力度。

（3）缺点

统一的人力资源政策可能忽略分子公司独特的业务和行业特点，总部在人力资源操作方面的管控深度需明确界定。

操作指导型的人力资源管理模式实际上是胡子眉毛一起抓，啥都不放过，总部基本上是：我的地盘我做主，你的地盘我也做主。管理的量非常大，管理界面如果不清晰的话，很容易出现母子公司扯皮的现象。这也对应了操作管理型的集团管控模式特点。

企业管控的模式不同，影响企业人员配置的数量和质量。只有搞明白了企业管控模式，再配以合适的人力资源管控模式，企业的人力资源管理工作才会顺畅，才会给企业的经营带来助力而不是干扰。

企业实操案例

表 1－1

单位	人力资源管理类核心要点			
	组织结构与定岗定编	人员异动	薪酬管理	考核管理
集团公司	1. 审核事业部的组织结构与岗位编制方案 2. 了解项目公司的组织结构与岗位编制	1. 任免与调配事业部高管 2. 了解事业部中层及以下人员、项目公司高管人员的任免与调配情况	1. 审批事业部调薪方案 2. 确定事业部高管薪酬与事业部中层及以下人员超出规定范围的薪酬 3. 调整事业部人员薪酬 4. 了解事业部中层及以下人员规定范围内薪酬的确定情况、项目公司高管薪酬确定与调整情况	1. 考核事业部高管人员 2. 审批事业部整体考核方案 3. 了解事业部中层及以下人员、项目公司高管人员考核情况
地产事业部	1. 审批项目公司的组织结构及定岗定编方案 2. 制定并上报事业部组织结构方案及定岗定编方案	1. 提名事业部副总候选人 2. 任免与调配事业部中层及以下人员 3. 任免与调配项目公司高管人员 4. 调配事业部与项目公司、项目公司之间人员（不含事业部高管） 5. 了解项目公司内部中层及以下人员任免与调配情况	1. 上报地产事业部整体薪酬方案 2. 确定公司事业部中层及以下人员在规定范围之内的薪酬；确定项目公司高管人员薪酬；确定项目公司中层及以下人员在规定范围之外的薪酬 3. 调整项目公司人员薪酬 4. 建议事业部中层及以下人员薪酬调整与超出范围的薪酬确定 5. 了解项目公司中层及以下人员规定范围之内薪酬确定情况	1. 上报地产事业部整体考核方案 2. 下达事业部各部门及项目公司考核方案 3. 考核事业部中层及以下人员、项目公司高管人员 4. 了解项目公司中层及以下人员考核情况

续表

单位	人力资源管理类核心要点			
	组织结构与定岗定编	人员异动	薪酬管理	考核管理
项目公司	上报项目公司组织结构及定岗定编方案	1. 推荐项目公司副总候选人 2. 任免与调配项目公司内部中层及以下人员	1. 上报项目公司薪酬方案 2. 确定项目公司内部中层及以下人员在规定范围内的薪酬 3. 建议项目公司内部中层及以下人员薪酬调整与超出规定范围的薪酬确定	1. 上报项目公司的考核实施方案 2. 考核项目公司中层及以下人员

表1－1中的内容是公司人力资源管理的核心要点，包括组织结构，定岗定编、人员异动、薪酬管理和考核管理。当时做这个设计的目的，就是解决实际案例中地产项目公司和总部之间冲突不断的问题。一般国内企业发展路径都是先有子公司后有总部，之后子公司不服管理，父子打架，这种现象比较常见。

如前所述，在管控模式上，我们首先梳理的是地产模块的管理界面，基于当时冲突不断的局面，我们考虑地产模块的管理模式先采用操作管理型，赋权给地产总部，将来理顺了之后可以往下放开授权，集团公司充当股东的职责。

基于这个逻辑，从总部结构和定岗定编的这个维度，二级子公司上报项目公司组织结构和定岗定编的方案，即项目公司应该有几个部门，每个部门有多少岗位，每个岗位配多少人。这个方案拟定以后上报到地产集团总部，由地产事业部审批。然后地产事业部制定并上报地产集团的组织结构方案和定岗定编方案给集团公司。相当于把地产项目公司的管控权力赋权给了地产事业部，而集团公司要审核地产事业部的组织结构和定岗定编方案。了解项目公司的组织结构和定岗定编方案，相当于是大股东。通过这个把地产事业部做实了。

关于人员异动，项目公司推荐项目公司副总候选人，任免与调配项目公司内部、中层及以下人员。而地产事业部提名事业部副总候选人，任免与调配事业部中层及以下人员，任免与调配项目公司高管人员，调配事业部与项目公司之间人员（不含事业部高管），了解项目公司内部中层及以下人员任免与调配情况。集团公司任免调配事业部高管，了解事业部中层及以下人员、项目公司高管人员的任免调配情况，这样基本上把权力放给地产事业部了。管理界面的划分，是一个巨大的工作量，当时我们的项目持续了 3 个月，这一部分就做了将近一个半月。

管理界面确定清楚了，做公司管控的时候就很清晰。当然，这里列的仅仅是人力资源的管理界面，还有其他的界面，包括财务、销售、招采、研发和项目的管理界面等。如果这些模块都分清楚，企业的管理流程、组织结构就清晰明了，管理就有章可循。

高效招聘的四个关键点解析

人力资源经理人要想把企业的人力资源工作做好，本节所述的几个模型一定要入心才好。同样，招聘工作要想做好，这几个途径也要入心。

根据实际经验的总结，提高招聘效率和效度有四个途径：

- 对接战略的工作分析机制建设
- 招聘机制和靠谱的面试官队伍建设
- 契合企业实际的招聘渠道建设
- 人才与价格的对等理念普及

对接战略的工作分析机制建设

实际上是企业工作分析流程的梳理，讲述怎么基于企业的战略目标或者年度计划目标做工作分析，通过分析找出企业的真实需求。

在企业日常的招聘实践中，真正欠缺的部分可能不是简历不好，或者简历数量不足，除了面试官的面试技能之外，最主要的就是企业的招聘需求不准，有些招聘需求并非来源于企业的目标，不是为了完成部门和岗位所要承担的工作任务。

招聘机制和靠谱的面试官队伍建设

内外部招聘机制的建设，是企业招聘工作的前提。机制有了，招聘的运转就有了依据。

面试是一门技术，类似于考取驾驶执照，学员经过培训学习考试合格后才能持证上岗。而现实的情况，貌似只要处于一定的职位自然就可以作为面试官了！这种企业想当然的做法，造就了面试官的千人千面，基本上是纯天然的状态，严重的甚至给企业带来了负面的影响。提高招聘效率和效度，面试官队伍很重要。并且，企业的面试官是企业的门面，候选人对企业的了解有限，面试官在面试过程中的表现是候选人对企业最直观的认识。如果面试官表现比较差劲，在自媒体流行的今天，绝对是一种灾难。

结合企业实际的招聘渠道建设

企业存续一定时间之后，都会积累一些招聘渠道，而在新的时代背景下，新渠道会不断涌现，后面的课程我们将分析原有渠道和新兴渠道怎么去搭配。不管如何，企业和人力资源部门的渠道维护和渠道开拓能力决定了企业的招聘效率。如果人力资源经理人进取能力不足，那么招聘的渠道会越来越少。

人才与价格的对等理念普及

这就涉及企业人力资源经理人在销售公司岗位的时候，为了让候选人采购本企业的在售岗位，如何平衡内外部价格，匹配合适的岗位薪酬。不能面试的时候说好了配房配车，报道后连工位都协调不了，这纯粹是商业欺骗，至少是人品有问题啊。

这四个部分如果能处理好，招聘的效率和效果会得到比较好的提升，以后几个章节会把招聘的四个关键点逐一介绍。

人力资源管理的层次

人力资源的层次可以分为三个层面：事务层面、技术层面和战略层面（见图 1－7）。

图 1－7　人力资源管理的层次

事务层面

人力资源事务层面包括考勤、档案管理、社保薪酬、简历筛选、活动管理、人力资源管理系统、人力资源统计等。基本上就是人力资源会计的工作，在北京这种岗位的工资一般 5 000 元/月，高点的可能到 10 000 元/月。

技术层面

人力资源的技术层面包括招聘、培训、薪酬绩效、员工关系、任职资格管理、组织管理等。这里基本上涉及模块经理了，年薪一般十几万，高的可能五六十万，即招聘总监、绩效总监、薪酬总监和培训总监的层面。

战略层面

人力资源的战略层面主要涉及组织发展、干部的管理。当然，绩效管理实际上也可以放在战略层面。

在做人力资源工作的时候，哪个层面的工作应该多关注呢？人力资源的三个核心内容是：COE、HRBP 和 SSC。战略层面就是 COE，技术层面就是 HRBP，事务层面就是 SSC，基本上可以产品标准化。所以作为人力资源的从业人员，要多做对企业业务或者战略有贡献的一些工作。

职场感悟——助力职业生涯发展的好习惯

习惯 1：刚步入职场的三个好习惯

（1）认真

做事认真，无论是大事小事，只要是领导交代下来的，一定要认真对待。刚开始工作的时候没啥工作经验，工作技能掌握得也不好，如果工作时间完成不了工作，晚上回家默默加班也要把事情完成了。

（2）听话

领导面前要有眼力见儿，对同事要热心。这样在工作初期的一段时间内会迅速建立自己积极正向的形象，有利于今后职业的顺利发展。

（3）出活

工作有热情、有激情很好，但最终还是要出活。短期内出活慢可以理解，时间长了一定要做到又快又好地完成任务。

习惯 2：做好时间管理的三个原则、三个工具，时间管理的本质是自我管理

（1）三个原则

- 二八原则
- 第二象限原则
- ABC 原则

(2) 三个工具

- 日计划
- 会议管理
- 会见管理

如果能够熟练掌握这三个工具，同时养成工作习惯，会受益终生的！

习惯3：每年要做年度计划和总结

工作计划做不好，工作基本上就是瞎对付。我曾经见过两种做年度工作计划的方法：

- 去年的工作计划内容不变，改个时间了事
- 把去年没有完成的工作，作为今年的工作计划

如果这样做工作计划，估计部门会被你带到沟里去的。

除了工作计划，每年在年假期间，要泛泛回顾去年的工作情况，评估过去一年的工作对个人职业生涯的贡献度，看看辛苦一年后，个人有哪些成长。同时明确第二年的个人发展方向和要做的事情。

习惯4：认真对待团队中的成员

工作初期个人岗位的成功就是职业的成功，但是随着职位的提升，个人的成功对于团队的贡献会越来越低。这个时候要学会认真对待下属，把有能力、人品好、符合企业和个人需要的人员培养出来。要给下属提供做事、职位晋升、培训学习的机会。

不要怕教会了徒弟饿死师傅，太狭隘，实际上教学是相长的，对此笔者有经验，多带人没有坏处，可以把自己解脱出来，甚至跳槽时工资也会涨很多。

习惯 5：会做人

会做人就是会沟通，对上要成为心腹，对下要成为师长，对平级要成为推心置腹的朋友。这样工作起来会比较得心应手，但是不容易做到。

习惯 6：持续学习

人是被技术淘汰的，不是被年龄淘汰的，切记！

在年轻不得志的时候可以做愤青，但是冷静下来还是要读书、学习。养成学习的习惯会受益终生，即使过程很痛苦。不要在年轻的时候选择安逸，要不然岁数大了会不安逸的。

第 2 节课

对接战略的工作分析机制建设

第 1 节课阐述了人力资源的逻辑模型、人力资源的管理模型、人力资源管理的层次和高效招聘的四个关键点解析，介绍三种企业管控模式以及基于企业管控模式下的三种人力资源管理模式。大的逻辑清晰后，那么如何给企业配置人员、配置多少人员、配置什么素质和能力的人员，以及如何快速使配置人员到位呢？

本节学习内容：

- 工作分析八步走
- 设计岗位说明书
- 你最想聘用的员工特质
- 设计职位等级
- 定编九步法

工作分析八步走

本节主要阐述对接战略的工作分析机制。在笔者的实战课程《工作分析工作坊》中，主要有两个内容：一个是对接战略的工作分析流程，还有一个是基于年度计划的定编流程。工作分析的目的是基于公司的战略规划和年度计划，应该怎么设置业务线、怎么配置部门、每个部门应该设置什么岗位以及多少岗位、每个岗位应该配置多少人员。之后做人员盘点，产生的岗位空缺就是招聘的源头。

先来介绍对接战略的工作分析流程，如图 2－1 所示：

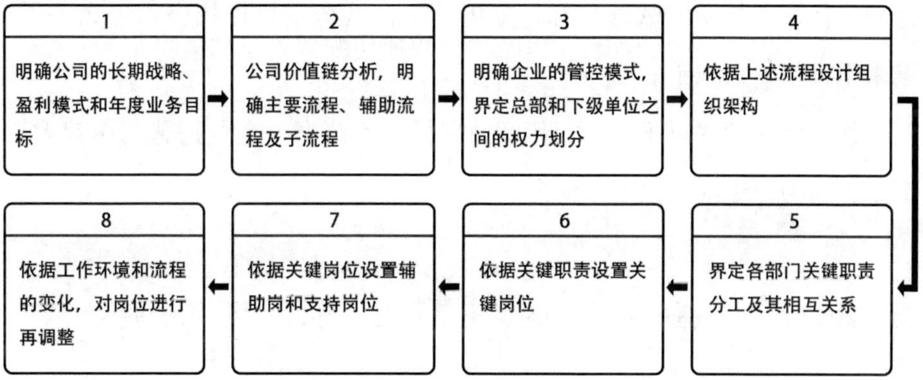

图 2－1　对接战略的工作分析流程

下面笔者详细介绍工作分析的主要工作内容。

第一步，明确公司的长期战略、盈利模式和年度业务目标

第 1 节课介绍过人力资源逻辑模型，可以看出，企业人力资源的所有工作都是从业务派生出来的，所以招聘的源头是业务，工作分析的源头也是业务。

首先要明确公司的长期战略目标是什么，如果偏离企业的长期战略，工作就会丧失方向性，很难形成合力，工作也有可能出现疏忽或者偏差，职能部门的工作可能给企业带来不必要的干扰。盈利模式是企业经营的模式、挣钱的方式，也叫商业模式。在明确了企业的战略目标之后就要梳理企业经营的套路，按照年度逐年规划好，避免出现大战略空泛的问题。基于盈利模式把企业战略拆解到年度，确定每年的年度业务目标。在课堂上，有的企业学员说：我们公司没有战略。如果没有战略，那企业的战略就是挣钱，更应该把盈利模式摸清楚，把年度的预算工作做好，也就是把年度的业务目标设计清楚。

有一个内涵的意义需要说清楚：企业人力资源经理人要想精准地做招聘工作，那么每年年底年初就要开展工作分析，要基于下年度的年度业务计划目标或者长期的战略目标，分析一下，这么多目标我应该怎么去干，谁来干，多少人来干。

如果企业的战略不清楚、年度计划目标不清晰，企业招聘工作就无从下手，因为招来的人是要干活的！

第二步，公司价值链分析，明确主要流程、辅助流程和子流程

什么是价值链呢？这里给大家看一个价值链分析的示例（见图2－2）。

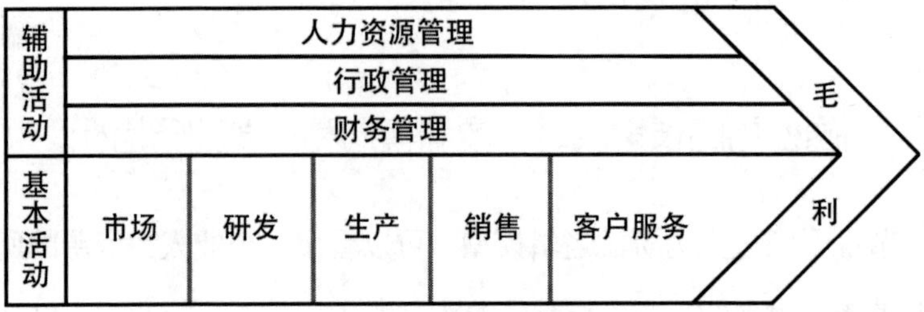

图2－2　一般的价值链示例

以上价值链的基本活动包括市场、研发、生产、销售和客户服务。

- 市场环节

企业要通过市场活动，找到市场有哪些需求（产品和服务），因为企业存在的核心目的是通过分工和协作，提高生产效率，为客户提供更多更好的产品和服务，所以说市场需求分析是价值链分析的首要工作。

- 产品研发环节

企业发现市场需求，企业内部要判断能不能研发出合适的产品和服务来满足客户的需求，企业的技术部门或者研发部门要做可行性分析，从技术上和经济上判断产品和服务的可行性，然后做定制性开发。

- 产品生产或服务提供环节

企业产品研发出来以后，能不能生产？不能生产出来的话，怎么办？当然现在互联网企业的价值链不再是直线型的，不能生产也不是问题了。他们把生产外包出去后，做好供应链的管理。这一点苹果和小米做得非常好！

- 销售环节

产品生产出来之后，如果不能销售出去，实际上就变成了库存，成为沉没成本，对企业是非常不利的。有市场需求，说明存在企业的用户，但不一定是你的客户，互联网企业客户和用户的价值差异是比较明显的，如果不能把用户转化成你的客户，生产越多问题越大，所以销售动作很重要！

- 客户服务环节

通过前面四个环节，产品到达客户了，再通过技术服务和客户服务，让客户满意，达到重复销售的目的。

以上是企业的基本活动，一般企业做战略规划时，都会从这几个方面去考虑，确定年度计划时，也会从这几个方面去设计。战略或者年度计划在企业实际经营过程中展开后，你会发现有遗漏：在哪里生产？这就涉及厂房或者设备，属于行政管理。谁来生产呢？这就是人力资源管理。用多少钱来生产研发，这就涉及财务管理。公司的业务流程顺不顺？这是信息化工作。这些在价值链上属于辅助活动，主要活动和辅助活动组合起来，推导出来的结果就是毛利，这就是价值链。

利用价值链分析，明确主要流程、辅助流程和子流程之间的关系。开展市场活动要有一系列的动作，这些动作就是你的流程，研发流程、生产流程、销售流程、客户服务流程、人力资源流程、行政和财务流程，所以公司的价值链分析最终要明确主要流程、辅助流程和子流程。

弄明白了企业的价值链，人力资源经理人基本上就明白了企业的运营，明白了企业各部门的重点工作所在，只有懂运营的人力资源经理人才会在开展工作的时候不被业务经理忽视。

第三步，明确企业的管控模式，界定总部和下级单位之间的权力划分

企业的管控模式有财务管控、战略管控和操作管控三种。如果企业是有分公司、子公司等分支机构的，那么在管控的时候到底采用哪种模式要明确。因为不同的管控模式，意味着总部和分支机构所用人员的水平和数量是不一样的，这涉及企业要干什么？怎么干？怎么管？这部分内容在第 1 节课已经详细介绍过了。

第四步，依据上述流程设计组织架构

通过前面三步把公司的组织架构设计出来了，实际上价值链上基本活动和辅助活动的每一个模块切分下来就是一个部门。市场、研发、生产、销售、人力资源、财务和行政，把大的组织架构设计出来后，组织结构设计就清楚了。所以设计公司的组织结构要首先明确企业的发展战略、盈利

模式、年度计划目标，明确企业的价值链和流程，明确企业的管控模式，这几项确定好了，设计出来的组织结构图才是符合企业经营实际需要的。这也符合先结构后经营的组织设计原则。

第五步，界定各部门关键职责分工及其相互关系

这涉及各个部门之间权责的切割，要将各部门主要做什么事明确出来，并且上下游的关系要安排到位，权限要分开，这样各部门的职责就界定好了。

很多企业，内部的部门之间冲突是因为职责划分不明确所造成的，所以在做工作分析和设计部门职责的时候，一定要把部门之间的相互关系切分开，尤其是一些比较有意思的部门之间，比如市场和销售，这是有“天敌”关系的，生产和研发也是“天敌”，生产和销售也是“天敌”，财务跟所有部门都是“天敌”，所以一定要把这种关系切分开，保证组织运转的顺滑。

第六步，依据部门的关键职责设计关键岗位

在部门的职责界定清楚后，每一个部门内部，要依据这个部门职责的关键程度，把关键岗位先设计出来。

一般情况下，一个公司内有主要部门和辅助部门，同样的，在部门内也有主要岗位和辅助岗位。所以部门关键职责设计出来后，要先设计部门的关键岗位，比如说销售部门内，销售经理、销售主管甚至客户经理是关键岗位，再设计辅助岗位，比如销售助理、售后支持等岗位。

第七步，依据关键岗位设计辅助和支持岗位

这是什么概念呢？就是说关键岗位如果要完成关键任务，需要有哪些

辅助岗位做支持和辅助，这也要设计出来。

第八步，依据工作环境流程的变化，对岗位设置进行再调整

通过前七步，将公司的组织结构图、部门的职责、关键岗位和辅助岗位都设计完成之后，在实际运行的过程中，可能会有一些与实际不相符的情况，或者依据环境变化而需要做调整，所以要不断优化。

设计岗位说明书

通过以上工作分析的八个步骤，工作分析的成果主要有三个：

- 公司组织结构图
- 部门职责/岗位说明书
- 职务序列表

在年底年初公司的年度计划目标出来之后，企业应该做一次工作分析。

只有分析后才能保证组织架构能支撑企业今年年度计划目标的达成，所以一定要根据年度计划目标调整组织结构，把部门的岗位职责调整到位，职务序列表要理顺。拟订岗位编制计划，明确完成年度计划目标需要多少业务线、多少部门、多少岗位；岗位编制确定以后，盘点一下目前的人员可以满足多少岗位需求，缺口是多少？什么时候到岗？这样一梳理，就可以把招聘的需求和招聘计划挖掘出来了。

当然，从前面的角度来看，在组织结构、部门职责、岗位的编制和职务序列明确之后，最后落实到招聘环节时，体现的就是岗位说明书。即在招聘面试的时候，主要依据不能脱离岗位的职责和任职要求。

在做《金牌面试官》和《工作分析工作坊》课程时，笔者会让学员现场写一写学员单位的岗位说明书，看看学员单位岗位说明书是什么样的，一般情况下不管是写自己的岗位说明书，还是写自己下级的岗位说明书，书写的情况是：

第一个部分是工作职责部分的内容，一般没有什么大的问题，最多也就是写的格式用语不规范。主要职责一般按照动宾的逻辑去写，即按照权限加上做什么事的方式来罗列，大致包含 5 ~ 8 个职责。如果是部门职责会罗列以下几条：

- 负责制定部门的策略和制度流程
- 负责拟定年度计划
- 分职责模块的工作执行
- 团队的建设

岗位的职责书写也是采用类似的方式。

但是，第二个部分与职责对应的任职要求，一般都有问题。多数企业在任职条件部分，基本上都是“双胞胎”或者“多胞胎”，部门内部的岗位除了年龄、专业、工作经验之外，其他部分都类似，那意味着将岗位说明书设计完成后，在岗位招聘的时候，还得看缘分。说白了，有人投简历，投过来之后具体适合哪个岗位，还需要面试官现场判断，因为通过岗位说明书判断不出来。

图 2 - 3 是一个岗位说明书的规范格式，当然这里还有一些岗位的基本条件没有标注。图的左边是主要工作职责，右边是任职条件。任职条件部分如果不详细、不到位的话，招聘面试的时候一定会出问题，很难判断候选人适合的岗位。

按照实际的工作经验，可以把任职条件分为四个维度：基本条件、工作经验、知识技能和素质能力，总共有 17 要素，见图 2 - 4。

<table>
<tr><th>岗位职责</th><th colspan="3">任职要求、职位等级、能力要求、职业发展路径</th></tr>
<tr><td rowspan="10">一、负责××××
1、实施×××
2、实施××

二、负责
1、××××
2、×××
3、×××

三、负责
1、××××
2、×××

四、管理
1、××××
2、×××</td><td rowspan="7">任职要求</td><td>性别</td><td></td></tr>
<tr><td>年龄</td><td></td></tr>
<tr><td>学历/专业</td><td></td></tr>
<tr><td>职称</td><td></td></tr>
<tr><td>行业经验</td><td></td></tr>
<tr><td>职务经验</td><td></td></tr>
<tr><td>项目经验</td><td></td></tr>
<tr><td>等级职位</td><td colspan="2"></td></tr>
<tr><td>人格特质/
知识能力要求</td><td colspan="2">知识能力要求：1、 ××××　　2、××××
人格特质：1、 ××××　　2、××××</td></tr>
<tr><td>职业发展路径</td><td colspan="2"></td></tr>
</table>

图 2－3　岗位说明书的格式

<table>
<tr><th colspan="2">任职要求的17项要素</th></tr>
<tr><th>能力类型</th><th>名称</th></tr>
<tr><td rowspan="6">基本条件</td><td>1.年龄</td></tr>
<tr><td>2.性别</td></tr>
<tr><td>3.专业/学历</td></tr>
<tr><td>4.籍贯/民族</td></tr>
<tr><td>5.气质/容貌</td></tr>
<tr><td>6.职称/培训经历</td></tr>
<tr><td rowspan="5">工作经验</td><td>7.行业工作经验</td></tr>
<tr><td>8.公司规模</td></tr>
<tr><td>9.职务经验/责任水平</td></tr>
<tr><td>10.管理/项目工作经验</td></tr>
<tr><td>11.业绩要求</td></tr>
<tr><td rowspan="2">知识技能</td><td>12.知识要求</td></tr>
<tr><td>13.工具要求</td></tr>
<tr><td rowspan="4">素质能力</td><td>14.智力水平</td></tr>
<tr><td>15.人格</td></tr>
<tr><td>16.动机</td></tr>
<tr><td>17.胜任能力要求</td></tr>
</table>

图 2－4　任职条件

一个部门或者一个岗位一般有 5 ~ 8 个主要工作职责，要完成这些工作职责，就需要设置一些任职条件。关于任职条件，举个简单的例子——拼图，就是把这些任职条件或者任职要素拼接起来，拼成一张照片，照片中的人选应该可以完成岗位主要工作职责所对应的工作。但在多数的岗位说明书设计过程中，或者做工作分析的时候，不管是企业的总经理、部门经理还是员工都忽略了任职条件的合理设置，有些时候人力资源部门也会忽略这些内容，认为只要职责清楚即可，任职条件不重要。这样的想法和操作思路，给后期招聘面试过程中对于候选人的鉴别带来了很大的困难。所以说，企业在做工作分析的时候一定要顺势把各岗位的任职条件理清楚，为后续的工作做好铺垫。

接下来，详细介绍一下任职条件的 4 个维度及 17 个要素。

基本条件维度

（1）年龄

一般上课时候笔者会问：同学们，你们觉得招聘的时候候选人的年龄重要吗？大家都说重要！为什么重要啊？没有答案了……那年龄究竟重要吗？要看岗位。

举个简单例子，例如，公司的出纳岗位，大多数企业都喜欢招 23 ~ 26 岁的新人，刚毕业 1 ~ 3 年，经验技能都缺一些，但用起来便宜听话。一般情况下，一家 300 ~ 500 人的单位，如果不是生产型企业的话，财务管理部编制一个会计、一个出纳加一个经理或者总监就够了。如果生产型企业的话，再加个成本会计。一般这样规模的企业，财务经理或者财务总监极难有晋升的空间，在岗人员也很稳定。那么企业招聘一个 23 ~ 26 岁的候选人，做出纳 3 年左右，他的经理或者总监没有晋升上去，他也升不了，结果该出纳因为职业发展跳槽了。一般而言，企业的出纳和会计岗位基本要求人员稳定，由于我们对岗位在职人员任职要求的设置不严谨，造成了人员的非正常流动。

转换一下思路，企业不招 23～26 岁的候选人，而是招个 40 多岁已婚、抚育两个孩子的大姐。这样的人去做出纳或者会计的岗位，待遇不一定很高。她们一般情况下都是大学毕业后工作几年然后结婚，30 岁左右怀孕了就回家生孩子，等孩子上小学二三年级的时候，忽然想起来应该上班了。这些人只是为了家庭和孩子中断了职业，实际工作经验不一定比财务经理差。如果她没回家生孩子，可能现在已经是财务经理或者财务总监了。大家想，如果你的下属是这么一位 40 岁左右的大姐，你 30 多岁，在实际的工作中，她是可以给你查漏补缺的，心思比你缜密，经验也不比你差，只是她对工作岗位有要求。什么要求呢？第一就是如果可能的话，在特殊情况下能晚来一会儿，或者早走一会儿，然后离家近，最好下楼走个 10 分钟就能到公司，其他也没有太多的要求，只求方便照顾孩子，照顾家庭。一个要求少又细心认真工作的员工，如果你是财务经理的话，这人跟着你干了三年，你是不是会想着给她晋升成副经理或者财务主管？职位提升报酬也会相应增长嘛！一般情况下，如果你是财务经理，跟大姐谈升迁的事，大姐一般说："领导，别给我升官了，涨工资就行。"因为国内职场的情况是：只要职位升迁，在岗人员的生活就是上班和加班，这不是她想要的生活。

因此可以看出，出纳或者会计岗位的年龄对于 300～500 人的公司来讲，年龄并不重要。年龄重不重要，主要看岗位的要求。一般情况下，企业尤其是生产型的企业、综合性的企业，有 50% 以上的岗位是螺丝钉岗位，这样的岗位就需要人在这"钉"住，不需要去做太多的职业生涯规划。人力资源从业人员一定要考虑这一点。

所以年龄对于候选人的影响是要看岗位要求。

（2）性别

性别重要吗？在课堂上笔者如果提出这个问题，学员就会说：重要！再问：为什么重要？……

实际上当前的职场上只有两种人：男人和“女汉子”，没有太大的性别差异。真正的女性是温柔婉约的，这在职场上并不常见。

但凡企业要招女性经理人的话，那就意味着你要允许她生两胎或者更多，是不是？生育是当下职场上由于性别带来的最大差异。

所以性别这个概念，或者这个话题，在当下的职场中已经越来越少或者越来越淡化。笔者有一个朋友，自从她怀孕之后，她老公就在家全职照顾她，现在也挺好，她忙事业，老公照顾家，家庭事业稳定，她四处出差，孩子健康成长，家庭也和睦。当下这个社会，已经不再必须是男主外女主内了，女人也顶半边天，所以用人的思想观念已经完全转化了。

真正考虑性别对于候选人的影响，要具体看岗位的情况。

（3）专业和学历

笔者在上课时候问学员：专业和学历重要吗？大家还会说：重要。再问：为什么重要？……

上面讲到性别，如果是艰苦性的岗位、需要强体力的岗位，可能真需要男生。那专业和学历呢？专业学历的重要不重要，要看毕业的年限，一般情况下，毕业 3 年以内的，学历越高，越要看专业方向，尤其是博士毕业的候选人，要多看研究成果和论文质量。但如果工作 5 年以上的话，主要看工作经验和技能了。

（4）籍贯民族

籍贯和民族的项目，要看企业的实际情况，如果企业有食堂，可能少数民族员工用餐不是很方便。当然一些特殊情况下，有些特殊的领导、老板也会用一些特殊类型的人选或者特殊地区的人选。

(5)气质容貌

气质容貌重要不重要？还是要看岗位，如果岗位是面向外部客户的，气质容貌尽量要好一点。如果是面向内部的话，没有那个必要。据有关统计，长相好看员工的年薪是长相一般员工的1.3倍左右，那就意味着，同样的一个人，容貌姣好的比普通的须多付30%薪酬。所以作为部门的经理或者人力资源经理，在招人的时候，一定注意该岗位是面向外部客户的还是面向内部客户的，这样能给公司节省成本。

(6)职称和训练经历

有些岗位需要特殊训练（比如像焊工），还有一些需使用特殊工具，这些都要拿到上岗证才能上岗，包括财务人员要有财务上岗证，所以人力资源经理做候选人筛选的时候要多关注。

以上内容是基本条件维度的6个要素。日常工作中，企业各部门甚至人力资源部门都不太会特别注意这些“小”的方面，认为只要把岗位的主要职责书写清楚就可以了，任职条件差不多就行。而招聘工作从招聘需求开始，到候选人简历的筛选，再到面试问题的设计，都跟岗位说明书的任职条件息息相关。如果在设计岗位说明书的时候没有一步到位，就会为后续的管理工作带来大量困扰，直接间接影响招聘工作，甚至给人力资源管理工作带来较高的成本，因为岗位说明书是人力资源工作的基石。

所以要想把招聘工作做好，岗位说明书中任职条件部分还要详细地用心去做。基本条件属于第一个维度，是简历筛出来的依据。

工作经验维度

基本条件维度是简历筛选的重点，工作经验维度需要在面试中去挖掘。

（1）行业经验

行业经验是候选人在行业内的历练、对行业的熟悉程度。行业经验代表着候选人对行业规则的熟悉程度、行业资源的积累程度。如果刚进入一个行业，要去学习的东西会很多。而如果拟招聘的岗位是一个高端岗位，或者是一个技术、销售、管理岗位，职务越高，对行业经验要求也越严苛，否则不太容易驾驭岗位工作。

（2）公司规模

公司规模大小意味着管理规范程度，当然并不绝对。如果候选人所服务的公司规模较小，候选人的职业素养或者整个管理规范化程度可能会相对较低；公司如果规模比较大，情况可能会好一些。

（3）职务经验和责任水平

职务经验是指候选人做过什么层级的职位：是总经理、副总经理、总监、经理、主管，还是一般员工？不同的职务水平意味着要承担不同的职责和责任。我们在设计招聘条件的时候，总会有一条：同岗位工作经验几年。同岗工作经验就是职务经验，体现的是候选人在这个水平岗位的工作历练，对于管理岗位还是很有必要的。当然岗位等级的不同，也体现出候选人承担责任的差异。

（4）管理和项目经验

管理和项目经验的评判，如果跟公司规模挂钩，大公司里面的小项目经理不一定比小公司的大项目经理管得项目规模或者金额小，所以这里要配合着去看。

另外，世事无绝对。规范化的大公司有时候需要招聘小公司出来的“野路子”候选人充当鲶鱼，或者小公司往大公司发展的道路上，需要猎取规范化的大公司出来的职业经理人来做操盘手。

(5) 业绩要求

在面试的时候，面试官一般都会问：您在这家单位或者那家单位的业绩怎么样？候选人一般都会说：挺好的。那需要记下来好到什么程度、做了多少业绩，这个可以作为背景调查资料使用。

行业经验、公司规模、职务经验和责任水平、管理和项目经验、业绩要求，这五个部分实际是面试中最核心的内容。

综合素质的维度

综合素质的要求，包括工具、智力水平、人格、动机、胜任能力，这些都要设计有针对性的问题在面试的过程中去提问。

(1) 工具要求

通用的要求是基本的办公软件要会用：财务软件如用友、金蝶，要熟练使用；软件工程师的语言有 PHP、.NET、C + + 、Java；强电弱电等，可以使用资质证书通关，或通过上机操作来测评。

(2) 人格和智力水平

人格部分是测评出来的，智商也是。好多单位的人力资源经理人会问智力水平怎么评测？从笔者的个人经验来看，教育水平是重要的标准。大专学历的候选人智商一般不会太差，当然是统招的。如果企业要求比较严格，那就定位在 211、985 院校的大学毕业生，本科及本科以上毕业基本上就可以了，因为毕竟能考上 211、985 院校，智商低不到哪里去。

人格部分测评工具有九型人格、PDP、DISC、四色等，不同人格的候选人有不同的工作和行为模式，不同人格的候选人的做事动机是不太一样的，具体测评要看公司对岗位和候选人的要求和公司的财务能力，毕竟大多数测评都是要花钱的，涉及费用的部分就会有测评的范围。当然还有胜任素质的要求等。

上述 4 维度、17 个要素就是岗位说明书里面的任职要求，如果企业招聘不从这些点切入，做岗位分析的时候容易出现较大的偏差，那么以此为依据做招聘，如同大海捞针一般，因为前期界定得不清楚，后期的工作会有极大的不确定性。

你最想聘用的员工特质是什么

你最需要的员工的特质是什么？笔者授课时会设计一个小的头脑风暴：分小组，5～7 人一组，给大家 3 分钟时间，写下你最想聘用的员工的特质。至今为止，在三分钟小组讨论内写下最多的是笔者在首都航空的《企业面试官》课程的一个小组，他们总共写了 64 个，数量非常惊人。

如下是某公司行政人事部确定的优秀员工的特质，有 36 个：

1. 触类旁通，具有创新精神，才能永远立于风口浪尖处。

2. 主动学习，不断完善自己，才能对公司做出更大的贡献。

3. 充分相信自己，敢于向“不可能完成”的工作挑战，挑战自我，完善自我。

4. 挫折时不怨天尤人，对自己和公司前途充满自信，永不气馁。

5. 把做好工作视为学习的动力，不断掌握新知识、新技能，做时代的弄潮儿。

6. 充满激情永远是你工作成功的法宝，永远对自己的工作保持新鲜感。

7. 永远不要找借口，养成现在动手做的习惯。

8. 当机立断永远是成功人士的优秀特质。

9. 时刻告诫自己成功不是唾手可得的，让工作在最短的时间内有效完成。

10. 在工作时，时刻以主动第一，去完成老板安排的工作。

11. 任何时候，都以业绩为导向去工作，以更快更好的方法来提升自己的工作业绩。

12. 善于把握工作进度，利用一切可能的时间高质量、高效率地完成工作。

13. 能主动与老板沟通，消除对老板的恐惧感，从而更出色地完成老板的指令任务。

14. 具有做公司灵魂人物的能力，在业务上是权威，在工作中是“老板”，有事业心。

15. 一切以公司的经济增长为目标，把握每一个积极行动的机会。

16. 时刻以老板为竞争对手，尽力做到“青出于蓝胜于蓝”。

17. 全心全意，善始善终，对待工作总能做到一丝不苟。

18. 力求完美，永远做最好的。

19. 明了每天多做一点的好处，时刻保持积极主动的工作态度，尽力做一些分外之事。

20. 将个人的成功依附于老板的目标，积极主动帮助老板排忧解难。

21. 具有强烈的敬业精神和责任心，努力从工作中学到比别人更多的经验，不断自我完善。

22. 对周围的一切充满感恩，要积极地投身工作之中，取得更大的成效。

23. 对老板怀崇敬之情，抓住一切可以向老板学习的机会，努力提升个人价值。

24. 在工作中时刻充满热忱充满活力，激情四射并影响周围的人，愉快地工作。

25. 品行端正，诚实，永远值得信赖与敬重。

26. 能忠诚公司、忠诚于老板，将公司的利益放在第一位。

27. 从不轻视自己所从事的工作，即使“平凡低微”的工作也会全力以赴，尽职尽责，以对待大事的态度去完成。

28. 对同事热情、乐于帮助，具有良好的同事关系，在工作上顺水顺风，总能出色地完成。

29. 对待工作勤勤恳恳，任劳任怨，对有助于公司、有助于自己的机会从不轻易放过。

30. 具有奉献精神，能够默默地去帮助老板获得个人提升。

31. 始终集中精力工作，不做有损个人形象的小动作。

32. 敢于尝试敢于追求，能左右逢源，深信自己一定能成功。

33. 意识到自己是团队中的一员，善于合作，依靠团队的力量提升自己。

34. 能够在自己身上发掘一种自发的内在力量，创造性地完成工作任务。

35. 自信，具有雄才大略，能够当机立断，坚信自己是时代的佼佼者。

36. 具有领导才能，把公司当成自己的事业，主动带动同事朝一个目标奋斗。

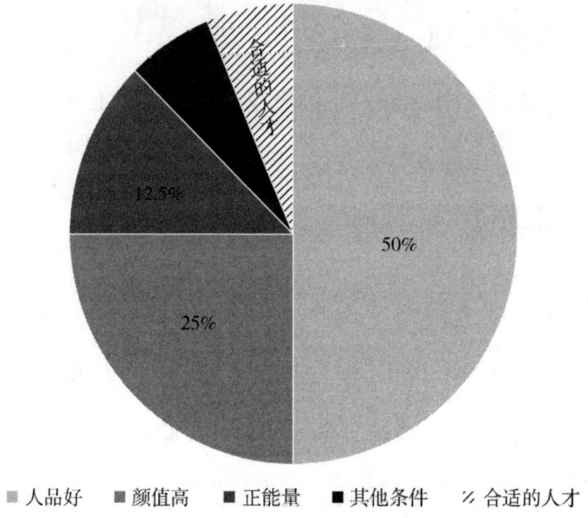

图 2－5

如果企业选拔候选人按照上面的条款 100% 来确定，只有天上来人间渡劫的上神才能具备！为什么？按照通用的选拔标准来试一下：第一个人品要好，企业招聘，人品是铺底的，人品不好肯定不能要，这样就切掉 50% 的人，还剩下 50%；第二高颜值，切掉之后就剩 25% 了；第三正能量，去掉一半仅剩下 12.5% 了，如果再有两个条件基本上就是百里挑一了，所以在设计用人标准的时候一定要适当适量（见图 2－5）。

倘若企业没有统一的用人标准，面试官面试的时候就会根据个人偏好提问，假设每个面试官在面试的时候都有那么两三个关注的偏好特征，假如你们企业需要三轮以上的面试，就会有 6 个偏好特征，基本上就是百里挑一，招聘人的难度就加大了。

那到底要招什么样的人呢？或者说候选人需要具备什么样特质呢？

课堂上笔者会给学员看一段几分钟的视频：乞丐与美女。视频讲的是一个高素质高技能的乞丐跟一位美女探讨乞讨技巧的对话，会涉及客户群体的 SWOT 分析、乞讨的时间分析、机会分析、乞讨态度、生活理念、工作理念等。看完视频之后，请学员说出视频中的乞丐是不是一个优秀的乞丐，以及这名乞丐作为优秀乞丐的特质有哪些。一般情况下学员至少会总结出 10 项，多的能到 20 项……

通过视频，笔者总结出优秀员工的以下三点特质。

深刻了解工作的本质

岗位招聘的目的是承担岗位工作，这个人要懂这活怎么干，所以叫深刻了解工作的本质。在面试的时候，如果感觉这个人非常懂行，作为面试官的下属甚至比面试官都还精通，面试官就会眼前一亮，恨不得把这个人以企业能够付得起这个岗位的最高薪酬招过来。

有良好的心态

这个特质当今社会上很多人都有欠缺，要么生理上不健康，要么是心理上不健康。所以招聘到的候选人如果有正能量或者心态好的话，是不是就特别幸福？在企业内这样的员工多的话，想一想，一群整天的很正向、很温暖的人在一起，部门感觉会不会很舒服？一般情况下在面试的时候会发现，如果候选人有良好的心态，聊的时候会让人感觉很舒服，这样的人代价高一点也要把他招来，这样比较利于团队氛围的凝聚。

优秀的情商和智商

智商高的人是不是就深刻了解工作的本质？有些同学问：老师，智商怎么测？现在面试的时候不可能测智商了，如果测智商的话，候选人转身就会走，他觉得你们公司有神经病，所以智商这个环节一般不测。如前所述，面试官可以借助一些社会条件来达到，比如说企业可以招第一学历是大学本科的人，还不用是 211 或者 985 院校的，第一学历是本科的就能保证智商不会特别差，一般大学考试的时候，极个别能超水平发挥，或者极个别发挥不好，多数人还是正常的，这是智商环节。当然面试的过程中发现有的人反应迟钝、语言表达能力差，就可以直接过滤掉了。

智商高的人会干活，情商高的人是不是会当官啊？包括前几年习主席在河北大学生招聘会上也谈过，除了懂专业知识之外，大学生还要学一些情商的内容。跟情商高的人一起工作，他的乐观心态会带动你，共事的感觉会很舒服。

所以最想聘用的员工特质，基本上就是三条：深刻了解工作的本质、良好的心态、优秀的情商和智商。其他的特质都围绕着这三条去展开，所以在写任职条件的时候也不是 4 个维度 17 个要素非得全面覆盖。

设计职位等级

岗位说明书写好之后，需要看一下招聘岗位的级别，级别越高的要求越高。一般地，职务等级划分为五大等级，见图 2－6 所示。

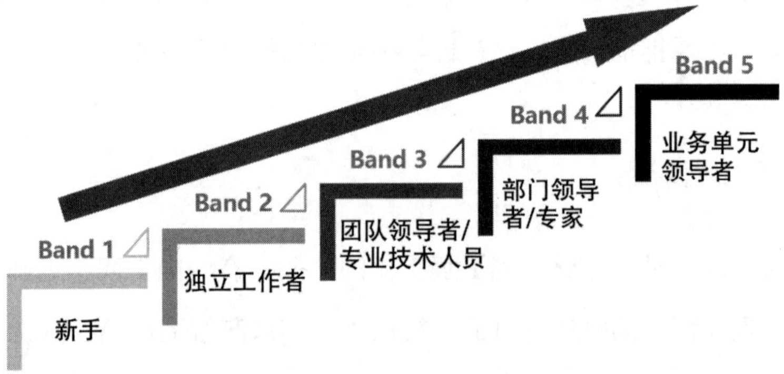

图 2－6　招聘职位等级

第一个等级是新手。刚招来的新人，啥也不会，需要有人带着才能出活。

第二个等级是独立工作者。独立工作者就是专员了。独立干一个模块的专业工作没什么问题，但是还不能带人，也不能干太多模块的工作。

第三个等级会有两个方向：一个是团队管理者，就是主管，带几个人，这是往管理方向发展；如果往技术方向发展，就是专业技术人员，如客户经理，工程师等，不带人，专做技术。

第四个等级是部门领导及部门经理。从管理路线发展，就是从主管到经理，经理可能管理一个部门，或者几个模块；从技术路线发展，专业技术人员再往上的等级就是专家。相对来说，经理和专家的收入水平差不多。

第五个等级是业务单元的领导者。比如说财务总监、人力资源总监、事业部总经理等。

以上简单描述职位的五个等级，但是在企业内具体到每个部门设置的时候，要有一个清晰的判断：如果在 300 人的企业当中，财务总监就是经理，属于四级。部门内其他人员是配主管还配专员？如果人数比较少的话，建议配主管，不要配专员。

定编九步法

前边主要介绍了定岗的原理，这里接着介绍定编的流程。工作分析是确定承接目标的组织结构图、部门职责和岗位说明书，以及职务序列，定编是确定到底每个部门每个岗位需要招聘多少人，这个过程有九个步骤，见图 2－7 所示。

图 2－7　定编九步法

第一步，明确公司的长期战略、盈利模式和年度业务目标

这个部分跟工作分析逻辑差不多。首先要明确公司的战略是什么、怎么挣钱的、年度业务目标是什么。

第二步，明确公司业务人员的人均财务指标，收集公司相关历史数据及本行业相关财务指标

这一步是要看一下公司销售人员的人均财务指标是多少，可以是工作量指标，也可能是价值量指标。工作量，可以是销售收入，可以是产量；价值量，可以是毛利润或者净利润。收集这些指标，要看过去两三年的情况，本公司业务人员的平均水平是多少，同时还要看一下同行业的水准。如果同行业水准比本公司差，以本公司为主；如果同行业都比本公司高很多，需要制定一个能力提升的计划。

第三步，依据公司的年度财务目标、人均财务指标，参考公司历史数据和行业数据确定公司业务人员数量

这一步是计算业务人员数量。第一步已经明确了公司业务目标，业务目标可以是价值量（如利润），也可以是工作量（如销售收入和产量），第二步明确了人均的财务指标，将两者相除就能得到公司的业务人员数量，当然也要参考历史数据和行业数据。

第四步，将业务人员数量确定之后，依据本行业业务人员与职能人员比例并参考公司历史数据，确定本公司的职能人员数

简单地说，就是企业由第三步计算出来业务人员的数量，为了保证业

务人员工作开展的有效性，应该有多少职能人员给这些业务人员做支持服务工作。这要看公司的历史数据，还要看行业数据，确定一个合理的比例，将职能人员数量确定出来。

第五步，依据本行业业务和职能人员与管理人员比例，参考公司历史数据，确定公司的管理人数

业务人员和职能人员数量确定之后，如何有效地让这些人员开展工作，管理顺畅，需要设置数量合理的管理人员。这个需要参照公司以往管理人员的管理幅度，同时要参考行业的数据，按照比例设置即可。

第六步，将业务、职能和管理三类人员数总和，得出企业员工总数

到这步，合理的公司总员工数量就确定出来。

第七步，对照其他流动因素（如员工的流动性、人工成本等），对预测员工人数和结构进行再调整

业务、职能和管理人员数量确定之后，预测一下企业年均流失率是多少，退休了多少，晋升了多少，还有人工成本的硬性约束是什么。同时，要对企业当前的发展战略做一个判断，是扩张战略、稳定战略还是收缩战略，在这一步对人员总量做一个适当的冗员，或者紧缩，保证公司战略目标的达成。

第八步，根据前述同样的原则，将员工总数在各部门之间进行分配

前面谈到的是公司前台和后台岗位的配置、员工和管理人员的配置原则和方法。同样，在一个部门内部也有前台岗位和后台岗位，即主要岗位

和辅助岗位，按照前述原则配置好主要岗位和辅助岗位即可。

第九步，在企业内进行试运行，对运行结果进行调整

大家看定编的这九步流程，就是公司要干这些活、应该需要多少业务人员，这个要参考人均财务指标和公司年度计划目标，两者相除就出来了；然后公司需要多少职能人员，就是要把这些业务人员给服务好，公司应该有多少职能人员；依据管理幅度，业务人员和职能人员有效开展工作各需要多少管理人员。同时要参照一些行业的波动，或者本公司的实际情况做一个预测；人员大约有多少波动，然后在部门做分配。这样就把工作分析的流程和定编定岗的流程综合起来。总而言之，就是说公司今年有这么多的计划目标，要达成目标应该设置几个部门、这些部门应该设置多少个岗位、每一个岗位应该配置多少人员，这就是定岗定编的流程。

【企业实操案例】

接下来将定编的流程用一个实际案例做说明（如图2－8）。

要想把招聘工作做好，首先要看公司的战略目标或者年度计划目标是什么样的，同时基于历史和当下的判断设置好假设条件，就是基于技术的进步、人员能力的提升，将来的人均效能怎么样？

确定好假设条件后，可以把定岗的九步走简化为以下三步：

（1）第一步，确定业务人员的数量

业务人员数量可以按照价值量指标来确定，也可以按照工作量指标确定。如果企业一直亏损，只能按照工作量指标确定人员数量。

（2）第二步，确定职能人员数量

职能人员数量按比例来确定，依据是职能人员与业务人员的比例关系。

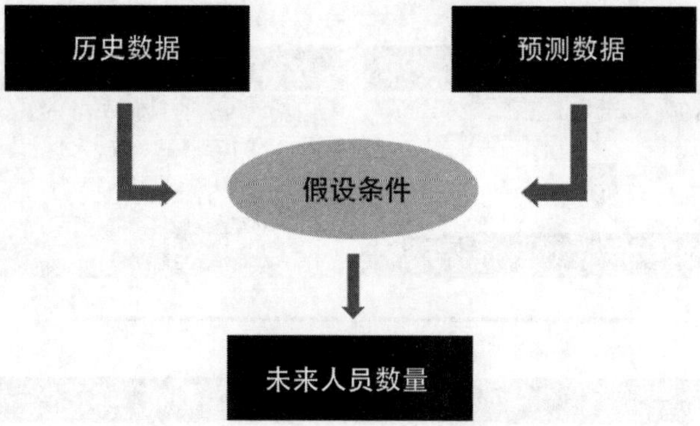

图 2－8　员工人数设计的前提条件

（3）第三步，确定管理人员数量

管理人员数量同样是按照比例来确定。

案例企业是一家外贸易型企业，这类企业确定业务人员数量的关键指标有价值量和工作量两类。价值量指标就是人均毛利、人均利润；工作量指标包括合同数、交易数和项目数。一般盈利性比较好的企业，以价值量来确定，当然在企业发展期的时候，规模比利润显得更重要，尤其是互联网企业，可以使用工作量指标。本案例价值量指标使用经营利润，没有考虑投资收益，因为投资收益这一块不属于经营的价值创造，所以把它分离出去了。经营利润等于毛利减去经营费用。业务人员的数量预测如图 2－9 所示（案例发生在 2012 年，预测的是以后 3 年的情况）：

从图中假设条件可以读出：2015 年人均经营利润比 2012 年提高 41%，年均增长 12.2%。

从图中已知条件可以读出：2012 年经营利润是 5.206 亿，业务人员数 1 189人；预测 2013 年的经营利润 6.446 1 亿，2014 年经营利润 7.252 5 亿，2015 年经营利润 8.006 3 亿。

从人员数量预测表可以读出：2012 年的总利润是 5.206 亿元，人均经

假设条件	
2015年人均经营利润比2012年提高	41%
按照相同的年增长率	12.2%

已知条件	
2012年经营利润（万元）	52060
2012年业务人员数（人）	1189
2013年预测经营利润（万元）	64461
2014年预测经营利润（万元）	72525
2015年预测经营利润（万元）	80063

人员数量预测

预测结果	2012	2013	2014	2015
总经营利润（万元）	52060	64461	72525	80063
人均经营利润（万元）	44	49	55	62
人数（人）	1189	1312	1315	1294

图 2－9　业务人员数量预测

营利润是 44 万元，计算得出来 2012 年业务人员总数是 1 189 人。预测 2013 年，如果人均经营利润按照 12. 2% 增长率，计算出来的人均经营利润 49 万元，那么由此计算出的业务人员总数是 1 312 人；2014 年业务人员人均经营利润再增加 12. 2% 是 55 万元，计算得出 2014 年度业务人员总数是 1 315 人；2015 年人均经营利润再增加 12. 2% 是 62 万元，计算得出来 2015 年业务人员总数是 1 294 人。

从过程看，业务人员数量在人均效率提升的前提下经历了一个先升后降的过程，那么预测数据是怎么得出来的呢？下面笔者将一一解释。

人均经营利润的确定过程如下（见图 2－10）：

2012年数据	市场参照数据
44万元	80万元
2015年目标数据	
62万元	

提高41%

图 2－10　人均利润指标的确定

首先，2015 年人均经营利润比 2012 年提高 41%，这个数字从哪来的？因为 2012 年实际业务人员人均经营利润 44 万元，市场同行业的人均经营利润 80 万元（来源市场调研数据），公司经过认真的分析研究，确定 2015 年的目标定为 44 万和 80 万的平均值 62 万元，年均计算公式如下：

$$44\times(1+P)^3=44\times(1+41\%)$$

$$P=12.2\%$$

这样确定合理吗？不合理。不合理吗？挺合理的！

实际上企业在确定年度计划目标的时候，基本上都参照行业数据，然后做内部能力分析，最后由公司领导头脑风暴确定。

职能人员和管理人员的数量确定如下（见图 2－11）：

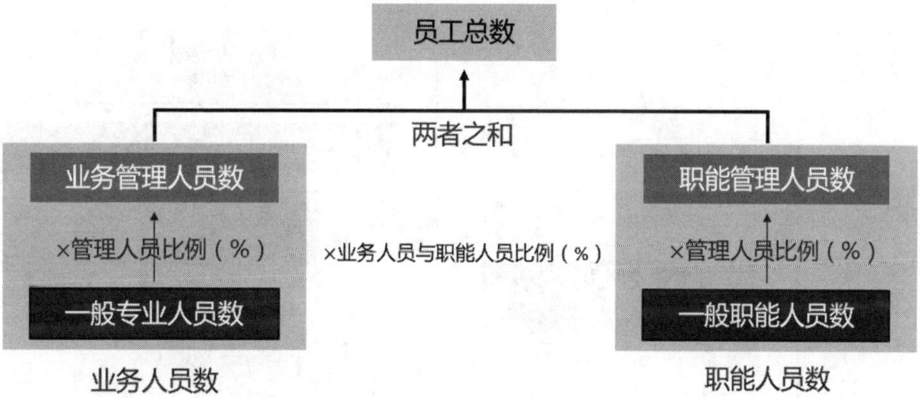

图 2－11　员工人数的确定

业务人员的确定是按照价值量确定的，前面已经表述过了，职能人员、管理人员的确定主要按照比例关系来计算，预测如图 2－12。

职能人员与业务人员比例，公司历史数据是 1∶1.94，而市场数据是 1∶4.85，取平均值，2015 年的目标比例是 1∶3.4。业务人员中管理人员与非管理员比例，公司历史数据是 1∶4.2，而市场数据 1∶7，取平均值是 1∶5.6。

职能人员中管理人员与非管理人员的比例是历史数据1:3.9，市场数据1:7，取平均值是1比5.5。

职能人员与业务人员比例	
历史数据	市场参考数据
1：1.94	1：4.85
2015年目标数据	
1：3.4	

业务人员中管理人员与非管理人员比例	
历史数据	市场参考数据
1：4.2	1：7
2015年目标数据	
1：5.6	

职能人员中管理人员与非管理人员比例	
历史数据	市场参考数据
1：3.9	1：7
2015年目标数据	
1：5.5	

图 2－12　人员比例的确定

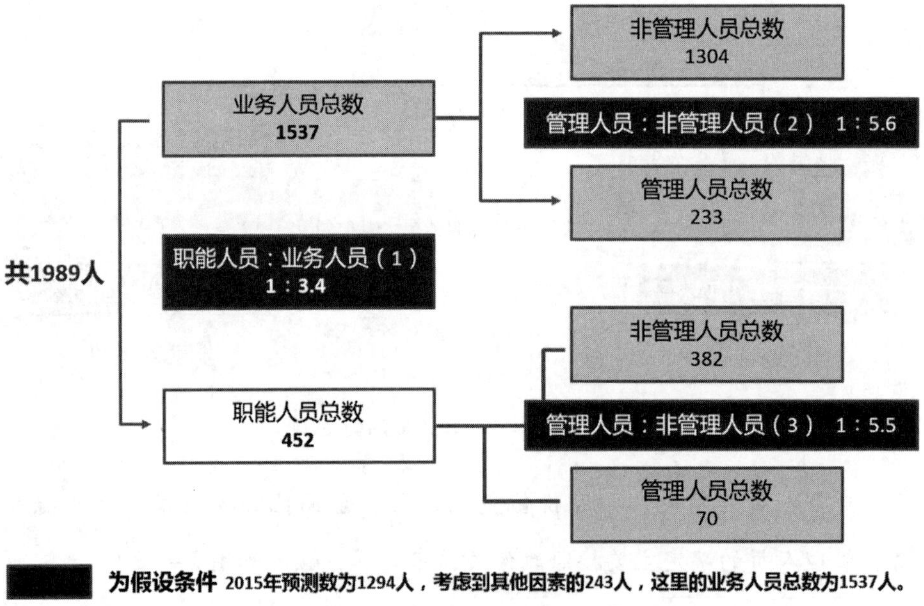

图 2－13　员工总数调整

如图 2－13 所示，2015 年企业员工总数是 1 989 人，其中业务人员数量是 1 537 人。之前预测的业务人员数量是 1 294 人，但是有 243 个人调整不出去，意思就是：理想结果计算出来是 1 294 人，可是在实际操作的时候，总有些人不是那么容易调整出去。当然有一些历史原因和法律的因素在里边。

所以 2015 年业务人员预测数是 1 537 人，职能人员与业务人员比例是 1∶3. 4，得出职能人员数是 452 人；业务人员中管理人员和非管理员比例是1∶5. 6，所以非管理人员是 1 304 人，管理人员是 233 人；职能人员中非管理人员和管理人员比例是 1∶5. 5，所以管理人员数是 70 人，非管理人员数是 382 人。预计 2015 年，企业员工总数是 1 989 人。

同样的逻辑，把人员总数在部门间做分配，这样企业的 2013～2015 年人员编制预算就做出来了。

职场感悟——简历的重要性

简历是自我推销的工具，是一种个人广告，用来展示你的工作技能以及它们对于未来雇主的价值。简历的主要目的是帮助你获得面试机会。

HR 如何看简历

- HR 看重什么
- HR 习惯什么
- HR 要找什么

一些关于简历的数字

- 雇主们在每份简历上所花的平均时间为 15 秒
- 每 245 份简历中有 1 份获得面试机会
- 有的大公司每年会收到超过 100 000 份简历
- 雇主在报纸上登出一个招聘职位，通常会收到 200 份左右的简历
- 所有简历中 85% ~95% 最终的结局都是被扔进了垃圾桶

简历筛选的潜规则

（1）企业初选简历潜规则

- 20%/助理人员/硬性的选择标准
- 45% 的雇主/初选/硬性指标

(2) 常见的硬性指标

- 第一学历
- 六级英语证书
- 专业背景
- 学校名声
- 在校成绩
- 企业初选简历的方法

20% 的雇主承认他们会使用一些级别较低的助理人员来处理简历，这些人员会有一些硬性的选择标准。另有 45% 的雇主认为他们进行初选时，基本只看这些硬性指标。

值得注意的是：这些标准不一定会在招聘要求中注明。

国企简历和外企简历遴选标准（表 2 –1、表 2 –2）

表 2 –1　国企简历和外企简历遴选标准

简历内容	国企	外企
个人信息	个人信息需丰富，除了基本的联系方式，可能需要提供性别、民族、籍贯、婚否、身高、体重、照片、政治面貌等	简单的个人信息如姓名、地址、E－mail、手机或固定电话
应聘职位	基本不需要，国企职位相对明确	一般需要
教育经历	一般不需要提供学分成绩（而要求看成绩单），要求罗列主修课程	学校、专业、研究方向、学分成绩、班级排名
工作或实习经历	与申请职位相关度非常高，不相关的工作实习经历可能不会被重视	根据应聘者过去的经历判断是否具备需要的素质和能力，并判断其个性特征是否符合企业文化。要求用详细的文字或数字在描述在工作中取得的具体成就

续表

简历内容	国企	外企
学术活动	很重视学术活动，一般要求在简历中注明发表的论文、参与的学术研究项目。有些国企根据学术活动来评价应聘者的专业素养和文字表达能力	对于本科生一般不看重，仅作为学习能力的一种印证；对研究生、博士生来说，其可以作为研发能力、理论水平的表现
校园活动	非常看重校园活动，尤其是否做过学生干部，例如学生会主席或团支部书记很受青睐。一般关注职位的高低而非具体的工作内容	对于应届生来说，校园活动是作为加分项，但仅仅有校园活动的简历很难让外企满意
奖励	看重奖励的数量，一般越多越好；另外，对于政治要求比较高的国企，学生干部、优秀党员之类的奖励会比较看重	相对来说更关注获得奖励的难易程度，例如一个班级里多少人可以获得，评奖的标准是什么
职业技能	比较看重各类证书，尤其是国家承认的职业技能证书	相对证书而言，更看重软性职业技能。例如计算机类要求熟练掌握 Office 软件等，语言类要求能适应办公语言为英语的工作环境

表 2－2　国企简历和外企简历遴选标准（形式）

简历格式	国企	外企
篇幅	一页或两页都可以	对于应届生来说，中英文简历各一页
语言风格	建议采用简朴的语言来描述与申请职位相关的经历和能力，一般带有强烈的感情色彩和强调个人能力的词汇不受欢迎	通过细节的描写反映应聘者的基本素质和综合能力，建议使用比较有表现力的行为动词
结构	格式不固定，不同的企业有不同的要求	基本固定的格式：联系方式、求职意向、教育背景、工作实习经历、社会实践、奖励、职业技能等
语言	可以只提供中文简历	建议同时提供中英文简历

第3节课

靠谱的面试官队伍建设

前面两节课介绍了人力资源的招聘工作来源于业务的需要、人力资源管理的几个模型，以及基于战略和年度计划做工作分析（设置岗位，制定编制预算）等内容，确定了招聘的数量和质量要求，而编制和岗位说明书是招聘的唯一依据。

有能力的候选人在人力资源市场中都是比较抢手的，如果我们没有安排好面试的流程，没有设计好面试的问题，候选人的体验就不会好，甚至不愿意配合面试，所以面试官的素质和能力是公司的形象，是脸面，是提高面试效率和效度的最重要的一个维度。当然面试官需要懂得本公司的聘用理念和选才机制。

本节学习内容：

- 三大聘用理念
- 建立外部选才机制
- 建立内部选才机制
- 建立面试的资格制度

三大聘用理念

企业招聘的三大聘用理念如图 3－1 所示，分别是：选对人比培养人更重要、人岗匹配、宁缺毋滥。

图 3－1　三大聘用理念

选对人比培养人更重要

选对人比培养人更重要，就是在选的时候尽量把人选对，别选完之后再从头培养。当然人才的培养或者发展是一个长期的过程，候选人进入公司之后，我们需要给候选人做职业生涯的通道，基于长期去使用和发展人才。

企业在内外部招聘的过程中如果选错了人，最好的结果可能是选中的人员不称职、不愿意做事，或者无所事事、个人没有贡献，最差的可能是选中的人员不称职却非常愿意做事，结果严重影响了公司经营，甚至导致企业衰落甚至消亡，类似案例不胜枚举。所以人才猎取是一个非常重要的工作，关系到企业发展和存亡。

在课堂上笔者经常会问一些经理和总监：如果你把人招错了，怎么办？多数同学都会说：试用期就开了呗。有一次，给中国普天集团一个做物流 IT 的企业讲《非人力资源经理的人力资源管理》课程，一个年龄大一点的总监，大概 50 多岁，他说："邓老师，如果学员不行，我要培养他。"如果真要这样做的话，就该有问题了。本身人已经选错了，如果人品没问题只是技能不行，那经理可以抽出时间去培养他，那将意味着作为领导的你，一段时间内基本上就把他的活也给干了，实际上耽误了更重要的工作。如果候选人人品不好，经理再去培养，结果可能是培养了个掘墓人或者企业的潜在对手！

所以选对人很重要，它比培养人还要重要，只有选对了人，经理才会有"扶上马送一程"的这个道理。如果人都选错了，那"扶上马"的话有可能就摔坏了，或者"投敌"了。

人岗匹配

图 3－2　萝卜与坑的匹配

招聘的本质就是上面图 3－2 所示的，是萝卜和坑的匹配问题。当下好多社交媒体里的年轻 HR 经常发布这样的消息：我这有个优秀的萝卜，大家谁要？或者我这有一大坑，有没有合适的萝卜推荐啊？招聘就是萝卜和坑的关系。

招聘的本质涉及三个层面的问题，即人与岗位的匹配、人与部门经理的匹配、人与公司的匹配。

（1）人与岗位的匹配

人与岗位匹配基本上可以用 3 个词概括：知识、经验和技能。面试的时候，这个人如果学过、干过、出活，能力上就可以胜任拟招聘岗位的工作了，知识、经验和技能匹配岗位工作要求即可。各位面试的时候是不是都是这样想的？

（2）人与部门经理的匹配

员工离职的因素中，经理的原因占到很大的比例，所以候选人和经理的风格匹配很重要。千人千面，比如 PDP 把人分为老虎、孔雀、猫头鹰、考拉和变色龙五个类型。假设咱们给某个部门招聘员工，部门经理是猫头鹰型号的，而给他招聘的下属是孔雀型号的，那就有问题了。一般，猫头鹰要求都很严、很细，他审核下属的文件，一般能审核到错别字和标点符号这个层面。

如果给猫头鹰经理招聘了一个孔雀下属，假如组织年会的项目由猫头鹰经理所在的部门负责，猫头鹰经理把这个工作安排给孔雀下属。

孔雀下属马上会说：领导，我现在就有一个好主意，我给你汇报一下。孔雀下属说完之后，猫头鹰经理会说：可以，你写个方案吧。

孔雀下属就走了，过了半个小时来敲门，敲门之后说：领导，我又有了一个更好的主意，我给你汇报一下。这时候猫头鹰经理就在心里琢磨：第一个方案还没形成呢！你说说吧，说完之后，猫头鹰经理说：你把这个方案写一写，完了之后咱俩再碰一下，孔雀下属就走了。

中午吃饭，正排队，猫头鹰经理就看到孔雀下属过来了，孔雀下属说：领导我又有了一个极佳的主意！这样的话是不是那个猫头鹰经理就崩溃了？所以人和部门经理的匹配，一定要考虑经理的风格。

授课时笔者会问学员一个问题：你们到一个新单位，你了解这个单位大概需要多长时间？有人说三个月，有人说一年，有人会说一周。真正要了解一个单位，需要了解这个单位的产品、市场、生产流程、关键客户、竞争对手，还包括关键岗位的人的脾气和秉性，至少得需要三年。所以 HR 要有耐心，在一家企业多工作几年，这样对企业的了解会深入一些。HR 在给各部门配人的时候，为了提高候选人的生存概率，一定要了解他这个部门的领导是什么风格的。

（3）人与公司的匹配

一般情况下，知识、经验、技能具备的人可以胜任岗位工作，可以招过来，如果候选人风格跟部门经理匹配当然更好。但是从企业留人的实践来看，真正把人留下来靠的是候选人跟公司价值观的匹配。如果候选人价值观跟公司价值观不匹配，候选人很难长久地留下来。有些企业价值观模糊，一般都是桌面上一套桌下一套，在做招聘的时候用的是桌面上的那一套，这样实际上是企业主动把人招错了，留人自然比较困难。

宁缺毋滥

这句话很容易理解——不能让不合适的人进入企业，可是在实际工作中，这样的事情还会时常发生。有些时候人力资源部迫于业务部门的压力，把勉强合格或者能力合格但人品差的候选人猎取过来，这样做的结果是伤害了企业的长远利益。

人力资源部门为什么会这样做呢？日常工作中当业务部门的业绩不好的时候，原因可能是外部环境不好，也可能是人的能力不足。对一些强势部门来说，最简单粗暴回应业绩差的说法就是人不够、人不行，那老板就会把所有的责任和怒火释放到人力资源部门头上。出现几次这样的问题后，人力资源部门再跟这些强势部门配合招聘的时候，一般只要业务部门觉得这人行就行，或者候选人差不多就招进来，甚至欠缺一点也让候选人勉勉强强来了，至少解决部门的当务之急，结果造成人员的培养周期或上岗之后的熟练周期加长。

当然还有一种特殊情况：如果来了个候选人，他背后有一定的背景，这种情况出现之后怎么处理？类似这样的事情，人力资源从业人员做久了都会遇到。笔者曾经在一家外企工作过，企业是所在地区的利税大户，业绩、薪酬福利都很好，当地人都希望把自己家的孩子塞到这家企业来。当时的情况比较有意思，如果老板觉得候选人可以，或者如果老板觉得候选人的“后台”很硬，不能得罪，他会找到笔者说：“Daniel，这个候选人不错，你给安排一下吧。”一般我安排走一下流程就办理入职了。如果他觉得候选人不合适，关系不是那么强势，他会找笔者说：“Daniel，这个候选人你来面试一下吧。”我就让候选人把面试的全流程走一遍，完了之后告诉他候选人哪儿好、哪儿不好，最终的结论是不合适。这就是特殊情况。

宁缺毋滥的第一道安全门是人力资源部门，人力资源的经理人要以对企业和对自己职业生涯负责任的态度对待这个问题。宁可跟部门经理、老板吵一架，也要把好这个关口。一再的忍让只能让业务部门藐视人力资源部门的工作，老板也会质疑人力资源经理人的能力、质疑人力资源经理人的人品。所以人力资源经理人灵活地坚守原则、守住底线是对公司和个人职业生涯负责任的行为。

如果从企业的长期发展来看，找一些素质好的候选人，基于长期培养，5年后就会成为公司的骨干人员，10年后就会成长为公司的核心团队。当然需要我们搭建好人才的培养模式，图3－3是一个很好的人才培养模型：

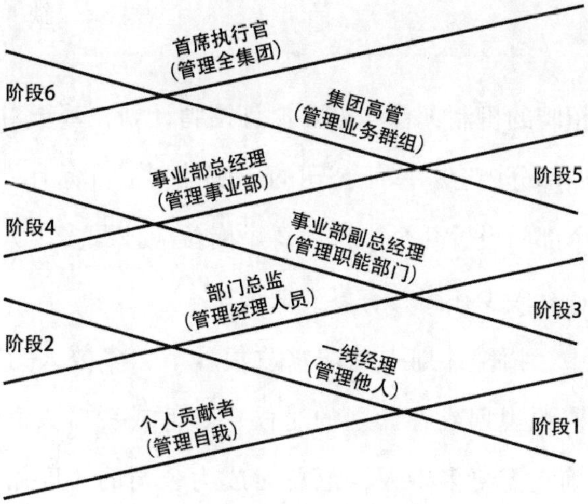

图 3－3　领导梯队模型

建立外部选才机制

企业招聘基本上分为两个部分，一个是外部招聘，一个是内部招聘。外部招聘的流程（见图 3－4）分为下述四个步骤。

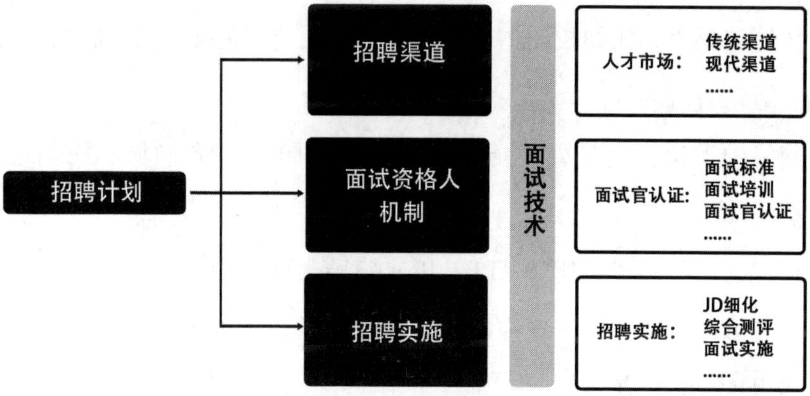

图 3－4　建立外部选才机制

拟订招聘计划

建立外部招聘的机制，首先需要拟订招聘计划，基于对接战略的工作分析环节，有四部分内容：基于公司的年度计划，目标有哪些；应该设置几个部门，每个部门设置几个岗位，每个岗位应该配多少人；配的这些人的级别是什么；有多少在岗、有多少缺编。

实际工作中，招聘计划中的需求收集环节，多数人力资源经理人会在做年度人力资源规划或者计划的时候，邮件或者口头询问各个部门的领导，让他们确定需要多少人，汇总后成为公司的年度用人计划和招聘计划。这样做实际上不是很科学和客观，还不如有条理、系统地在年底和年初做一个工作分析，因为工作分析做完了，招聘的计划基本就出来了。

招聘计划要明确：招多少人、招什么级别的岗位、用什么招聘渠道、在什么时间招、招聘费用是多少、谁来招聘面试等。

招聘渠道的选择

拟订招聘计划后，就需要选择从什么渠道开始招聘工作。

传统的渠道，比如校园招聘、报纸招聘、电话招聘、电视招聘、人才市场、劳动力市场等。

网络的渠道，比如智联招聘、51job，猎聘网、58 同城、周伯通、论坛等。

现代的一些渠道，比如 APP、Boss 直聘、LinkedIn 等。

到底哪个渠道有效？现在时代变化太快，谁也说不清楚，可以因时因地地多思考、多创新。

比如招聘产品经理，有家企业招聘经理做得非常好，跟一家连锁的餐饮企业合作，如果就餐人员能提供名片，并且名片是产品经理头衔的，就可以一块钱吃顿饭。想想这个做法是不是很有吸引力，如果在北上广深，或者杭州、成都、西安这些城市人员密集的地方，这样做很容易把候选人拓展出来。

面试官的选拔

面试官需要选拔和认证，从 2015 年开始，市场对于面试官的课程需求量非常大，笔者曾多次给企业讲这门课程，说明企业对于各级经理的人员招聘面试的把控能力非常重视。面试官的认证，首先要确定面试官应该具备的基本知识和素养，经过初步筛查后，对合格的人选做面试的实战培训。培训结束之后，做面试官认证，合格后上岗。

招聘的实施

招聘的实施，其实就是运作招聘面试的项目，即确定招聘计划、选拔面试官、根据招聘渠道反映出的实际情况，安排面试官面试考察候选人。这个过程看似简单，实际上要关注的事项很多，比如招聘需求通过什么渠道发布、候选人结构化面试问题的设计、面试官的培训、面试流程的安排、面试之后候选人的入职安排，以及面试过程的复盘评价等。

以上四步是外部招聘流程。公司要想把招聘工作做到位的话，要编制好预算表，今年招聘计划招多少人、招什么价位的人、什么时候招、渠道是哪里、人员怎么分工、人员的到岗时间等，这些都要根据预算表把握好。

笔者曾在上海一家互联网金融企业做培训，他们做线下门店建设的时候，基本上要求门店的经理或者主任层面提前一个月到位，最多一个半月，门店的其他人员提前半个月到位，给门店的装修时间基本上就是 45 天左右，并且要求工商办理的时间也不能超过 45 天。45 天建一个新店，时间是倒逼出来的，基于人力资源工作是从业务派生出来的逻辑，人员的招聘时间也是倒逼出来的，不能突破业务的时间极值。

建立内部选才机制

除了外部招聘外，公司必须具备一套系统化的体系来识别有潜能的员工，然后对识别出来的这些员工进行有计划地培养。如果对每个员工都进行培训太浪费资源，不是每个员工都能成为领导人。当然，识别潜在领导人是个艰巨的工作，有些公司利用 360 度全方位的反馈机制，有些公司利用评价中心，形式多种多样。

建立内部选才机制，主要包含三个部分：骨干的选拔、管理者继任计划、基于胜任能力和业绩的评价，见图 3 – 5。

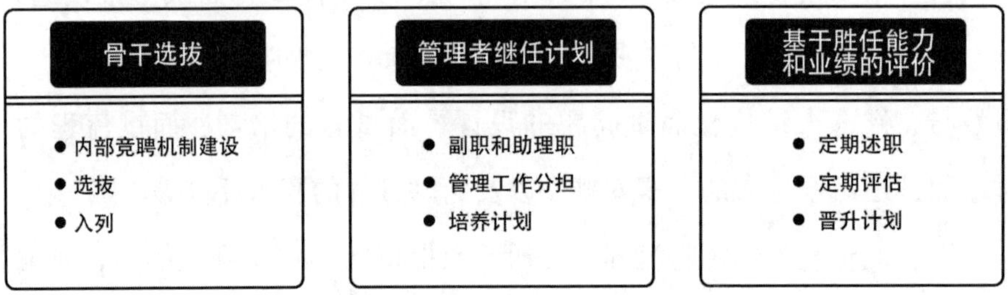

图 3 – 5　内部选才机制

骨干选拔

培养干部的第一步是找到那些有潜力成为干部的人。个人的性格特征是一个标尺，那些智慧、自信、诚实、正直、渴望成功、业务知识丰富的人更容易成为领导，当然同时也要考虑该员工在自己管理职位上的工作业绩。骨干选拔包括建立内部竞聘机制、内部选拔、人员入列三个步骤，但是无论如何选拔都要保证公开公平公正，避免暗箱操作。

公开选拔的人选有两类：管理人员和专业技术人员。首先要建立内部的竞聘机制，内部选拔和晋升不能没有依据，所以企业应该建立内部竞聘的流程和制度。依据竞聘的流程将企业的管理人员和专业技术人员选拔出来是骨干选拔的第一步，内部推荐和员工自荐是两个有效的渠道。

候选人选拔出来之后，人力资源部门要做 360 度的访谈或调查问卷，调查候选人的部门同事、跨部门的同事、领导、下级，还有他的同级，甚至他的客户，看一下各方面对候选人是怎么评价的。如果评价得分过关，则候选人进入管理培训流程。培训之后要组织学员考试，考试及格的候选人做工作述职。述职的内容包括以往的工作业绩、如何开展工作以及未来打算如何开展工作。述职完毕之后，再看看过去两年候选人的绩效成绩。竞聘的过程中如果有条件的话可以做管理能力或者人际风格测评。这样差不多就有四个维度的评价标准：考试成绩、述职成绩、测评成绩、绩效成绩。根据这四个维度配上权重之后拉出一个候选人清单，然后再跟领导做一个初步的汇报，领导如果没意见，候选人即可入列。如果有调整的意见，做一次调整后报领导审批。

骨干的选拔基本上就这样操作，大的企业选拔的频次会多一些，小的企业可能一次两次就结束了，因为没那么多人。

继任计划

入列之后就进入第二步，管理者的继任计划。将后备人员选出来后，挂一个副职，或者助理职，工作内容跟原来相比扩大。让员工有锻炼的机会，如果企业下属单位比较多，可以派下去挂职。

人选选拔入列之后，特别重要的事情是要做一个相对完善的培养计划。比如 MTP 的培训，提升后备人员的管理技能，可以考虑从管理自我、管理他人、管理团队和管理工作四个维度来设计。管理技能的提升不但需要学习，还需要实践，这些工作最好在这个培养周期内帮助后备人员有序提升。

企业的高级领导必须支持人才培养项目，如果没有他们的支持，员工就会失掉对其的信任。获取信任的一个途径是：提拔在培养项目中表现最好的员工。当大家发现有实实在在的结果时，他们就会认真对待。CEO 在培训课程中授课，能表示他们重视领导人培养计划，这能够增强项目的可信度；此外 CEO 也能见到未来的领导人，了解他们是什么样的人。笔者建议 CEO 与参与者一起吃个饭、喝杯咖啡，那些直接走进、走出课堂不与参与者接触的 CEO 不会有什么影响力。CEO 若表现出对每个参与者都有兴趣，参与者会感到自己与众不同，对公司更加忠诚。

特别需要提醒的是：如果出现岗位空缺，优先从入列的后备人员中选拔晋升。如果做不到这一点，内部选拔机制会流于形式。笔者 2016 年跟某企业 HRD 交流的时候，他提到他们事业部第一期后备干部选拔和培养的过程中，各个部门和下属单位参与度比较高，但是出现岗位空缺需要晋升人员的时候，集团领导拍脑袋定了一名非入列人选。所以在第二期做后备干部选拔培养的时候，大家就不愿报名参与了，这样实际上就是领导把项目给搞砸了。

基于胜任力和能力的业绩评价

对参与培养计划的人员进行过程考核，这里面包括定期的述职、定期的评估和晋升的计划，至少每个季度要书面做一次述职、每半年或者年度要做一次现场述职。根据述职的情况和绩效考核的成绩，对后备人员做晋升或者淘汰。这样有晋升有淘汰，出现空缺后，再选一些人员补进来，内部选才机制就盘活了。

一般情况下，企业管理人员尽量是从内部选拔晋升，专业技术人员能培养就培养，实在培养不了可以从外面猎取。国家电网的子公司英大人寿，他们的管理干部基本上就是从国网内部选拔派驻的，而像精算师这一类的专业岗位，因为企业自己培养不出来，基本上是从市场上猎取。

建立面试的资格制度

曾经有这么一个案例，营销中心有五个销售部门，其中两个部门销售经理的面试过程和结果非常有意思。招聘经理给销售部经理 A 推荐候选人，基本的结果都是“一般般、不合适、不行、比较差……”而同一个候选人推荐给销售部经理 B，结果却是“不错、很好、就是我想要的人……”因为人力资源部会对候选人做初试，招聘经理的能力笔者还是比较信任的，于是笔者就陪着经理 A 做了几次面试。经理 A 的面试过程大致是这样的：家在哪里？学什么专业？能不能加班？能不能吃苦？能不能喝酒？工资有什么要求？问完了这些，面试差不多也就结束了，结果是候选人不合适。

实际上在整个面试的过程中，最大瓶颈一般是部门经理的面试能力。同样一个岗位，同公司相同业务水平的两个经理面试，结果是完全不一致的。就如上面提到的销售部门经理 A 看完之后，觉得这个人不行，完全不符合要求，销售部门经理 B 面试完了，说这个就是我要的人，以后多推荐。人力资源部门的招聘经理应该去看看到底是怎么回事，如果多次出现这样的情况，应该去分析为什么，最可能的原因就是面试官水平比较差。

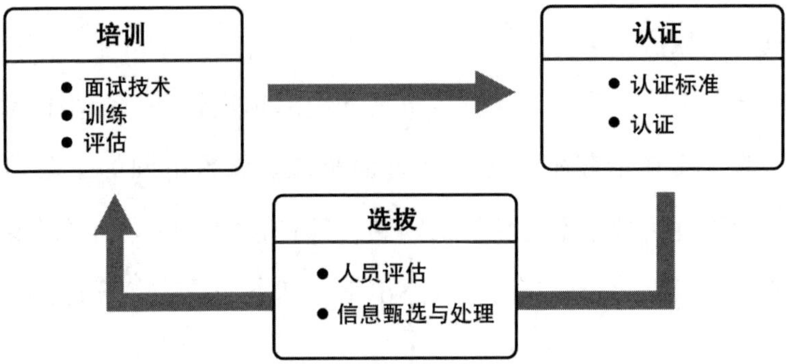

图 3－6　建立面试资格制度

面试官的资格制度建设（图3－6）

（1）选拔

选拔就是候选人的初步评估加上信息的筛选与处理，可以请部门推荐，也可自荐。候选人推荐完毕之后做一个测评考试（测评题目见本节课附件），属于基本的人力资源管理知识的一个摸底。

（2）对筛选出的候选人做面试的技能培训

培训过程包含面试前的准备、面试的流程、面试的技术、能力评估等环节，有讲解、有演练、有汇报、有点评，通过反复的演练，把人训练出来。基本上经过反复的演练之后，大家心里也就有数了：原来面试、招聘是一个技术工种。

（3）认证

明确合格面试官的标准，比如要懂面试的流程、面试的技术、沟通技巧、根据岗位说明书和候选人简历要会设计结构化面试问题等。认证标准明确之后做认证。认证基本上就是让学员根据面试官课程的要求准备，按照标准流程进行面试，按照讲过的面试技术去面试。如果各方面的评分满足要求即可成为公司的面试官。

面试官制度建设的要点

面试官制度建设的几个要点：

（1）高层要重视并密切关注

京东的刘强东说过：人对了事儿才对，人不对这事儿一定不对。那选拔既然这么重要，公司的高管就应该特别重视，如果不重视，面试官建设会流于形式。

（2）面试官的资格需要选拔

经理不一定全部都是面试官，面试官不是天然诞生的，得选拔。面试官的作用就是替公司选拔人才，所以面试官的资格需要选拔，不合格的人不能进入到面试官的队伍，否则显得不严谨。

（3）经过培训，认证合格才能上岗

候选人参加了面试官培训，经过认证合格才能上岗，如果不能通过认证，一般不具备公司为选拔人才的资格。

（4）面试官优先推荐进入后备干部序列

这跟内训师的选拔是一样的，候选人具备面试官资格和内训师资格，将来后备干部选拔相当于多了一项技能，享有优先权。人力资源部门做后备干部储备的时候也要优先考虑到这些愿意干活、勇于冲在前面的人员，这样有助于人力资源部门运作一些项目的时候，大家才会重视，因为业务口的人员“不见兔子不撒鹰”！

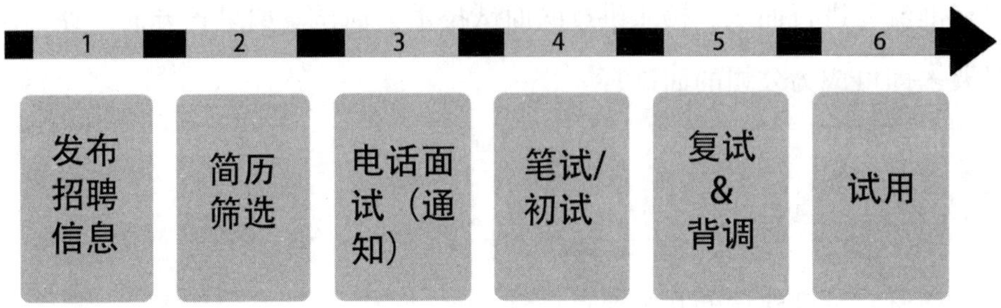

图 3－7　常规招聘面试流程

常规的招聘流程有发布招聘信息、简历筛选、电话面试、初试、复试、背景调查和试用期七个阶段（见图 3－7）。那么如何在这些阶段中提高候选人的应聘体验呢？

（1）发布招聘信息

企业在明确了招聘需求后，人力资源部门就需要设计和发布招聘信息了。

首先设计招聘信息，一定要把企业和拟聘岗位的情况精简地梳理出来，不要拖拖沓沓，更不要只把本公司的岗位说明书贴出来，给候选人留下这个企业 HR 太懒的印象。要根据公司市场销售部门或者发布企业文化的部门设计的企业介绍的版本，设计招聘广告内的企业介绍、岗位职责和任职要求。要抽取核心的要求简要书写清楚，不必太详细，让候选人感觉这个企业的招聘信息很专业、发布人员很精干。

其次发布招聘信息的渠道选取。要根据所招聘企业的特征选取招聘渠道，如果是相对高端的岗位，可以选择智联招聘、猎聘网；如果是较为低端的岗位可以发布在 51job、58 同城、赶集网；如果是相对较为专业的岗位，也可以在有关专业论坛、微信群、公众号发布；当然公司的招聘信息最好在本公司的 BBS、公众号同步发布，因为内部推荐一直就是人员招聘的有效渠道之一。

总之，招聘信息的设计和发布，一定要让候选人第一眼看到就感觉这就是我想要的公司和我想做的岗位！

（2）电话邀约

传统的电话邀约就是给候选人打电话，约对方在公司规定的时间段内来公司面试，不太顾及候选人的感受，我只约我的，来不来是你的事情，经常会出现邀约了 100 人，实到寥寥可数的几人的情况。企业招聘面试实战课的课堂上，经常会有学员向笔者提问：老师，怎么降低候选人的爽约率？根据笔者的实际工作体验，最有效的电话邀约方式有两个方面：一是设计好电话邀约的话术，二是把电话邀约转换为简短一些的电话面试。

电话要约的话术设计起来很简单，基本范式就是：公司的三个优点（企业规模、技术领先、行业排名、企业文化、人才培养等）、候选人对公司普遍质疑问题的答案（网络差评、负面新闻等）、对候选人基本情况的肯定、拟邀约面试的时间范围（不是单一的一个时间点）等。通过话术的设计，可以有效降低候选人的爽约率。笔者在一家 IT 教育公司做过公司前台在不使用邀约话术和使用邀约话术的情境下的成功概率统计，从统计结果看两种方式的差距很明显，成功概率从 10% 提高到 50%！

电话邀约到电话简短面试的设计比较有意思。如果在电话邀约的时候使用 10 分钟左右的时间跟候选人沟通几个问题，就能有效降低候选人的应聘差评。比如：

李先生，我们公司在中关村上地产业园，你家在通州区，上下班会有 70 多公里的距离，路程和时间会比较长，您能接受吗？

李先生，我们公司目前这个岗位年薪是 30 万，而您目前薪酬总额达到了 50 万，您能接受我们公司目前的这个薪酬水平吗？

类似这样的问题，简单沟通几个，就可以避免候选人白跑一趟，提升好感。

（3）初试和复试环节

为了提升候选人的体验，初试环节最好是有专人接待候选人，并且提前安排好面试的会议室或者咖啡室。特别忌讳这两种情况：第一是候选人到了公司，面试官缺位或者根本就忘记面试这回事了，到处找不到面试官，尤其面试官级别很高，人力资源部门还不太敢电话联系面试官，这种情况出现后会非常尴尬，有时候人力资源部门被迫对候选人进行重复面试，体验特别差；第二是没有约到会议室或者会议室被他人强占（尤其是领导强占），所以面试被迫在办公位或者楼道内面试，跟进了菜市场似的，体验也非常差！

候选人的接待和问题设计也会影响候选人的体验。在类似北京这样的特大型城市，通勤距离长，交通又特别拥堵，一般候选人到公司后接待人员都应致以问候：开车来的候选人——路上堵不堵？坐车来的候选人——车上挤不挤？

跟季节相关，会问：夏天——热不热？冬天——冷不冷？

如果公司有多种饮料，会问：喝茶还是咖啡？红茶还是白茶？

通过几个简短的问候，迅速拉近与候选人之间的距离，提升亲近程度，从而达到提升候选人体验的目的。

问题设计环节，所有问题的设计一定要围绕候选人的简历来设计，千万不要抛开候选人工作实际，问一些假设性、虚构性的问题，这样不但达不到面试的目的，还会降低面试官在候选人心目中的专业度，从而降低了体验。

另外，如果设置了复试环节，不同的面试官尽量回避问同样的问题！

（4）薪酬谈判

如果候选人通过初试和复试，那么就进入了薪酬谈判环节。在这个环节，买卖双方要就交易的价格做友好协商，以便成交。薪酬谈判环节，切忌太生硬，面谈开始的时候，要跟候选人寒暄一下交通和天气，另外对候选人多次参加本公司的面试并通过复试表示感谢和祝贺！同时在薪酬谈判之前，要做好功课，比如国内薪酬的状况、本行业的薪酬情况、隔壁同行的薪酬状况、某候选人的薪酬状况，还有本企业的薪酬水平和薪酬政策都要清楚，这样一方面候选人提问的时候面试官不会因为没有准备太慌乱，另一方面也是对候选人的尊重。同时要掌握薪酬谈判的三步骤：问询对方的薪酬期望、回应对方的薪酬期望、打压对方的薪酬期望。要掌握好技巧和分寸，不要过度。无论任何时候都要让候选人感觉你上面还有一个领导，不论谈判顺利与否，都要跟候选人说：我回头跟领导请示一下。或者说：我需要跟其他领导商量一下。总之不要成为被攻击的对象。

当然，为了增加薪酬谈判成功的概率，如果公司的办公环境比较好、文化比较清晰，可以带领候选人参观一下公司的办公区或者公共区域，同时向候选人介绍公司的发展史、领导人和文化价值观，也是极佳的应聘体验。

（5）试用期

试用期是招聘的最后一个环节，如果经过多轮面试和背景调查后，候选人顺利入职了，却在试用期这个环节出现问题导致候选人离职是非常可惜的事情。所以在候选人健康体检、资质复验合格后，在候选人入职这个环节，一定要做好接待和服务工作。要提前准备好候选人入职的文件、工位、办公用品、电脑、邮箱、内线电话和即时通信工具，这样候选人入职后有一种到家的感觉。要带领候选人认识公司的领导和同事，熟悉工作环境和生活区域。还要根据公司的政策安排好新员工培训和试用期的管理等。这样，候选人在试用期落地的概率会增大。

总之，提升应聘人员的面试体验，可以提高招聘的成功概率。

【附件】

《面试官认证培训》课程试卷

姓名：______________　　　　　　分数：______________

答卷说明：姓名和试卷请用正楷书写，字体要清晰、工整，字体潦草扣10分

一、单项选择题（每题2分，共60分）

1. 以下招聘流程中，哪一项不是由HR负责？（　　）

A. 确认offer　　　　B. 办理入职

C. 发布招聘广告　　　　D. 提出招聘需求

2. 招聘流程中的设计任职要求，由以下哪个部门人员负责？（　　）

A. 直接主管　　　　B. 部门经理

C. Officers　　　　D. HR

3. 部门经理负责以下面试阶段中的哪一个？（　　）

A. 复试1　　　　B. 部门初试

C. 复试2　　　　D. 最终复试

4. 提高招聘效率、快速找到候选人的三个要点，不包括以下哪一项？（　　）

A. 鼓励公司内部员工推荐　　　　B. 准确定义岗位任职要求

C. 增加招聘广告发布数量　　　　D. 有效面试

5. 以下对部门经理在面试中的角色和要求描述不正确的一项是：（　　）

A. 代表部门确定岗位任职要求　　B. 面试中的考官

C. 信息收集与筛选识别　　D. 代表部门进行录用决策

6. 标准岗位任职要求包括几类内容？(　　)

A. 1 类　　B. 2 类

C. 3 类　　D. 4 类

7. 以下哪一项不是基本素质要求的内容？(　　)

A. 年龄、性别　　B. 专业、学历

C. 籍贯、民族　　D. 行业经验

8. 候选人的年龄与以下哪类职位有直接关系？(　　)

A. 技术类职位　　B. 管理类职位

C. 服务类职位　　D. 需要长期出差的职位

9. 岗位任职要求的核心要求是哪一项？(　　)

A. 基本素质要求　　B. 工作经验要求

C. 综合素质和能力要求　　D. 专业及学历要求

10. 以下哪一项属于工作经验要求？(　　)

A. 管理、项目工作经验　　B. 职称、训练经历

C. 专业、学历　　D. 气质、容貌

11. 以下哪一项不是综合素质和能力要求的内容？(　　)

A. 智力水平　　B. 人格

C. 胜任能力要求　　D. 职务经验

12. 以下哪一项素质能力的测评需要笔试来实现？(　　)

A. 年龄　　B. 气质、容貌

C. 专业能力及工具要求　　D. 项目工作经验

13. 以下哪一项素质能力的测评不能通过建立筛选来实现？(　　)

A. 性别　　B. 职务经验

C. 籍贯　　D. 专业

14. 一般录用标准为综合评估多少分以上?(　　)

A. 8.0分　　B. 8.5分

C. 9.0分　　D. 9.5分

15. 以下哪一项不符合面试着装要求?(　　)

A. 职业装　　B. 职业休闲装

C. 休闲便装　　D. 短裤、拖鞋

16. 以下哪种面试环境是不符合要求的?(　　)

A. 面试官频频被手机打断面试过程　　B. 为应聘者准备茶水等

C. 桌椅呈圆桌摆放形式　　D. 保持面试环境的安静

17. 以下哪项不是面试地点主要考虑的要点?(　　)

A. 多轮面试者可以方便同时到达某一面试地点

B. 面试地点要具备一定的档次

C. 面试地点要具有相对私密性

D. 面试地点配套设施要相对完整

18. 以下哪种面试者与候选人的位置,会给求职者带来很大的压力?(　　)

A. 求职者坐在面试者座位旁边　　B. 并肩地坐在桌子前面

C. 求职者站立,面试者坐着　　D. 求职者与面试者侧面相坐

19. 一般的面试持续多长时间合适?(　　)

A. 10~30分钟　　B. 20~60分钟

C. 30~90分钟　　D. 60~120分钟

20. 以下哪项属于导入面试使用的语言?(　　)

A. 能介绍一下您现在工作的主要职责吗

B. 通过您刚才的介绍,我基本上对您的工作经历有了一个大致的了

解，您能和我聊聊最代表您个人专业水平的经历吗

C. 请你介绍一下你在软件开发项目管理方面的主要工作经验

D. 能具体介绍一下你作为软件工程师主要做哪些工作吗

21. 以下哪一项不属于STAR原则？(　　)

A. STUDY（学习）　　B. TASK（任务）

C. ACTION（行动）　　D. RESULT（结果）

22. 以下哪一项不属于面试深入的基本流程？(　　)

A. 确定候选人的关键事项

B. 介绍公司及职位情况

C. 运用STAR原则对候选人的关键事项进行分解，逐一交流核实

D. 对关键事项不能覆盖到的任职要求进行深入挖掘和确认，要求候选人提供此类证明方案

23. 在一次成功的面试中，面试者说和听的比例是多少？(　　)

A. 40∶60　　B. 20∶80

C. 80∶20　　D. 50∶50

24. 录用评估使用以下哪种方法？(　　)

A. STAR原则　　B. 加权评分法

C. 无领导小组讨论

25. 下面录用决策流程的先后顺序，哪一项是正确的？(　　)

A. 对候选人进行评估—核实证明材料—候选人排序—确定拟录用人员名单

B. 核实证明材料—候选人排序—对候选人进行评估—确定拟录用人员名单

C. 核实证明材料—对候选人进行评估—候选人排序—确定拟录用人员名单

D. 候选人排序—对候选人进行评估—核实证明材料—确定拟录用人员名单

26. 以下录用决策的要点中，哪一项是不正确的？（　　）

A. 录用标准不要设得太高

B. 录用标准可以因为候选人的原因而调整

C. 要留有备选人名单

D. 要尽快做出决定

27. 面试中，面试笔记是否有必要做？（　　）

A. 是　　　　B. 否

28. "第一印象"能否代表求职者的实际工作技能和专业知识？（　　）

A. 是　　　　B. 否

29. 面试官在面试中下列哪一项的做法是正确的？（　　）

A. 说的太多，听的太少

B. 匆匆结束面试

C. 不做记录

D. 面试结束后应起身将应聘者送离办公区，以示尊重

30. 下列哪一项身体语言表达了友好、真诚的含义？（　　）

A. 不做目光接触　　　　B. 摇头

C. 目光接触　　　　D. 打哈欠

二、是非判断题（每题2分，共40分）

1. 内部员工推荐机制大大提高了候选人对公司的了解程度，同时候选人对职位了解程度也比较高，从而提高招聘效率。（　　）

2. 职位描述的越准确，招聘的针对性就越强，效率也会越好。（　　）

3. 通过对关键事件的有效深入能够准确判断候选人的综合能力，进而提高招聘效率。(　　)

4. 在面试前，准确的“职位画像”是做好招聘的核心工作。(　　)

5. 标准岗位任职要求包括4大类16项内容。(　　)

6. 任职要求考虑的第一项是评估一个职位对人员的基本素质要求。(　　)

7. 客观来看，基本能力要求主要包括一个人的基本素质和学习经历。(　　)

8. 业务能力不是评估一个人专业水准的核心要点。(　　)

9. 对行业规则的了解是做好一项工作的基础，行业经验时间意味着对行业规则和资源的理解。(　　)

10. 面试评估要素是指必须通过面试进行考评的要素，包括三个类别：基本条件、工作经验、胜任能力等。(　　)

11. 针对不同岗位，所要考察和关注的重点不同，因此各个评估要素的权重也不同，为此您需要对每个评估要素的权重进行分配设计，并以此为依据设计录用标准，一般录用标准为综合评估8.0分以上。(　　)

12. 很多业务经理都是在面试前拿到应聘者简历，或者是在见到求职者之后才看到简历，提问时往往都从“请做个自我介绍”开始。(　　)

13. 在面试前两天或一天，HR一定要和业务经理就候选人的初试情况进行初步沟通，同时就部门经理面试的重点和要点进行沟通确认。(　　)

14. 在完成面试后，可以在非必要场合谈论面试内容。(　　)

15. 针对中高端的面试，尤其是对方处于尚未离职状态，面试地点可选择一些休闲场所，如咖啡厅、茶馆等。(　　)

16. 小组面试位置安排应符合“扇形原则”，即以求职者为中心，面

试者在周边形成扇形，求职者可以同各个角度的面试者进行方便沟通而不用转头。(　　)

17. 如果采用小组面试的方法，一定要事先通知求职者，否则会让求职者感到非常大的压力。(　　)

18. 在选择优秀的人与合适人之间，应该倾向于最合适的。(　　)

19. 在未核实求职者的证明材料前，大部分招聘者都不会做出聘用决定。(　　)

20. 一个能做但不愿做的员工并不比一个缺乏必要能力但愿意做的员工强。(　　)

职场感悟——最好的上下级关系是成就彼此

优秀的上级应具备两个方面的特征

（1）自己足够优秀

现实工作中，好多上级对下级很好，甚至是保姆式的，经常做个团建，时不时爬个山、跑个马拉松、唱个歌、关心员工的衣食冷暖什么的，待员工如家人。实际上，员工虽然会在意领导的关心和关怀，但是员工更关注的是在领导那儿学到什么东西，能不能在跟随领导的过程中，提升自己，历练自己，使得知识、经验和技能都得到有效的提升。如果下级觉得上级还不如自己，一定不会尊重自己的上级。而如果上级很“大佬”，即使性格有缺陷，下级也会包容上级，所以说上级是否优秀是上下级关系稳定的基石。

作为领导，一定要认识到员工的真实诉求，尤其是年轻员工技能提升的真实诉求。领导一定要把自己搞得很专业，至少要把自己“装”得很厉害。

（2）让下级有前途

首先，要让下属追随你能挣到钱，因为钱多可以满足下级大多数的需求。下级跟着领导做事，能比隔壁部门的老王挣到更多的工资、更多的奖金，员工不但能用钱满足自己的需求，还能满足自己内心优越感，会更加忠诚于领导。

其次，当前的职场有个趋势：经理人的内训师化。意思就是经理不仅自己很厉害，同时还要辅导下级，成就下级是经理人的责任。

经理不但能够自己发光，还能成为员工的光。比如原来笔者部门的下属，我会带他们出差，给他们做培训，带他们做项目，手把手教他们岗位工作技能。出现新的晋升机会的时候，我会优先推荐业务和能力突出的下属，大家也会心服口服。

即使员工在本单位职务、薪酬提升不快，但是跟着我工作几年，跳槽的话，能够挣到更多钱。不至于在当前的高房价面前绝望。所以让下属获得成长是给予下级最好的奖赏。

下属一般会高估自己的能力

在实际工作中，员工总是高估自己的能力和贡献，认为自己就是本单位和本部门最好的，应该获得最好的激励，比如配房配车什么的。但实际上往往不是这样，如果员工足够优秀，老板愿意把待遇给到位。

许多经理原来做什么事情都喜欢自己动手，因为做的会比员工更到位。后来慢慢学会放手，辅导员工，授权给员工，慢慢发现员工成长得更快了，而经理自己有更多的时间做更有价值的事情。员工的技能和价值提升了，经理自己也获得了更大的空间。

所以最好的上下级关系，领导应该让自己更加优秀，也要让下级变得更加厉害。因为你不是一个人，你是一个团队，是一伙人，领导越厉害，下级的获益会越大。

第 4 节课

招聘渠道建设和人才与价格对等理念的普及

前面的几节课中分别介绍了工作分析机制建设和靠谱的面试官队伍建设等内容，而招聘需要通过招聘渠道，相中的候选人的价格既要有外部竞争性又要体现内部公平性。那么，企业和人力资源部门维护和开拓招聘渠道的能力、平衡和匹配人才内外部价格的能力也是提高招聘效率和效度的有效途径，将在本课中详细介绍。

本节学习内容：

- 招聘渠道的建设
- 人才与价格对等理念的普及

招聘渠道的建设

先介绍契合企业实际的招聘渠道建设。一般在讲招聘实战课程的时候，笔者会让学员做一个小的头脑风暴：你曾经用过的招聘渠道有哪些？

参训的学员基本上都是人力资源经理人，每组给出的答案各有特色，不过每组的答案大同小异：传统的招聘渠道（比如报纸、人才市场、电视），互联网招聘网站，员工内部推荐，内部晋升，再加上一些新建的基于互联网的渠道，如一些社交网站，或者专业群组。

在学员报名招聘实战课程的时候，实际上对招聘渠道建设方面是很有期待的，希望老师能在招聘渠道开拓方面给他们多分享一些思路，或者多一些渠道建议。而头脑风暴的过程中，集合大家的智慧，就会发现渠道就那些，没有什么特别的、一招灵的渠道。只是企业具体使用的某一条或几条渠道倚重会多一些，某些渠道倚重会低一些而已，那既然没有一招灵的渠道，为什么在招聘上差异会这么大呢？

招聘渠道的变迁

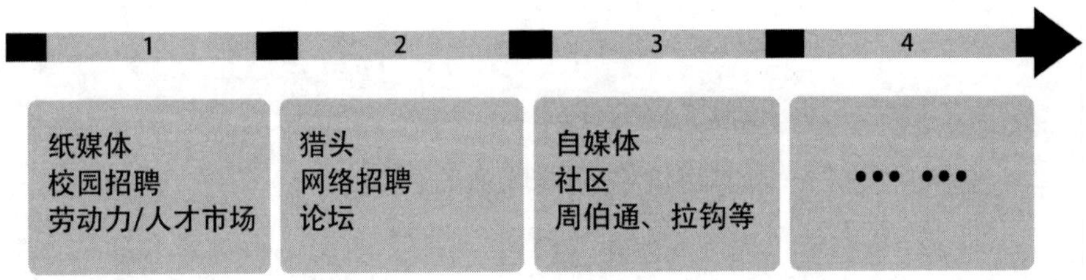

图 4－1　招聘渠道的变化

从 20 世纪 90 年代末到现在，企业招聘的渠道发生了很大的变化，至少经历了三个阶段（见图 4－1 所示）：

- 纸媒体、电视招聘、校园招聘、劳动力市场/人才市场（1995～2000 年）
- 猎头、网络招聘、论坛（2005 年前后）

- 自媒体、社区、周伯通、Boss 直聘、拉钩等（2010 年前后）
- 将来……

短短 20 年的时间，企业招聘的渠道发生了天翻地覆的变化，从校园招聘、人才市场等最为传统的招聘渠道，迅速进化到今天无论是招聘方还是应聘方都更为自主的时代。招聘也由 2000 年之前的买方市场，逐步过渡到现在的卖方市场，有能力、有资历、有潜力的候选人具备更多的选择和谈判议价的机会，所以作为人才猎取方的企业目前处于相对弱势的境地。

（1）阶段一，纸媒体，电视招聘，校园招聘，劳动力和人才市场

这些属于传统的招聘渠道，在 20 世纪 90 年代应用最为广泛，属于主流的招聘渠道。那时候大学毕业生基本上都是通过校园双选会、各地的春/冬季人才招聘会、人才市场选择机会。

企业一般在人才市场报等纸媒体、电视媒体发布招聘信息，然后组织候选人面试来招聘员工。有实力的企业会在毕业季去校园做校园招聘，或者参加各地的大型招聘会，发布招聘信息，招募人才。

当然政府会有一些官方的渠道，比如说劳动力市场、人才市场。劳动力市场一般情况下就是招蓝领工人，人才市场一般招白领大学生。在互联网招聘渠道还没有兴起的时候，以上提到的这些渠道是最主要的招聘渠道。当时招聘的主力军是国内的一些国有企业，也有一些外企到高校去做宣讲，然后招募一些优秀的大学生。

（2）阶段二，猎头、网络招聘和论坛

这个阶段基本上是在 2005 年前后，PC 端的互联网兴起。当时猎头业务已经开始进入中国市场，尤其是国外的一些猎头公司抢先登陆。网络招聘的三大网站：前程无忧、中华英才网和智联招聘，这三个网站基本上在当时垄断了网络招聘的市场，当然各地的人才港也在做。当时只要提到网络招聘，人力资源经理人的心目中就是这三大网站，可见三大网站的影响力。专业论坛是一个比较好的招聘专业人才的渠道，可以作为三大网站的有益补充。

（3）阶段三，自媒体、社区、周伯通、Boss直聘、拉钩等

这个阶段基本上是从2010年以后到现在，这时网络招聘依旧发挥作用，不过演变为传统的招聘渠道了，三大网站也发生了比较大的变迁。这个阶段最突出的变化是一些自媒体渠道、社区、周伯通、拉勾网这样的免费网站或者垂直网站出现，当然还有LinkedIn、BOSS直聘，这些渠道在慢慢地发力，大有成为主流渠道之势。尤其是移动端的招聘发力（比如微信公众号等），虽然还没有到能够颠覆传统招聘渠道（比如校园招聘、网络招聘）的地步，不过在招聘中的作用已经愈发重要了。

随着时代发展，招聘渠道发生了巨大的变迁，作为人力资源的从业人员，一定要敏感于企业的人才应该从哪里来、当下主流的招聘渠道有哪些、哪些是适合本企业的，这点不能糊涂。这个如果不清楚，招聘的时候就抓瞎了。

笔者在第三节课介绍靠谱的面试官队伍建设时，提到过一个很有创意的招聘案例：一家互联网企业在招聘产品经理时，通过和周边的餐饮连锁企业合作，只要用餐的客人提供一张客户经理的名片就能享受一元用餐的优惠。这个巧妙创意，吸引了很多的产品经理们过来提交名片用餐。这个广告投放有了非常精准的定位，招聘的广告费用要比使用猎头节省很多，甚至比用网站招聘都要便宜。所以说除了招聘渠道开发和创新之外，招聘的方向和方法也需要做创新。

三家典型企业的招聘渠道

这三家巨头企业是笔者接触非常多、曾经工作过好多年的企业，举它们的例子说明招聘渠道的变化。

第一家是 JD。有一个朋友在 JD 做招聘经理，笔者跟他聊过，问他 JD 的主要招聘渠道是什么？他说：我们的招聘渠道主要有猎头、三大网站（智联、前程和猎聘），然后是内部推荐，再加上 LINKEDIN。在 LINKEDIN 上招聘要求英语比较好：在上面发布一些招聘信息，跟候选人交流需要用英语，里面的候选人都是有工作的，互动起来效率要低一些，但是只要到了招聘最后环节，一般猎取到候选人的水准都挺高。

第二家是某互联网金融公司。这家企业是最近两年非常火的 P2P 公司，企业在国内排前三，有几万人的规模。他们现在招聘的主要渠道一个是网络招聘，主要用智联和猎聘，然后加上内部推荐，他们不用猎头（省钱）。这个企业扩张的很猛，2012 年的时候，公司全员是 100 多人，到了 2014 年底开年会的时候已经到了 17 800 多人，招聘量是非常大的，人员成长也非常快。

第三家是 MT 集团。这是一家国内最大的金融控股集团，它的招聘渠道是三大网站：智联、前程和猎聘，加上内部推荐和校园招聘，还有个微信端的公众号。微信公众号基本没有候选人应聘，虽然企业总部的同事们也在转发这个公众号，但是效果不好。

以上介绍的三家企业人员规模过万甚至数十万，有的是逐年逐步积累达到目前规模，也有迅速达成目前人员规模。这些企业的招聘渠道其实也就是这些：内部推荐、三大网站、校园招聘。与招聘困难企业相比，这些企业最突出的特点是招聘从业人员规模较大，或者采用项目式招聘。

招聘渠道的优缺点

现在的三大招聘网站：智联招聘、前程无忧、猎聘网，是目前企业的主流招聘渠道之一。有些企业反馈称最好用的是猎聘网，从招聘的体验来看猎聘网的客户服务也是最好的。

内部推荐和校园招聘特别适合招聘管理干部和后备干部。内部推荐和校园招聘也是目前企业的主流招聘渠道，比如MT集团在2000年的时候批量招聘了几次学生干部，一年几百人的规模，虽然学生干部到岗后流动性很大，几年下来能够真正保留下来的在10%左右，但是效果还是不错的。如果企业要连续招聘3年，我们会发现保留下来的人员如果能工作5年就是企业的骨干人员，工作10年就是企业的高管了。

（1）网络招聘的优缺点分析

- 网络招聘的优点

①招聘信息定向投放；

②费用相对比较低廉；

③覆盖面广；

④可以通过招聘网站进行初步的信息筛选，加快处理简历的速度；

⑤在招聘网站的简历库通过关键词自主的搜索，提高招聘的效率。

- 网络招聘的缺点

①无法控制应聘者的数量和质量；

②海量信息将增加HR的工作量；

③增加收到垃圾邮件骚扰的概率；

④在网络不够普及的地区效果有限。

（2）企业内部员工推荐的优缺点分析

- 企业内部员工推荐的优点

①招聘费用少；

②对被推荐者可信度增强；

③如果是用人部门自己推荐，将更符合部门用人的需求。

- 企业内部员工推荐的缺点

①可能会形成小团体；

②推荐的人选质量参差不齐。

（3）校园招聘的优缺点分析

- 校园招聘的优点

①校园招聘费用少，成本低，针对性强；

②能够极大地提高公司在高校圈的知名度；

③为公司储备人才；

④为建立良好的校企合作关系奠定基础。

- 校园招聘的缺点

①人员的职业化水平（态度、专业技能、行为习惯等）不高；

②缺乏实际操作能力；

③人员稳定性差，流失率较高；

④入职后需要企业投入较多的精力进行系统完整的培训。

（4）猎头渠道的优缺点分析

猎头作为猎取高端人才的途径，适合招聘企业中高层销售管理人员及部分要求较高的专业人员。猎头一直是很有效的招聘渠道，但是缺点也是比较明显的。

- 猎头渠道的优点

①针对性强，按企业需求推荐人才。猎头公司会根据企业所需人才的职业和职位的不同，为企业推荐不同的人才；

②猎头公司能提供客观建议，对推荐的人才进行初步的资质审查和技术技能的评测；

③具有广泛人才搜集渠道；

④效率高，节约时间成本；

⑤候选人从业素质较高，职业道德有保障。

- 猎头渠道的缺点

①招聘的成本高（中介成功后，猎头公司一般收取的中介费用为中介成功人员年薪的30%左右）；

②服务质量参差不齐；

③企业本身缺乏人员储备。

我们的选择是什么

课堂下笔者会问听课的人力资源经理关于招聘渠道的选择：你们怎么想的？你们怎么看呢？因为前面讨论了，后边也看到知名企业的情况了，当然也会介绍一些中小型企业的招聘案例。那招聘用什么渠道合适呢？用网站、内部推荐、校园招聘、人才市场、劳动力市场、自媒体、垂直网站还是论坛社区？大家都很困惑，到底用啥，为什么别人用最传统的渠道一年能招一两万人，而我们三五个人都招不来，是不是我们特别无能？

这里笔者要送给各位两句话作为招聘的绝招：尝试新渠道！维护旧渠道！

其实在做招聘渠道拓展的时候一定要注意：如果原来那些渠道还能招聘到人，投入产出比不是特别差的话，那就维护好，不要着急把它舍弃了，关了之后该渠道可能就来不了人了。另外经常跟同行做做交流，或者自己经常上网看一看，从人力资源招聘渠道这个方向上有哪些新的方法和渠道，如果有好的渠道就尝试一下，在初期尝试的时候可能不一定能立马招来人，如果成本不高就维护一段时间，有个小半年之后慢慢地就会有效果了，用个两三年之后就成熟了。一些老的渠道（比如报纸广告、买来的电视广告等），如果效果变差，投入产出不成正比，在新的渠道成熟之后就可以逐步淘汰。所以要尝试新渠道，但是不要随意丢弃投入产出比好的旧渠道。

有没有招聘的捷径？真没有。

人员的招聘属于需要长期维系的事情，招聘渠道要维系，跟候选人的关系也要维系。面试过的候选人，今年不合适，明年不合适，可能后年就合适了，所以适当地建立候选人才库，还是很有必要的。并且每过一段时间要跟候选人维系一下关系，要沟通一下，打个电话问一问，甚至有一些高级人才，咱们企业用不起，也不要觉得就没事了，万一企业发展好了，拿到投资呢？或者你跳槽了呢？一定要维系好渠道，维系好跟候选人的关系。招聘没有什么特别的方式，那些所谓一招鲜的东西都是不靠谱的，都是忽悠人的把式。

还有一个特别需要说明的是：招聘还跟招聘人员的能力和素质有关。有的时候招聘不来候选人，不是某某招聘渠道不行了，而是你们公司的某某招聘渠道不行了，或者有可能是你们公司负责招聘的人员真不行。

人才与价格对等理念的普及

在人才市场上猎取人才需要明码标价，这一部分介绍人才市场的价格。

薪酬分位的定义

（1）含义

薪酬分位最基本的意思是公司薪酬定位，70% 的分位意味着本公司的薪酬水平高于市场上70%的企业，从而反映出公司薪酬的竞争性。

（2）薪酬分位值

薪酬分位值主要反映市场的薪酬水平状态（见表4－1、表4－2）：

10分位值表示有10%的数据小于此数值，反映市场的低端水平；

25分位值表示有25%的数据小于此数值，反映市场的较低端水平；

50分位值（中位值）表示有50%的数据小于此数值，反映市场的中等水平；

75分位值表示有75%的数据小于此数值，反映市场的较高端水平；

90分位值表示有90%的数据小于此数值，反映市场的高端水平。

（3）薪酬分位是薪酬体系设计的基础

薪酬设计起点就要对公司在市场中做定位，结合目前薪酬曲线、薪酬原则、薪酬成本以及市场各分位线的对比结果，制定适合企业的薪酬政策。

（4）薪酬分位对招聘工作的影响

薪酬的竞争性是企业在市场上招聘的砝码之一，对锁定合适的候选人有指导意义。

表4－1

职位等级	10分位线	25分位线	50分位线	75分位线	90分位线	平均值
1	25 884	30 816	39 219	45 583	53 037	38 907
2	27 930	33 404	42 498	49 435	57 565	42 166
3	30 139	36 210	46 051	53 612	62 479	45 698
4	32 522	39 252	49 900	58 142	67 812	49 525
5	35 093	42 549	54 072	63 055	73 600	53 673
6	37 868	46 123	58 592	68 383	79 883	58 169
7	40 862	49 997	63 491	74 161	86 702	63 042
8	44 093	54 196	68 799	80 427	94 103	68 323

续表

职位等级	10 分位线	25 分位线	50 分位线	75 分位线	90 分位线	平均值
9	47 579	58 749	74 550	87 223	102 135	74 047
10	51 341	63 683	80 782	94 593	110 854	80 250
11	55 401	69 033	87 536	102 586	120 316	86 974
12	59 781	74 831	94 854	111 254	130 586	94 261
13	64 508	81 117	102 784	120 655	141 733	102 159
14	69 609	87 930	111 376	130 850	153 832	110 719
15	75 112	95 316	120 687	141 906	166 963	119 996
16	81 051	103 323	130 777	153 897	181 215	130 052
17	87 460	112 001	141 709	166 901	196 683	140 950
18	94 375	121 409	153 556	181 003	213 472	152 763

表 4－2

岗位名称	低端水平	中低端水平	中端水平	中高端水平	高端水平	平均水平
总经理助理	103 901	143 420	205 752	279 020	294 439	205 744
事业部经理	205 620	233 961	413 594	506 869	635 190	401 113
总经理/副总经理	308 757	572 975	786 289	1 544 164	1 979 126	1 044 459
董事会秘书	73 790	104 458	170 297	203 621	220 030	152 382
财务主管	87 392	117 271	165 423	254 254	300 848	184 566
财务经理	150 750	198 467	253 744	364 340	472 488	286 783
财务总监	221 894	242 021	511 522	744 052	817 556	512 790
出纳员	27 800	51 497	81 453	90 782	100 951	70 193
会计师	47 589	79 936	122 488	173 643	206 219	125 784
会计主管	84 398	102 145	183 474	297 868	335 131	201 042
会计经理	108 497	186 990	249 687	300 335	385 187	244 259
审计员	64 690	82 134	101 618	202 266	241 615	138 542
审计主管	108 731	118 779	200 437	266 840	319 651	202 332
审计经理	101 561	173 302	299 575	381 083	391 512	269 589
资产管理专员	60 025	66 120	77 737	145 319	179 978	106 476

薪酬分位在招聘工作中的价值

在人力资源经理人日常的人才猎取过程中，经常会出现一种现象：推荐符合企业薪酬分位的候选人给用人部门，用人部门一般不会太满意，面试后最常见的反馈是候选人能力不符合要求。实际上我们推荐的候选人如果能力基本达到目前在岗人员的标准，候选人的薪酬要求一般不会低于目前岗位薪酬水平的 150%！

国内的企业，尤其是中小型企业（这些企业占到企业总数 80% 以上的数量）使用的薪酬策略是跟随型。按照这个水准的薪酬水平所能猎取的候选人，一般会低于用人部门的心理预期。

我们如果按照 75 分位及以上水准给用人部门推荐候选人，用人部门一般都会对所推荐的候选人比较满意。此类候选人的薪酬水平如果我们不提前跟用人部门沟通，等到候选人走完面试流程再做薪酬谈判的时候，基本上会谈不下来。现在很少能遇到愿意降薪加入到一家企业的候选人了，国内一些理念先进的企业会用超出候选人预期 20% 左右的薪水来猎取候选人，让候选人愉悦地进入企业。

所以人力资源经理人在做招聘的时候一定要弄明白本企业的薪酬策略，并且要跟用人部门和面试官沟通到位。

谈到薪酬策略，这里有一个比较有意思的公式：

$$\frac{\text{A 岗位价格}}{\text{A 岗位价值贡献}} \approx \frac{\text{B 岗位价格}}{\text{B 岗位价值贡献}}$$

公式左边是用 A 岗位的岗位价格（就是要招聘的这个岗位的岗位工资），除以这个岗位的岗位价值贡献（根据公司的岗位评估要素模型评估出来的岗位内部价值贡献）。

公式右边是用 B 岗位的岗位价格（就是要招聘的这个岗位的岗位工资），除以这个岗位的岗位价值贡献（根据公司的岗位评估要素模型评估出来的岗位内部价值贡献)。

公式两边分别相除后的比值大致是相等的。

这是一个全球薪酬经理都在用的公式，就是说本企业如果用的人是市场平均水平的人员，那么招聘的时候就不要考虑去招比市场平均水平高的人，否则会带来内部的不公平。

在日常的招聘过程中，明确公司的薪酬分位，可以帮助企业准确定位要猎取的人才，而不是一味地去追逐高薪酬分位、高能力而付不起报酬的候选人。人力资源经理人在企业内开展招聘工作的时候，作为招聘的组织人员一定要明确我们这个企业用的是哪个分位的人，并且要跟用人部门和面试官沟通到位。如果不跟面试官还有各部门的领导或者老大们去沟通好本公司用的是哪个薪酬水平的人，就会出现用人部门相中的人企业付不起薪酬的现象。

如果有些部门比较刁蛮，推荐的符合企业薪酬分位的候选人他们都相不中，你给他推荐高分位候选人的时候，一定要告诉他们这个人是 90 分位的，薪酬的水平应该是企业当下能给付薪酬水平的 2 到 3 倍，如果用人部门想用，那需要跟领导单独汇报一下可行性。要不然会增加招聘工作量，浪费大量的时间、人力和精力。

四种常见的薪酬策略

企业薪酬策略有四种：领先型、滞后型、跟随型和混合型。

(1) 领先型薪酬策略

采用这种策略的企业具有如下特征：投资回报率较高、薪酬成本在企业经营总成本中所占的比率较低、产品市场上的可替代品较少，一般多为能源型生产企业或高科技企业。这种做法能够吸引并留住一流的高素质人才，进而确保企业能够保有一支技术熟练的高效率和高生产率的劳动力队伍，从而企业可以把更多的精力投入到那些比薪酬成本控制更为重要和更有价值的事情中去。较高薪酬水平的可能收益包括：

高水平的薪酬能够很快为企业吸引来大批可供选择的候选人，从而提高所雇佣员工的质量；

较高的薪酬水平提高了员工离职的机会成本，有助于改进员工的工作绩效；

吸引和留住优秀人才，保持人员稳定，并且高薪有利于树立企业形象；

工作可能具有某些明显劣势，如工作地点偏远、办公环境恶劣、责任重大、风险高等，支付高薪作为对员工的一种补偿。

例如华为在发展初期及之后相当长一段时间内，明确提出了让公司员工拿到与外企甚至国外工作的同类员工等值的收入。华为提供“有竞争性的薪酬”，如“应届生 2000 年华为本科起薪 4 000，硕士 5 000，社会招聘进入公司 3 个月左右有一次加薪，200 到 3 000 不等”，这个水平比深圳一般公司要高出 10% ~20% 。

（2）跟随型薪酬策略

这是根据市场平均水平确定本企业薪酬定位的一种常用做法。实施这种薪酬策略的企业往往既希望确保自己的薪酬成本与产品竞争对手的成本保持基本一致，同时又希望自己能够保留一定的员工吸引和保留能力。采取这种薪酬政策企业的风险可能是最小的，它能够吸引到足够数量的候选人为其工作，只不过在吸引那些非常优秀的候选人方面没有什么优势。

（3）滞后型薪酬策略

采用滞后型薪酬策略的企业，大多处于竞争性的产品市场上，成本承受能力很弱。受产品市场较低的利润率所限制，没有能力为员工提供高水平的薪酬，在实施这种策略的企业中，员工的流失率往往也比较高。

例如美国的一家软件系统公司，在人员招聘时会告诉员工，虽然公司提供的初始薪酬比竞争对手要低一些，但公司保证在未来 2 ~ 3 年内业绩突出员工的收入，将会超过竞争对手员工的收入。该公司基于内部财务实力及目前的困难景况，冒着招聘不到高素质员工的危险，以企业未来的美好愿景及高薪酬水平的承诺，吸引了大批优秀的毕业生加盟到本公司。

（4）混合型薪酬策略

混合型薪酬策略是指企业在确定薪酬水平时，是根据职位的类型分别制定不同的薪酬水平决策。混合型薪酬策略最大的优点就是其灵活性和针对性，对于劳动力市场上的稀缺人才以及企业希望长期保留的关键职位上的人采取薪酬领先政策，对于劳动力市场上的富余劳动力以及鼓励流动的低级职位上的员工采取市场跟随政策，既有利于公司保持自己在劳动力市场上的竞争力，同时又有利于合理控制公司的薪酬成本开支。

例如一家电器销售公司对下属的各地区经营部门分别规定，只要季度销售额和利润超过了既定目标，公司就支付给员工一笔数目可观的奖金，其额度按照销售额和上缴利润的一定比例提取。但是该公司把基本工资调整到市场水平的 50%，即每月支付一定数额的基薪。实际上，如果经营部的业绩突出，基薪加上奖金，销售人员每月的薪酬水平要高于市场同类人员平均水平 15% ~20%。再如，微软公司的基本工资是滞后型的，业绩奖金是跟随型的，员工持股计划是领先型的。

从实质意义上讲领先型、滞后型和跟随型薪酬策略，哪怕你用的是滞后型，但是你每年调薪的时候都比别人先调，实际上也属于领先型薪酬策略；哪怕你用的是高分位的薪酬，别人薪酬调整的时候，你滞后调，也属于滞后型策略。多数企业或者一些咨询机构，在做薪酬的时候，认为领先型就是高薪酬，滞后型就是低薪酬，跟随型就是“中不溜”的薪酬，这样理解有错吗？也没错。

薪酬的策略，决定企业在人员猎取时候的相对难易程度。如果薪酬标准无法满足候选人，结果就是企业相中的人用不起。

混合型薪酬策略实例

这是一家在香港证券市场上市的公司，企业的业务有投行、投资、研究、职能、营业部加上买方业务，他们请翰威特给企业的各业务线设计薪酬策略（见表 4-3）：

表 4-3

	薪酬现状	本次设计策略
投行业务	低职级高于市场 P75，高职级处于市场 P50 ~ P75	P75
投资业务	深圳分公司位于市场 P50 ~ P75，资产管理部位于 P25 ~ P50	P75
研究业务	整体位于市场 P25 ~ P50	P40
职能	低职级略高于市场 P25，高职级低于市场 P10	P35
营业部	低职级略高于市场 P50，高职级位于市场 P25 ~ P50	P60
买方业务	整体低于 PE 及基金市场 P10 分位值	P25（控制涨幅不超 30%）

投行业务线本次薪酬设计的策略：因为投行业务是非常市场化的业务，人员的流动性和市场化程度很高。当时薪酬现状是低职级高于市场 75 分位、高职级处于市场 50 分位到 75 分位，本次调整的目的是保留和激励这些人员，所以薪酬分位就调整到了 75 分位。

投资业务线本次薪酬设计的策略：投资业务也是非常市场化的业务。当时薪酬的现状是深圳分公司是 50 分位到 75 分位，资产管理部是 25 分位到 50 分位。投资业务实际上也是证券公司的核心业务之一，所以这次调整策略也是 75 分位。

研究业务线本次薪酬设计的策略：研究业务主要做行业和市场研究，目前整体位于这个市场的 25 分位到 50 分位，这块业务很重要，但人员不那么容易流动。本次调整以稳定为主，薪酬分位统一调整到 40 分位。

职能部门本次薪酬设计的策略：人力资源、财务、行政等部门作为公司后台人员，当时的薪酬现状是低职级高于市场 25 分位、高职级低于市场 10 分位。考虑到职能部门人员的稳定比较强，这次调整策略，往上调到 35 分位。

营业部业务线本次薪酬设计的策略：这两年一直在推迷你营业部，三两个人组成一个营业部，比之前的大营业部灵活了很多。当前的薪酬现状是低职级高于市场的 50 分位，高职级位于 25 分位到 50 分位，考虑到迷你营业部策略实施的有效性，本次调整策略定位 60 分位。

买方业务线本次薪酬设计的策略：当前薪酬现状是整体低于 PE（股权投资）以及基金市场 10 分位，这次调整到 25 分位，但是要控制涨幅不超过 30%。

从上述企业实例来看，同一个公司，各条线人员的薪酬水平在定位的时候是不一样的，混合型薪酬策略具有很强的灵活性。有些公司在做业务扩张时就把业务部门的人员薪酬调得高一些。相比较而言，企业的职能人员一般市场化程度比较高，有需要即可招聘，企业把职能人员的薪酬策略定在 50 分位是一个比较通用的策略。

所以人力资源经理人应当清楚本企业内的薪酬策略是什么样、各个职能部门或者业务部门的薪酬水准是什么水平，这很重要。清晰了薪酬策略，HR 在招聘的时候与用人部门的沟通会比较顺畅。

总而言之，人力资源部门务必要跟高管、业务经理和面试官沟通好本公司的用人策略，避免不必要的背黑锅现象；如果人招不来，HR 主动承担责任，会形成惯例。因为有些部门或者有些领导都喜欢要横，年底做总结的时候，谈到为什么业绩没达成，一般都会说因为没人，或者人不行，这么说是最简单的。如果此类事件频发，人力资源部门就要统计一下数据：我给你推荐了多少人，你面试的结果什么样的，一般企业是什么挑选比例，有多少人是因为薪酬太低进不来的，有多少是在合适的薪酬分位部门总拒绝引进造成的，这个一定要弄清楚，避免背黑锅。

【附件】名企案例

华为公司的薪酬管理及对战略薪酬设计的启示

华为公司从一个注册资金仅有2万元的小公司发展到现在销售额220亿元、利润30亿元的电子百强企业，10年的快速成长得到了业内的肯定，就连世界级企业思科也不得不将其视为竞争对手。思科公司CEO钱伯斯曾说道，“在今后几年里，思科将只有一个竞争对手，就是华为。”华为的成功也引来了企业家、学者从不同的角度、切入点，采用不同的研究方法作为案例研究和探索。

一、华为公司的薪酬战略及特点

华为技术有限公司，1988年由几名技术成员集资2万元创立于中国深圳，目前是全球领先的下一代电信网络解决方案供应商，致力于向客户提供创新的满足其需求的产品、服务和解决方案，为客户创造长期的价值和潜在的增长。华为在全球建立了100多个分支机构，营销及服务网络遍及全球，能够为客户提供快速、优质的服务。目前，华为的产品和解决方案已经应用于全球100多个国家，以及31个全球前50强的运营商，服务全球超过10亿用户。

（一）华为薪酬战略的发展阶段

华为为适应企业发展战略而进行的招聘思路的转变①，笔者认为华为的薪酬战略经历了三个阶段：

1. 企业初创期，实力单薄，非经济性薪酬发挥主导作用（1988～1996）

该阶段为华为初步涉入通信领域，企业处于创业阶段，实行的是内部成长战略，各种外部资源比较贫乏，企业在外部环境处于“不支持”状态。企业的发展受到各种资源（如人力、财力、物力）的限制，企业对通信人才的急需与无法支付具有竞争性的薪酬成为矛盾。华为人将其称为“乱世英雄的年代”。此时企业的薪酬水平和福利水平都低于市场平均水平，但创业的冲动和对成功的憧憬却吸引了一批优秀的人才，企业薪酬的激励效用主要是靠支付员工非经济性薪酬贡献，只要干出绩效，毕业两年的学生可以管理一个50，60人的部门，最年轻的高级工程师19岁，提升最快的高级工程师是在工作后的第7天。与此同时，企业对雇员采用的是股权激励的方式，以减少奖金激励给企业带来的现金流压力。大约在1990年前后，华为就已经在企业内部建立全体职工内部持股制度。在2002年以前，员工年终奖金的发放不是现金而是股权。

2. 企业处于高速发展阶段，实力相对雄厚，实行领先薪酬战略（1997～2002）

1997年以后，华为开始进行多元化经营，华为的战略也开始关注外部成长。除原有的电话交换机外，还介入了数据业务、无线通信、GSM等通信领域的主导产品。随着进入快速扩张期，对优秀人才需求巨大。此时公司实力较以前相比雄厚，按照任正非的说法，当时华为平均每年招聘3 000

① 华为的人力资源管理。

人。华为的薪酬结构大体为：员工薪酬 = 基本工资 + 股票 + 福利。体系中的基本薪酬，通常是包括基础薪酬、岗位薪酬、学历薪酬、职务薪酬、技能薪酬等。如“应届生：2000 年华为本科起薪 4 000，硕士 5 000；社会招聘进入公司 3 个月左右有一次加薪，200 到 3 000 不等”。这个水平比深圳一般公司高出 15% ~20%。高工资作为第一推动力发挥巨大作用。

随着企业的发展华为的全员持股在方式上逐渐发生了转变。华为从最初的人人配股的固定股票分红逐渐转变为今天的“虚拟受限股”，从“普惠”走向“重点激励”。全员持股无疑是长期激励的有效方式，它激励华为人以狼的精神不懈奋斗。华为人职满一年后，拥有内部职工股。股票以 1 元向公司购买，不得转让，离职时必须卖给公司。华为的体贴福利待遇是让许多研究者津津乐道的一环。华为的人力资源管理将其视为动态分配机制的体现。华为的福利不以身份和资历而是以贡献大小作为利益分配，这种体系有效克服了一切惰性。同时华为除了设计一些普通福利发放形式（如培训、分红、职工小区）外，有自己的特色，例如员工福利采用货币化，即打到职工的工卡里，这笔钱可以用于购买车票、在公司食堂就餐、在公司小卖部购物等，同时还拥有基本工资 15% 的退休基金。

华为将奖金发放视为一种艺术。在华为的薪酬体系里，奖金的数量占到所有报酬的 25%。与此同时，各种补助、加班费都体现了“人本管理”的思想。

3. 企业处于成熟发展期，企业需要配备国际化人才，薪酬战略更加丰富化（2005 年至今）

华为 2005 年海外销售首次超过国内，国际化发展路线逐渐明朗，3G 产品签单成功，海外业务发展迅猛，企业需要配备国际化人才。招聘的目标主要锁定在财务总监、国际税务经理、高级项目财务经理等。此时企业需要对内部薪酬的公平性和外部竞争力进行分析，体现效率和价值原则。

根据“华为基本法”第四章基本人力资源政策，华为在工资分配上实行基于能力的职能工资制：奖金的分配与部门和个人的绩效改进挂钩；安全退休金等福利的分配，依据工作态度的考评结果；医疗保险按贡献大小，对高级管理和资深专业人员与一般员工实行差别化待遇。公司薪酬战略与经营战略相匹配，效率优先，兼顾公平。

（二）华为薪酬战略的模式分析

1. 华为的薪酬战略是基于发展阶段的薪酬模式选择

企业在初创、成长、成熟、衰退等不同的发展阶段呈现出巨大的差异，企业需要采用不同的薪酬模式与之相匹配，选择适合自身发展的方案。华为在创立初期，各种资源处于“不支持”状态，企业对雇员多采用股权激励的方式，薪酬发放以非经济性薪酬和非货币化薪酬为主，以减少奖金激励给企业带来的现金流压力。而在企业快速发展和成长的时期，华为采用“压强原则”，提供有竞争性的薪酬，吸引“垄断”人才。该薪酬模式适应企业发展的需要，对员工的激励与约束效果不尽相同。

2. 华为的薪酬战略是基于经营战略的薪酬模式选择

企业在进行薪酬设计时必须考虑外部竞争性、内部公平性和员工公平感，而企业在薪酬水平的定位（外部竞争性）上一般选择与企业的发展战略类型相匹配。在华为的创业初期，由于受到资源的硬性约束，企业只能通过整合和利用组织所拥有的资源来强化组织优势，即实行内部成长战略。虽然在货币薪酬上华为此时落后于市场平均水平，但是华为通过与员工共担风险、体验创业和开发新市场的激情，分享着企业未来的成功。这些非货币性的激励构成了华为早期薪酬战略的重要内容。在进入高速发展阶段之后，华为一直采用“有竞争性的薪酬”来吸引企业所需要的各种人才，采用市场领先型薪酬策略。薪酬体系中的各个部分基本上都处于行业领先水平，高薪酬作为第一推动力牵引公司成长。

3. 华为的薪酬战略体现效率优先，兼顾公平

华为坚决推行定岗、定员、定责、定酬的待遇系统，以绩效作为竞争工具。1996 年，华为从英国引进任职评价体系，又请美国 HAY 公司做薪酬顾问，从此建立了华为任职资格评价体系，并在此基础上进行了合理的薪酬设计，从而解决了内部公平性问题。华为的战略观点是在薪酬体系构建上实现内部公平性和外部竞争性的辩证统一。

二、基于华为案例的研究发现和启示

薪酬制度是随着组织内部条件和外部环境的变化而发展的，以工作为导向、注重组织短期利益和内部资源开发利用、将薪酬视为成本中心的传统薪酬方案无法适应组织的发展需要。组织只有实施与企业战略密切相关的战略薪酬，才能取得人才竞争优势，为企业源源不断提供具有竞争性、高绩效的人力资源，为企业远景、使命、目标的实现提供强大的保证！同时每个企业都有自己的特色，切忌在模仿中迷失了自己。企业在进行战略薪酬设计时应根据自身发展的内部环境因素（如企业发展战略、经营战略、企业发展阶段、企业文化）设计与之匹配的薪酬模式，不选最优，只选最好，只有这样才能让薪酬制度处于有利的竞争地位，进而创造出巨大的价值，使自身处于有利的竞争地位！

案例来源：雷燕，向俐双．华为公司的薪酬管理及对战略薪酬设计的启示［J］．现代商业，2007（17）．

职场感悟——忠于自己的工作而非盲目地忠于公司

在职场中，没有哪一家企业在新员工培训的时候不讲价值观的，没有哪家企业不强调员工要忠诚于企业的。但职场中的人士一定要忠于自己的工作，而不是盲目忠诚自己服务的公司。

要忠诚于自己工作，而不是公司

工作的时候，不仅要踏实工作，还要时不时地抬头向外看一看，外面的世界是什么样子的。如果低头在自己服务的企业工作个三五年、不看外面的行业发展是很危险的。

笔者工作过的一家集团公司有一些独有的工作岗位，岗位的工作职责很窄，工作量很大，属于螺丝钉的工作，横向发展的空间很小，只能纵向晋升，但是此类工作在市场上基本没有同类项。很多人大学毕业之后就做这类工作，只有不多的人员纵向晋升了，大多数人都沉淀了下来。前面的 20 年企业发展比较好，员工待遇也不错，每年都能调薪，大家就稳定了下来。今年初遇到突发事件，发展受阻，从下半年开始大规模裁员，很多集团公司工作了 10 多年的老员工在重新就业的时候发现技能有限，阅历不够，年龄也没有竞争力，初级岗位又不愿意做，导致现状很尴尬。

所以，在职场一定要关注个人的工作，即职业生涯。

著名的管理大师大前研一建议上班族可把自己的职业生涯略分为两大阶段：20 ~ 40 岁为“目标冲刺期”，40 ~ 60 岁为“退休准备期”，两阶段的重点任务各有不同：

（1）目标冲刺期（20～40 岁）

多提出一些大胆创新的想法，“惊艳”你的主管，千万不要自我设限！多看新闻，适时捍卫自己的权益，也关心社会上的其他人都在做些什么。培养出不可取代的专业能力。这是获得晋升的基本条件，更关系到能否由工作中获得成就感，形成正向循环。

（2）退休准备期（40～60 岁）

写出“上了年纪后想做的 10 件事”，其中要包含 5 件室内活动，这样即使体力衰退，也能持续维持，到老都要保有个人兴趣！盘点你职业生涯中最核心的一样才华，持续加强它。万一突然遭到调职或裁员，到下一个公司也能快速建立个人价值。挑选适当时机，将自己常年累积的实战经验传承给后起之秀，逐步为公司培养新生代人才。

在当前工作的企业积累实力

踏踏实实地做好本职工作的同时，要努力把岗位职责转化为个人的技能，因为技能是可以换饭吃的本领。掌握的技能越高、越不可替代，个人的价值越大，同样对于企业的贡献也会越大。

在职场要善于利用工作的机会，积累资源，包括客户资源、人脉资源、资金资源、渠道资源等，让资源能为我所用，给工作带来附加价值和便利。不论将来是否创业，这些资源的积累都可以丰富工作的内涵，给岗位工作带来提升的机会。

要利用工作的机会，跟周围的同事、领导和下级处理好关系，让他们成为自己职业发展的助力，跟同事交往要用心，千万不要玩弄权术、坏了口碑。

如果可能，多争取一些外派或者独立处理一些项目或者带领团队机会，多做一些有挑战的工作，尤其是职业生涯的前期，因为做多大的事情往往比当多大的官更重要！

工作之外

要有生活，工作只是生活的一个部分，越是到职业生涯的后期，生活对于工作的促进作用越明显。

要学会理财，不要只是傻干，只会靠劳动挣钱，要学会用钱来挣钱。

最后要持续学习！

第 5 节课

招聘流程建设的要点

经过前面几节课的铺垫，本节课进入招聘面试环节。面试前，我们需要做招聘需求评估，明确用人部门是否真的缺人、缺什么样的人、缺多少人；面试的过程中，我们运用的测评方式多种多样，有结构化面试、情景模拟、公文筐、无领导小组讨论等，力求全方位、多角度地判断和确定候选人就是企业所需的人才；我们还可以通过各种面试技术层层挖掘和检验候选人的能力和经验；在面试结束后，我们需要立即做录用评估，避免二次招聘的尴尬。

本节学习内容：

- 企业常规招聘的流程
- 人才评审与常用测评方法
- 需求评估
- 招聘的法则
- 面试流程
- 面试的实用技术
- 能力验证
- 录用评估
- 背景调查

企业常规招聘的流程

企业的常规招聘流程如图 5－1 的甲方所示，包括发布招聘信息、简历筛选、电话面试、初试、复试、背景调查和试用期七个阶段，试用期结束，招聘的流程关闭。

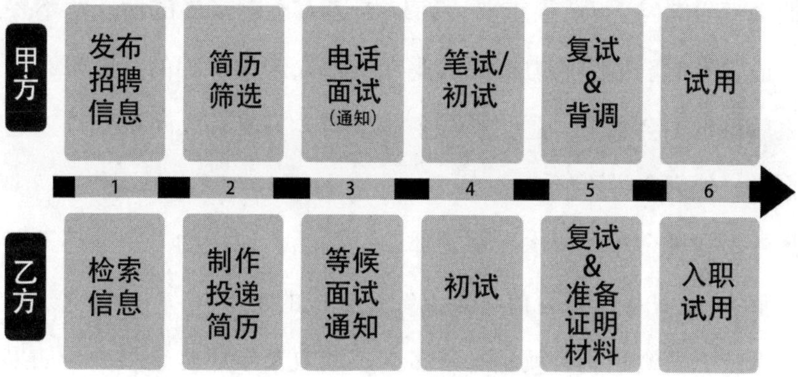

图 5－1　常规招聘流程

实际上，企业真正意义上的招聘从年底年初的人力资源规划阶段就开始了，人力资源战略也必须配合企业战略在年底年初出台。但是，基于笔者 20 年的人力资源工作经验和近 7 年的国内企业人力资源管理培训的观察，国内大多数的中小型企业，尤其是中小城市的中小型企业基本上不做人力资源规划，所以企业常规的招聘流程就从发布招聘信息开始，而不是从人力资源规划开始。

甲方的流程

人力资源部门根据招聘计划，按照节奏发布招聘信息，无论是通过内网或外网、内部发布或外部发布，先把信息发出去；然后开始收简历，简历收来之后，根据招聘岗位的任职要求，根据岗位说明书里的相关条款，做简历的筛选；筛选差不多之后，如果有合适的简历要做电话邀约，跟候选人聊聊，最好把电话邀约做成电话面试。

举个最简单的例子，单位如果在北京的上地，而候选人是在丰台或者通州，一天来回就得接近 100 公里，像这样的候选人，给他打电话的时候需要问一下："王先生，我们公司目前在上地产业园，您在通州，这个距离您能接受吗?"这句话很重要，如果候选人不能接受的话，就不要邀请来了。最恶劣的事情是人力资源从业人员把人连蒙带骗的弄过来，候选人初试之后再也不会来了，还会影响企业口碑，只要有人问该候选人这个企业怎么样，他都会说不好。

另外，如果企业薪酬水平不是那么高的话，你招的人水准还不错，你要问一下："王先生，您目前年薪大约什么样的水平?"在他说完之后，你再问一下什么薪资结构，就是每月多少、绩效及年底奖金多少。如果你的岗位只能一年给 25 万，但是人当下年薪到 50 万了，这个人正常情况下是不会来的。所以在这种情况下，一定要问一下："目前这个薪酬水平，您能接受吗?"这种情况下薪酬差那么多，一般情况下是不接受的，下一次再招职位较高的岗位的时候，可以联系他。

通过初步的电话邀约做一个简单电话面试，15 分钟左右，把没有必要约来的人淘汰掉，节约候选人时间也节约面试官的时间。因为面试官面试的时间公司需要付费的，要支付工资，人力资源经理人尽量通过前期流程的科学设计提高招聘的效率，从而节约招聘成本。

接下来就是初试，初试完了做复试，复试几轮后合适的话，经过候选人的允许去做背景调查，如果候选人不同意最好不要做背景调查，避免不必要的纠纷。如果岗位关键必须做背景调查，可以在应聘人员登记表中专门设计一栏背景调查的需求：如果您不允许我们做背景调查，我们就不要再谈了。候选人不允许就不会签字，面试流程终止。背景调查合格后就可以进入试用期了。

从发布招聘信息到试用期结束，这是整个完整的甲方招聘链条。

乙方的流程

招聘流程同样需要付出成本。

乙方的流程先是检索信息，乙方对某一个岗位比较感兴趣，上网检索一下，看有没有心仪的公司和心仪的岗位工作。如果检索到合适的岗位信息，乙方会制作并投递简历，正常情况下，乙方需要根据甲方招聘要求的任职条件制作个人简历，这样能提高个人与岗位的匹配性。然后等待面试通知，通知到了就做初试，初试结束后做复试。复试通过后准备证明材料，比如你是本科毕业，你是研究生，有什么项目经验，你有什么资质证书，接受体检，最后是入职试用。

以上内容就是常规的招聘面试流程，绝大多数国内企业都类似。人力资源经理人不要搞一套貌似只有你们企业才有的一个很奇葩的招聘面试的流程，自认为本人水平高，才能配得上企业的水平，完全没有必要，正常就行。

人才评审与常用测评方法

人才评审包含几个方面：针对基本素质评审、针对胜任能力评审、针对人格评审、针对行为评审、针对知识技能水平评审。企业通过合理的评审维度设计，候选人如果通过这几类评审，那么说明候选人是符合岗位要求的。

常用的人才测评的方法如下：

- 无领导小组讨论
- 笔试
- 结构化面试
- 公文筐测验
- 背景调查
- 情景模拟与角色扮演
- 测评技术

方法一　无领导小组讨论

无领导小组讨论是将一定数目的候选人组成一组（6～9 人，人数太多太少都不太理想），时间为一小时左右，就给定的话题进行讨论，由面试官观察记录候选人的组织协调能力、口头表达能力、演绎归纳能力、临场应变能力等各方面的素质是否达到拟任岗位的要求，以及自信程度、进取心、情绪稳定性、反应灵活性等个性特点是否符合拟任岗位的团体气氛，由此来综合评价候选人。国外的研究证明，无领导小组讨论在评价中心的使用频率为 59%，是一种常用的评价技术。

（1）无领导小组讨论的论题形式

- 开放式问题

开放式问题，就是答案的范围可以很广、很宽，主要考察候选人思考问题是否全面，是否有针对性，思路是否清晰，是否有新的观点和见解。

例如：你认为什么样的领导是好领导？你认为优秀员工有哪些特质？

- 两难式问题

两难式问题，就是让候选人在两种互有利弊的答案中选择其中的一种，主要考察应试者分析能力、语言表达能力以及说服力等。例如：你妈妈和你媳妇同时落水先救谁？你认为以工作结果为取向的领导是好领导，还是以工作过程为取向的领导是好领导？

- 多项选择问题

多项选择问题，就是让候选人在多种备选答案中选择其中有效的几种或对备选答案的重要性进行排序，主要考察应试者分析问题实质、抓住问题本质方面的能力。此类问题对于面试官来说，比较难于出题目，但对于评价候选人各个方面的能力和人格特点则比较有利。

- 操作性问题

操作性问题，就是给候选人一些材料、工具或者道具，让他们利用所给的这些材料，设计出一个或一些由面试官指定的物体来，主要考察候选人的主动性、合作能力以及在实际操作任务中所充当的角色。如给候选人一些材料，要求他们相互配合，构建一座铁塔或者一座楼房的模型。此类问题，考察候选人的操作行为方面要比其他方面多一些，同时情景模拟的程度更大，但考察语言方面的能力较少，同时面试官必须很好地准备所能用到的一切材料，对面试官的要求和题目的要求都比较高。

- 资源争夺问题

资源争夺问题适用于指定角色的无领导小组讨论，是让处于同等地位的候选人就有限的资源进行分配，从而考察候选人的语言表达能力、分析问题能力、概括或总结能力、发言的积极性和反应的灵敏性等。如让候选人担当各个部门的经理，并就有限数量的资金进行分配，因为要想获得更多的资源，自己必须要有理有据，必须能说服他人，所以此类问题可以引起候选人的充分辩论，也有利于面试官对候选人的评价，但是对讨论题的要求较高，即讨论题本身必须具有角色地位的平等性和准备材料的充分性。

（2）无领导小组讨论的流程

候选人以组为单位（每组6～9人）按照设定时间进入考场，对应本人名签入座。

评委宣讲规则5分钟，学员结合现场发放案例进行讨论，讨论时间40分钟。

候选人综合陈述。

候选人离场。

（3）无领导小组讨论的优缺点

- 无领导小组讨论的优点

①能测试出笔试和单一面试所不能检测出的能力或者素质；

②能观察到候选人之间的相互作用；

③能依据候选人的行为特征来对其进行更加全面、合理的评价；

④涉及候选人的多种能力要素和个性特质；

⑤能使候选人在相对无意之中暴露自己各个方面的特点，因此对预测真实团队中的行为有很高的效度；

⑥能使候选人有平等的发挥机会从而很快地表现出个体上的差异；

⑦背景调查能节省时间，可以对竞争同一岗位的候选人的表现进行同时比较（横向对比）；

⑧应用范围广，能应用于非技术领域、技术领域、管理领域和其他专业领域等。

- 无领导小组讨论的缺点

①对测试题目的要求较高；

②对面试官的评分技术要求较高，面试官需要接受专门的培训；

③对候选人的评价易受面试官各个方面特别是主观意见的影响（如偏见和误解），从而导致面试官对候选人评价结果的不一致；

④候选人有存在做戏、表演或者伪装的可能性；

⑤指定角色的随意性，可能导致候选人之间地位的不平等；

⑥ 候选人的经验可以影响其能力的真正表现。

（4）无领导小组讨论的五个关键角色

笔者曾经作为外部考官主持过天津邮政储蓄银行毕业生终试和首都航空后备干部选拔的无领导小组讨论。在过程中对于面试官的问题设计能力和过程掌控能力要求是比较高的。如果面试官没有经过专门的培训，实际上很难操作在活动现场，面试官一定要注意以下五类人员以及他们的表现。

- 角色一——破冰者

破冰者指的是在无领导小组讨论中第一个发言的人。因为在无领导小组讨论中，从头到尾都要求候选人自己进行组织，候选人之间一般互不相识，因此第一个发言往往需要一定的勇气。破冰者因为是在沉默中第一个站出来的，往往会引起面试官的注意，具有一定的加分作用。破冰者表达流利、逻辑清晰会带来加分，而如果破冰者表达不流利、过于紧张或者逻辑不清晰会减分。

- 角色二——领导者

领导者一般对讨论的整个过程起到一种引领的作用。要扮演一个成功的领导者，不仅是对别人发号施令这么简单，还必须要靠自己的能力和魅力来征服自己小组的成员和面试官。因为如果自己的能力不是很强，或是不够尊重其他的候选人，不但其他的候选人会不服气、不配合甚至拆台，而且也不会受到面试官的青睐。因此候选人如果有意要扮演领导者的角色，一定要对自己的能力和魅力有充分的自信，并且还有对其他候选人有足够的尊重才行。

- 角色三——协调者

协调者一般来说在无领导小组讨论中起一种协调的作用，其发挥作用往往是在出现分歧的时候。在出现了分歧时，如果大家争执不下，不但不利于最终结论的形成，而且争执本身也会给面试官留下不好的印象。这时候，就需要有一个协调者，努力缩小对立双方的差距，促使小组形成一个统一的结论。协调者是讨论的润滑剂。

- 角色四——时间控制者

时间控制者的作用主要是提醒时间的进度。因为每个阶段都有一定时间的限度，而在整个过程中面试官都不会提醒候选人，因此对时间进行提醒就成了一项必要的任务。要注意的是，时间提醒不能频繁，提醒也应该是有效提醒，应该有实质性的效果才行。

- 角色五——总结陈词者

总结者要求思路清晰、表达流利，不但要对小组的结论进行一个总结，还要对讨论中出现的分歧做一个必要的说明。总结者一定要牢记的是，总结者代表的是小组，而不是个人，所以所总结的一定要是小组讨论的结果，而不能是与小组相悖的观点。

无领导小组讨论的方案设计详见本节课后附件。

方法二　笔试

笔试是与面试对应的测试，是用以考核候选人特定的知识、专业技术水平和文字运用能力的一种书面考试形式。笔试分为技术性笔试和非技术性笔试两种。

（1）技术性笔试

技术性笔试主要针对研发型和技术类岗位的候选人设计。这类岗位对于相关专业知识的掌握要求比较高，题目特点主要涉及工作需要的技术性问题，专业性比较强。

一般大型公司在招聘 R&D 岗位都会进行技术性笔试。例如微软工程院在前些年安排的笔试，都是关于 C、C + + 语言的题目，对应聘者的编程经验要求非常高。最后经过笔试筛选，淘汰了 90% 的候选人，由此可见笔试对技术性岗位的重要性。

对于这类技术性岗位，大公司和小公司笔试内容的侧重点有很大区别。一般小公司注重实用性，考的比较细，目的就是拿来就用。大公司则强调基础和潜力，所以考得比较广泛，多数都是智力测验、情感测验，还有性格倾向测验。

（2）非技术性笔试

非技术性笔试的考察内容广泛，除了常见的英文阅读和写作能力、逻辑思维能力、数理分析能力外，有些时候还会涉及时事政治、生活常识、情景演绎，甚至智商测试等。

英文笔试是在所有笔试中占据比例最大的一类非技术性笔试，其考察的重点主要是阅读理解能力和写作能力，即表达能力。KPMG 的笔试是典型的英文笔试，主要分为两个部分：第一部分是 Verbal——阅读理解。这和我们平时常见的大学英语四、六级的阅读理解不同。一方面它更接近于商业英文的表达习惯，文意表达得清楚和规范是最主要的特点，因此它并不讲求句式的繁复和修辞的多变；另一方面，它注重的是逻辑思维能力的考察，因此重要的是把握透过表面的文字内在的意思。第二部分是 Numerical——数学。KPMG 的笔试题在这部分是中文的，难度相对降低很多，也有英文的（比如仲量联行）。这一部分的主要考察重点不是你的数学运算能力，因而并没有上升到高等数学的难度，无论你是否学过微积分和导数的运算都并不影响你这一部分的发挥。和阅读相似，数学部分的考察内容也是以商业英文为主，因此公司注重的是从数字和图表中获得有用信息的能力。

英文笔试还有一类非常重要的形式，就是英文写作的考察。有些公司的笔试，结合了前面所述的英文阅读测试和写作测试，有些则是专门考察英文写作能力。

（3）设计原则

在设计试卷时，要注意以下一些原则：

自始至终符合目标。知识考试的目标是什么，在设计试卷时要从头到尾贯彻执行，这样才能得到应有的效果。

各种知识考试类型可以结合起来运用。这样可以节省时间，在较短时间内全面了解一个候选人各方面的水平。

充分重视知识的实际运用能力。设计试卷时，要尽量多用案例以及讨论等方式。

（4）笔试的优缺点

- 笔试的优点

①经济性。笔试可对大批候选人在不同空间、不同时间内实施，测评效率高。

②广博性。笔试的试卷内容涵盖面广，容量大，一份笔试试卷常常可以出几十道乃至上百道不同类型的试题，因而通过笔试可以测试出应聘者的基本知识、技能和能力的深度和广度，测试的信度和效度都比较高。

③客观性，这是它最显著的优点。考卷可以密封，面试官与候选人不必直接接触，评卷又有可记录的客观尺度，考试材料可以保存备查，这较好地体现了客观、公平、公正原则。总之，采用笔试的方法，机会均等而且相对客观，这是其他方法难以替代的。

- 笔试的缺点

①偏重于机械记忆，不易发现个人的创造性和推理能力。

②不能全面考察候选人的工作态度、品德修养。

③不能全面地考察候选人组织管理能力、口头表达能力和操作技能等。

因此，笔试虽然有效，但还必须采用其他测评方法，如结构化面试、能力测试等，以补其短。一般来说，在企业组织的招聘中，笔试作为候选人的初次竞争，成绩合格者才能继续参加面试或下一轮测试。

现在很多大型企业都有自己的笔试环节，尤其是在校园招聘的时候，比如 2015 年中石化上海销售公司通过笔试和在线测评，在将近 2 000 名考生中选拔出了 100 多位候选人参加上海的现场面试，从而节约了企业和学生大量的时间和精力。

方法三　结构化面试

面试是一种经过精心设计、在特定场景下以面对面的交谈与观察为主要手段、由表及里测评候选人有关素质的一种测评方式。结构化面试的基本原理是：对同类候选人，用同样的语气和措辞、按同样的顺序、问同样的问题、按同样的标准评分。问题的结构就是招聘岗位所需要的人员素质结构。

(1) 结构化面试的设计流程

- 分析应聘岗位对应聘者的素质要求

这一步实际上是微观的工作分析，就是分析一下招聘岗位的主要工作职责、岗位的任职要求，包含基本要求、工作要求、胜任能力、综合素质四个维度。这个内容在前面章节已经详细介绍过了，这里不再详述。经过分析可以衡定某些具体要求的重要性，并分配权重，运用于实际面试。

- 确定录用标准，设计面试问题

在岗位要求与素质能力分析的基础上，确定录用候选人的基本标准。所谓基本标准就是候选人必须具备的、主要的素质要求。根据其素质要求设计问题，并且使所提及的问题能覆盖应聘岗位所必需、主要的素质要求。通过对候选人答案的分析能明确了解他与本岗位的适应度。

- 合理安排问题的顺序，确定由谁提问

完成问题的设计之后，将对问题进行排列，原则是先易后难、循序渐进，先熟悉后生疏、先具体后抽象，从候选人能够预料的问题出发，让其逐渐适应、展开思路、进入角色。此外把问题分配给特定的面试官，由合适的人提出合适的问题，以免面试提问次序混乱。

- 明确评分标准和评分人，设计规范的评分卷

规定了特定的提问面试官，当然就得赋予其一定权力，在这个问题上面试官就有绝对的决定权。

首先，对于常识性的问题，一般只存在正确与否，那么可以安排一名非专业面试官进行提问，各位面试官的打分都有相同的权重。对于专业性的问题，则由该专业资深面试官提问，并赋予其较高的权重。当然也可以专业问题直接由专业考官打分，结构化面试中并不需要每位面试官都打分。

其次，如果有多名面试官进行评分，评分就应当有一定的合理性，避免出现其他面试官“陪考”的现象，使面试失去了极大的公平公正性。每位面试官的最大权重最好保持在50%，当然具体的权重由具体的面试要求所决定。

再次，赋予每个问题的分值应当合理，可以10分制，也可按五段分值1、3、5、7、9，这样有利于应聘者档次的拉开，便于最终录用的决策。

最后，在评分表的设计上要有规范的格式和明确说明，让面试官明确自己在某个阶段的具体行动和某个问题上的决策权重，并在规定的打分栏后留有空余，给予面试官对应聘者回答的记录以及补充对某些问题的个人看法，便于面试的评估总结或再次面试。

（2）结构化面试的特点

- 面试问题多样化

面试问题应围绕岗位要求拟订，可以包括对岗位要求的知识、技术和能力，也可以包括应试者工作经历、教育背景，还可以让应试者对某一问题发表见解或阐述自己的观点。

- 面试要素结构化

根据面试要求确定面试要素，并对各要素分配相应权重。同时，在每道面试题目的后面，给出该题测评要素（或考察要点），并给出答题要点（或参考答案），供面试官评分时参考。

- 评分标准结构化

评分标准结构化具体体现在与面试试题相配套的面试评价表上。“评价要素”是对每一测评要素的描述；“权重”是该要素的水平刻度；“评分标准”是观察要点标准与水平刻度的对应关系，是每个测评要素不同表现的量化评分指标。

- 面试官结构化

一般面试官为 5 ~ 9 名，依据用人岗位需要，按专业、职务、年龄及性别按一定比例科学化配置，其中设主面试官一名，具体负责向候选人提问并总体把握面试的进程。

- 面试程序及时间安排结构化

结构化面试应按照严格的程序进行，时间一般在 30 ~ 90 分钟，具体视面试题目的数量而定，同时对每一题目也应限制时间，一般每题问答时间在5分钟左右。

(3) 实施结构化面试的关键环节

- 选择测评要素

结构化面试测评要素的确定应依据对面试的具体要求（如面试达到的目的、职位的具体要求等）而定，一般有以下三大类：

第一类，一般能力。

①逻辑思维能力：通过分析与综合、抽象与概括、判断与推理，揭示事物的内在联系、本质特征及变化规律的能力。

②语言表达能力：清楚流畅地表达自己的思想、观点，说服动员别人，以及解释、叙述事情的能力。

第二类，领导能力。

①计划能力：对实际工作任务提出实施目标，进行宏观规划，并制定实施方案的能力。

②决策能力：对重要问题进行及时有效的分析判断，做出科学决断的能力。

③组织协调能力：根据工作任务，对资源进行分配，同时控制、激励和协调群体活动过程，使之相互配合，从而实现组织目标的能力。

④人际沟通能力：通过情感、态度、思想、观点的交流，建立良好协作关系的能力。

⑤创新能力：发现新问题、产生新思路、提出新观点和找出新办法的能力。

⑥应变能力：面对意外事件能迅速地做出反应，寻求合适的方法，使事件得以妥善解决的能力。

⑦选拔职位需要的特殊能力（该能力测评要素根据不同职位要求确定）。

第三类，个性特征。

即在面试中表现出来的气质风度、情绪稳定性、自我认知等个性特征。

- 确定测评要素权重

确定测评要素权重的基础是详细的工作分析。通过工作分析，会产生一系列的工作职责，每项工作职责都会对应一项或多项胜任特征素质，根据这些工作职责对工作成功的重要性即可确定它们的权重顺序。不同行业的同一职位，其测评要素相同，但是其权重不一定相同。

- 体现STAR原则

结构化面试的题库包括智能型、情境型、行为型和投射型。STAR原则是针对行为性问题进行追问、插话的一种面试模式。STAR模式是Situation（背景）、Task（任务）、Action（行动）、Result（结果）的字头缩写。关于STAR模式，后面会详细介绍。

结构化面试在企业使用的比较多，但基本上都是基于结构化来设计问题，以半结构化的形式来实施面试的流程。这样做一是可以节省面试官的时间，二也比较经济。

方法四　公文筐测验

公文筐测验主要从业务角度和技能角度对管理人员进行测试，来帮助企业选拔优秀的管理人才或考核现有管理人员。

（1）公文筐测试的特点

所需处理的公文已有正确结论，是已经处理完毕归入档案的材料，用这样的公文让候选人处理，目的是检验候选人处理得是否有效、恰当、合乎规范。

所需处理的公文条件已具备，要求候选人在综合分析的基础上做出决策。

所需处理的公文尚缺少某些条件或信息，看看候选人是否能够发现问题和提出进一步获得信息的要求。

（2）公文筐测试的实施过程

公文处理测试有严格的时间控制，总计时间为2个小时左右，其具体过程如下：

根据具体情况选择适当的测试场地。

准备好测试所用的各种材料。

安排进入考场，宣布测试中注意事项。

开始测试，监督被评价者测试。

测试结束回收答题纸。

（3）公文筐测试的优缺点

- 公文筐测试的优点

①考察内容范围十分广泛。测评候选人的依据是文件处理的方式及理由，是静态的思维结果。因此，除了必须通过实际操作的动态过程才能体现的要素外，任何背景知识、业务知识、操作经验以及能力要素都可以涵盖于文件之中，借助于候选人对文件的处理来实现对候选人素质的考察。

②表面效度很高。公文处理测试采用十分类似应聘职位中常见的文件，甚至有的直接就是应聘职位中常见的文件。因此，候选人如果能够妥善处理测试公文的话，他就能理所当然地被认为具备职位所需的素质。

③应用范围大。考察内容范围的广泛使得公文处理测试具有广泛的实用性，并且表面效度高，易为人所接受。

④高度似真性。公文处理测试完全模拟现实中真实发生的经营、管理情景，对实际操作有高度似真性，因而预测效度高。

⑤综合性强。公文处理测试的测试材料涉及日常管理、人事、财务、市场、公共关系、政策法规等行政机关的各项工作，因此，能够对高层及中层管理人员进行全面细致的测评与评价。

- 公文筐测试的缺点

①对公文的编制人员要求很高。编制文件的人员应由测试专家、管理专家和行业专家（实际工作者）三部分组成，三类专家相互配合才能完成公文的编制工作。

②花费的精力和费用都比较高。公文处理测试的试题不论从设计、实施到评分都需要较长时间的研究与筛选，都必须投入相当大的人力、物力和财力才能保证较高的表面效度，因此成本会很高。

③评分难度大。由于不同的组织具有不同的机构、氛围和管理观念，文件处理结果的评价往往受多种因素的影响。在公文处理测试的评分确定过程中，由于专业人员和实际工作者往往存在理解上的差异，所以评价标准一般不会相同。

④在缺少人际沟通能力评价的公文处理测试中，由于候选人是单独作答，因此很难看到他们与他人交往的能力。

（4）公文筐测试对面试官的要求

公文筐测试对面试官的综合素质要求较高，他们不仅要具备管理学和心理学领域的基础知识，了解公文筐测试的理论和实践依据，而且还要对测评对象所任职务的职责权限和任职资格（工作经验、学历、能力、潜能和个性心理特征等）进行系统研究，能够独立或与他人合作设计测评题目，了解各测评题目之间的内在联系；能够恰如其分地开展考评问询，对候选人进行全面、客观、公正的评价；面试官要对每种可能出现的答案及其所代表的意义成竹在胸，并与其他面试官事先达成共识。

(5) 公文筐测验的考察内容

管理人员计划、组织、预测、决策、沟通能力的个体水平和群体水平是企业管理团队核心能力的标尺，对于企业可持续发展的保持和提升具有重大意义。五大能力的考察是文件筐测验关注的焦点。

下面就以市场总监为例向大家逐一进行介绍：

- 计划能力

计划能力是指候选人分析每一既得信息所反映的问题、问题产生的根源以及各问题间的相互关系，并据此确定工作目标、工作任务、工作方法和工作实施步骤的能力。对于市场总监来讲，就是考察他在特定的外部竞争环境和内部条件下进行产品计划、价格计划、分销计划和促销计划的能力。滚动计划法的应用情况、计划的可行性、实施所需时间、成本以及风险度是考评管理者计划能力的关键指标。

- 组织能力

组织能力是指候选人按照各项既定工作任务的重要和紧急程度安排工作次序，调配人力、物力、财力资源，合理分工、授权并进行相应组织机构或人事调整的能力。当某大区的商品营业额出现大幅度滑坡时，市场总监往往要组织增派促销人员、调拨促销用品、加大营销费用，授予大区市场经理临时特别权力，甚至调整大区市场部组织机构或管理班子来加以应对。工作次序安排、资源配置、工作分工、授权情况以及组织措施的成本和风险度是考评管理者组织能力的关键指标。

- 预测能力

预测能力是指候选人对模拟工作环境中相互关联的各类因素及总体形势未来发展趋势，进行准确判断并预先采取相应措施的能力。比如竞争对手在某中心城市的各大商场刚刚投放一种明显优于公司现有主导产品的新产品，而该城市正是公司计划下一步重点经营的目标市场，那如何进行准确的预测及有效的应对措施，对市场总监来讲就显得十分关键。对工作环境中各类相关因素及总体形势未来发展的多种可能性及其发生概率的分析论证、各种防范/应对措施的合理性是考评管理者预测能力的关键指标。

- 决策能力

决策能力是指候选人在解决实际工作问题（特别是解决重要且紧急的关键问题）时策划并选择高质量方案的能力。公司的新产品已被消费者认同，销售额和利润正在快速增长，仿制品也开始进入市场，这时是重点开拓全新市场、建立新的分销渠道，还是在已开发市场转变广告宣传策略、降价促销呢？这就需要市场总监审时度势、全面斟酌、正确决策。决策目标的清晰程度，备选方案（一般为两到三个）的可行性，各方案的评价、比较和最终确定的方式是考评管理者决策能力的关键指标。

- 沟通能力

沟通能力是指候选人通过书面形式准确表达个人思想和意见的能力。实际工作中，市场总监会经常以电子邮件、传真、信函或公文的形式与各大区经理进行工作交流、根据市场人员状况和市场竞争态势对大区经理进行适时的工作指导，对大区经理进行日常慰问和精神鼓励等，这就需要良好的书面沟通能力。沟通网络和沟通方式的选择、信息的准确性、思维的逻辑性、结构的层次性、文字的流畅性是考评管理者沟通能力的关键指标。

【某公司管理者文件筐测验案例】

假定你是上海某合资食品公司的总经理，下面的任务都要求你一个人单独完成。今天是 5 月 18 日，你到总部里开了一天的会议刚回来，已经是 16:40。你的办公桌上有一堆文件，你最好在 17:00 点前处理完毕，因为你将去北京参加全国食品卫生鉴定会，机票已经订好，司机小王17:00来接你去机场，你要5月24日才能回到你的办公室。你公司的主要产品是“星星牌”系列食品，产品市场需求量很大，正打算扩大生产规模。好，你现在可以开始工作了。

公文1

刘总：职工教育是开发、培养人才的重要途径，是企业持续发展的可靠保证。我公司50%的职工没有达到大专程度，基础知识缺乏，业务方面实际操作水平低，多数管理人员业务水平低，且缺乏现代企业经营管理的知识，如果不改变这种状况就很难掌握先进的技术和设备，就不能管好现代化的企业，就不能消除人力、物力、财力的巨大浪费，也难以大幅度提高劳动生产率。我公司虽然生产任务很重，但提高职工的素质也势在必行。所以有必要把干部、职工最大限度地组织起来，有计划地进行态度观念、文化、技术业务的培训，我们计划在5月20日15:00－17:00举行培训协调大会，到时将请你出席并为大会讲话，以引起有关人员的高度重视，完成我们的培训计划，从而为企业发展做出贡献。

培训部：田甜

5.17

公文2

刘总：工商银行的赵行长来电话约你商量有关5 000万元贷款到期后再延长转期3个月的有关问题。他约你于明天15:00在阳光酒店会谈，能否赴约请你通知赵行长。

财务部：张明

5.18

公文 3

刘总：接到湖南联营厂刘厂长的长途电话：原定于本月 20 日举行的开工典礼，因遇到一些棘手问题尚未解决，决定延期举行。

助理：黎明

5. 18

公文 4

刘总：从本季度财务报表来看，这个月底应收款为 500 万元，应付款为 250 万，应归还银行贷款 200 万元，现银行账面余额为 250 万元，从报表情况来看，本季度销售情况虽然比较好，但销货款回收不理想，上海食品二店的销货款至今还未汇来。应收款项只能收回 10%，因此本月的工资和奖金没有办法支付。5 月 25 日是工资和奖金发放的日期，如果到时职工领不到工资和奖金，将会产生不良的后果。如何解决这一问题，请你尽快做出决定。

财务部：张明

5. 18

公文 5

刘总：暑期高温就要到了，一车间提出要解决他们车间里的降温设备问题。二车间和三车间都装有空调，由于一车间的空间太大，少量空调不起什么作用，而多装的话需要的资金太多，这个问题一直没有解决。为此，一车间的职工意见很大，他们认为很不合理，对他们很不公平，他们提出今年如果不解决降温设备问题，他们将集体提出抗议，如果再不解决，他们将集体怠工，你看怎样解决这一问题？

生产部：陆剑

5. 18

公文6

刘总：今天下午，公司外方经理比尔在车间检查工作时发现操作工小王在打瞌睡，他极为恼火，操着生硬的中国话用粗鲁的语言训斥、谩骂小王，语言极为难听，并决定扣发小王的当月工资并罚款100元。这件事引起全车间工人的强烈反响。他们议论说：小王有错该批评，但不该训斥谩骂，经济惩罚也太重了。新中国成立前，我们工人受尽洋人的欺凌，现在再也不能受洋人的气。有的工人说：再发生这类事，我们要罢工。请问该如何处理这件事？

人力资源部：任龙

5.18

方法五　背景调查

背景调查的目的是核实候选人提供材料的真实性，或澄清某些疑问，以提高招聘效度。背景调查一般由人力资源部招聘负责人或部门经理负责，且执行者已对候选人进行过面试，在正式面试之后、决定录用之前，每次不宜超过25分钟。其一般形式为电话调查，有些国企会采用派人现场调查的方式。

（1）调查前应做的工作

准备结构化电话背景调查问题。

选择咨询对象和询问重点。

如果询问候选人的现任经理，必须征得候选人的同意。

在面试时向候选人说明，背景调查的满意度会直接影响公司的录用决定。

（2）调查信息来源

应聘者在《应聘登记表》中填写的证明人/推荐人。

通过其他渠道了解到的相关人员，如原单位的人力资源部人员、原上级主管或同事等。

尽量避免询问应聘者目前工作的单位。

（3）调查内容

在各任职机构的服务时间、职位。

实际工作内容和责任、业绩评估情况。

所任职位的薪酬福利状况。

工作能力、态度和性格特征等。

他的优缺点是什么、擅长什么、哪些地方需要改善。

他为什么离开公司。

（4）调查程序

自我介绍，说明意图，强调电话内容是保密的。

告诉对方你可能问到的问题，问对方这时候谈话是否方便。

调查相关内容。

请对方介绍另一些背景调查人。

感谢对方支持，并说明如对方有同样需求，我公司将尽力配合。

（5）特别注意事项

询问与工作有关的问题。

注意被调查人的语调、停顿、暗示、没有说明或避而不答的问题。

尽量询问具体事例。

确保背景调查所得资料保密。

在面试后，背景调查应及早进行。

方法六　情景模拟

情景模拟法是美国心理学家茨霍恩等首先提出的。情景模拟就是根据候选人拟担任的职务，编制一套与该职务实际情况相似的测试项目，将被试者安排在模拟的、逼真的工作环境中，要求被试者处理可能出现的各种问题，用多种方法来测评其心理素质、潜在能力的一系列方法。它是一种行为测试手段。由于这类测试中应试者往往针对一旦受聘可能从事的工作做文章，所以也被称为“实地”测试。面试官将为他们提供一种有代表性的模拟情况，需要他们完成应聘岗位上的典型任务，然后对其工作质量进行分析。

情景模拟往往假设有一种以上的解决方法，而且测评主要针对候选人明显的行为以及实际的操作，另外还包括两个以上的人相互影响的作用。一般情况下，这种测试有时间限制，应试者必须对要做的工作安排轻重缓急，然后在规定的时段内完成尽可能多的任务。

（1）情景模拟的方法

情景模拟需要了解组成工作的各个重要方面。因此，需要对工作进行调查研究，方法大致有以下两种：

- 在职面谈

这种方法的优点是显而易见的，因为一个经理如何安排时间、什么事情对工作最重要、必须对哪些问题做出决策等，只有这位经理最清楚，通过对经理的面谈，可以了解管理人员应该具备哪些素质，或者说管理工作应该有哪些要素。

- 关键事件法

它主要应用在工作分析、行为鉴定、建立评分等级、人员选拔和训练、领导等。关键事件法由一组程序组成，用于收集操作人员行为的直接观察结果，从而提高他们解决问题以及确立心理原则的潜在能力。关键事件法概括了收集事件的程序，这些事件具有特殊的重要性，而且符合系统定义的标准。一个事件就是一个可以观察的人类活动，这些活动本身是完整的，可以进行对主体的推测和预测。要称得上关键，这个事件必须发生在行为目的或意图相当清楚展现在观察员眼前之时，它的后果必须是确定的，从而对它的影响不存在任何的怀疑。

（2）情景模拟法的原则

我们在设计情景模拟时，应该考虑以下一些原则：

应该在明确管理行为要素定义的基础上，进行评价。

应该采用各种各样的评价方法。

应该采用各种类型的工作选择方法。

面试官应该知道成功的要诀是什么，他们应该对该工作和该公司有比较深刻的了解，如果可能的话最好能够从事过该工作。

面试官应该在情景模拟前得到充分的培训。

观察到的行为数据应该在面试小组里进行记录和交流。

应该有面试小组讨论的过程，汇总观察的结果，评价要素并做出预测。

评价过程应该分解为各个阶段，以推断总体形象，评价总体评分或最终预测的形成。

评价对象应该在一个确切含义标准下接受评价，而不应该相互作为参照标准，也就是说事先最好要有一个常用模式。

预测管理的成功必须是判断性的。

（3）情景模拟法的内容

情景模拟可以包括许多内容，但它主要的内容有公文处理、与人谈话、无领导小组讨论、角色扮演等。情景模拟法的操作程序包含准备工作、实施评估和主题培训三个阶段，此处不再详谈。

（4）情景模拟的优缺点

- 情景模拟的优点

①信度高。情景模拟测试的信度比其他测评的方法更高，一般在0.74到0.95之间。

②效度高。情景模拟有较高的效度，这也是它明显优于其他测评方法的一个长处，它的效度一般在0.45到0.65之间。

③预测性强。根据有关企业的数据，进行情景模拟以后，发现一年以后自信的预测性R=0.46，半年以后自信性R=0.69，这说明情景模拟的预测能力是很强的。

④对候选人进行了一次系统的模拟练习，提高了管理水平。

- 情景模拟的缺点

①时间较长。情景模拟的设计工作在一般在一个月以上，面试官培训一般在3~5天，有时达到两个星期。情景模拟的实施一般为1~3天。

②费用比较高。

③要有专家指导。

④由于以上的缺点，情景模拟一般都局限于高层次的管理人员或特殊的专门人员，如果要进行大面积的情景模拟，它的信度、效度都会明显下降，会由于费用的提高而得不偿失。

⑤由于测试情景是模拟的，不是真实的，那么有些特定因素会影响候选人的表现。如果他们感到紧张，或是缺乏该岗位相关的背景知识和经历，他们的应试表现就会比较糟糕。

⑥还有一些别的问题，例如，沉重的设备可能不容易搬到测试现场，未经训练的求职者可能弄伤或损坏贵重设备，而且编组测试的成本较高。

方法七　测评技术

测评技术是运用现代心理学、行为科学、管理学和计算机科学等学科的研究成果，通过一定的方式收集候选人的信息并进行科学评价，以筛选符合企业岗位需求人员的过程。人力资源部门可以对员工的知识、智力、个性特征、职业倾向、特殊能力乃至发展潜力等进行全方位的综合测评，帮助企业有效甄选员工，实现人岗匹配。

测评技术最早起源于心理测验学科的兴起。在教育领域，高尔顿、卡特尔等学者采用心理实验的方法测试大学生的智力水平，1905年，法国心理学家比奈把智力视作人的高级心理活动，研制比奈—西蒙量表（Blinet - Simon Scale），首次将心理测验作为工具引入个体差异的测量。两次世界大战为测评技术的发展提供契机，人才测评被运用到军事指挥人才、飞行员和特工人员的选拔过程，促进并发展出内嵌于情景模拟的测评技术。战后，测评技术被广泛运用到社会各领域，采用包括智力测验、职业兴趣、人格测验、能力测验在内的多种技术手段，从不同角度评价个体的倾向特征，为人员选拔提供客观依据。

自20世纪50年代以来，科学管理的蓬勃发展让测评技术实现了从心理测验对个体特征的研究向个体与组织匹配度研究的转变，测评技术开始关注企业生产活动领域人岗匹配问题。英国、美国、日本、法国等现代发达国家在人事选拔中将面试视作人员评估的重要组成部分，面试技术在实践中不断补充和完善，对员工岗位业绩具有越来越高的预测水平，成为最为常用的测评技术。而后兴起的评价中心技术，综合运用心理测试、面试和情景模拟测试等技术，对评测者能力进行系统性评测，在中高层管理人员的选拔中极具可靠性和有效性，成为测评技术的重要应用。

常用测评技术及其特点

（1）心理测验

心理测验是通过观察候选人的代表性行为，根据一定准则，对贯穿行为背后的心理特征进行数量化推论的一种科学手段，主要可分为人格测验和认知能力测验。人格测验主要考察个体是否具备与工作绩效相关的个性心理特征，管理情景中的人格测验主要是指大五类人格模型。在使用人格测试时存在两者不同的观点：部分学者认为使用大五类人格或者更宽泛的人格测验对于人员选拔更加有效，另一部分学者认为大五类人格测验过于粗糙，在选拔过程中应对人格特征加以细分。认知能力测验由口语、数字和空间等要素组成，重在考察个体是否具有掌握工作的潜在能力。无论是人格测验还是认知能力测验，心理测试的贡献在于根据不同标准划分群体类型，并科学探讨与群体特征有关的工作（岗位）特性。

（2）面试

面试是候选人在面试官面前口述回答问题，通过面试官和候选人面对面的观察、交谈等双向沟通形式，了解候选人的素质特征、能力状况以及求职动机等情况的人员甄选技术。面试通常可分为非结构化面试、结构化面试和半结构化面试。结构化面试预先设定评分标准，面试官按固定的程序向候选人提问，常用的结构化面试包括情景化面试和行为描述型面试。一般而言，情景化面试对于缺乏经验的应聘者和初级岗位更为有效，行为描述型面试往往被用于招聘具有工作经验或者高级岗位的员工。非结构化面试没有预先设定模式、框架和程序，面试官可以向候选人任意提问，给予候选人较高的自主性和自我展示的机会，同时提供了组织和人更多相互了解的机会，满足面试官的自主性，使得面试更具有挑战性。半结构化面试形式介于非结构化和结构化面试之间，在预先设计好的试题（结构化面试）的基础上，面试中面试官向应试者又提出一些随机性的试题，它结合两者的优点，有效避免了单一方法上的不足，在招聘中得到越来越多的应用。

（3）评价中心

评价中心是近年来迅速发展和运用的人才测评技术，严格来说评价中心是一种程序而并非具体的方法，它通过模拟管理情景或工作情景，综合运用多种测评方法和技术，如心理测试、面试、公文筐测试、无领导小组讨论、角色扮演、管理游戏、案例分析等，对候选人的素质、能力进行标准化的评价。

评价中心得到广泛认可，是与它的有效性密切相关的。大量实践证明，评价中心技术对员工在目标岗位上的管理能力、工作绩效具有非常高的预测效度。评价中心技术在评测过程中由多位受过专门训练的面试官采用多种方式甄选、评价候选人，从而保证评测的科学、公正和灵活，避免主观的认知偏差。但是，与其他评测技术相比，评价中心成本较高、耗时较长、操作难度较大、对模拟情景提出较高要求，导致企业在实际应用中难以推广，比较适合内部招聘。

（4）履历分析

履历分析是根据履历记载的事实，对候选人的个人成长、工作业绩进行分析，进一步判断其对目标岗位是否适应。履历分析的内容包括候选人个人基本情况、个人经历、工作业绩、家庭与社会关系、道德品行等。

履历分析是人才测评的重要内容，被广泛运用在人员选拔等活动中。研究结果表明，履历分析对候选人今后的工作表现有一定的预测效果，个体的过去总是能从某种程度上表明他的未来。这种方法用于人才测评的优点是较为客观，易于操作，但也存在几方面的问题，比如：履历填写的真实性问题；履历分析预测效度随着时间的推进会越来越低；履历项目各项得分设计缺乏合乎逻辑的原理解释等。履历分析更多地被运用于员工初步筛选过程。

测评技术是一套完整的系统，不仅贯穿企业人员选拔的理念、制度和程序等诸多环节，又与人岗匹配度、绩效管理、员工培训、人才开发等内容密切联系。随着人力资源管理水平的发展，测评技术也从心理学领域逐渐向管理学领域拓展，在企业甄选和配置员工等方面发挥越来越重要的作用。虽然测评技术本身仍然存在诸多待完善之处，但在招聘员工过程中运用测评技术已成为大势所趋。企业有必要高度重视测评技术的应用和发展，培养专业化的测评人员，提升测评技术实操水平，从而满足企业不同层次、不同类型的人才需求，真正实现人岗匹配的最终目的。

需求评估

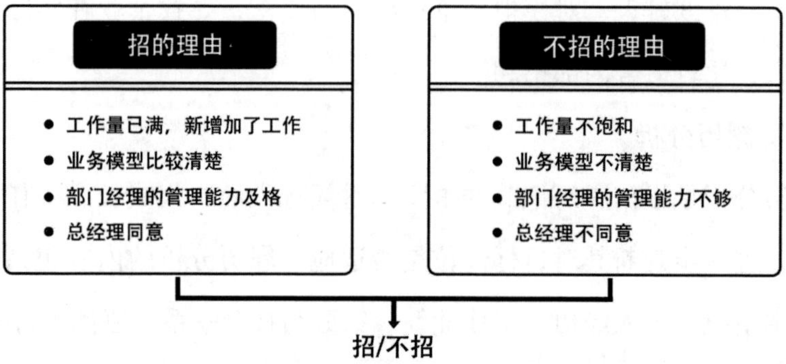

图5－2　评估招聘需求

招聘需求评估（见图5－2）是指真正做招聘的时候，人力资源从业者要看一看用人部门真的需要这个人吗，招的理由是什么——工作量已满？还是新增加了工作内容？评估岗位的工作量饱和程度，是要看这个岗位日工作时间超过 10 小时的加班量累计下来一年是否超过 30%，如果超过说明这个工作量已经饱和了，所以要招新岗位了。

然后，看一下业务模型是否清楚，了解部门经理有没有想清楚他手里的业务应该怎么干，或者下边分公司或子公司总经理想没想清楚经营的方向和方式。笔者经常给企业讲课，其中有一些创新型企业，创新型企业有小有大，几十人到几千人不等。企业的老板经常会问笔者招什么人招多少人合适？笔者会反问，你们企业的商业模式或者业务模式清楚了没有？有没有价值？能不能创造价值？如果这个考虑清楚了，根据你对于业务量的预估，配岗位、配部门、配人员。

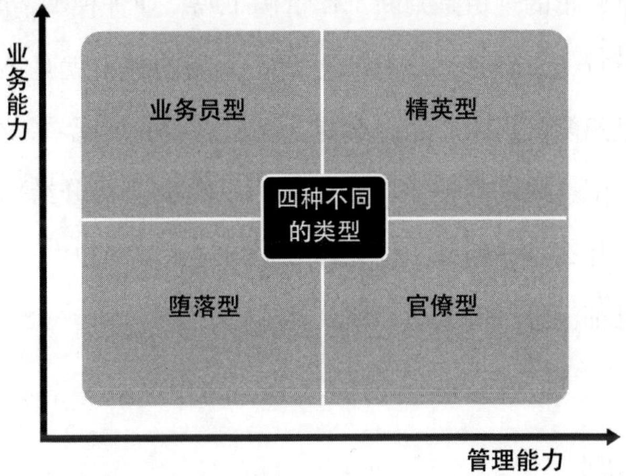

图 5－3　部门经理的四种不同类型

考察部门经理的管理能力是否及格。部门经理有四类（见图 5－3）：精英型、官僚型、堕落型、业务员型，人力资源经理人需要研究部门经理是“哪种型号”，部门经理的管理能力及不及格，部门经理如果管理能力不足，经常会出现今年招了 3 个走了 5 个的情况，浪费资源。

总经理同意不同意。经常遇到这种情况：老板打电话说：“Daniel，销售总监一会去找你，他可能想要增加个岗位，我答应他了，但是我觉得不应该招，你拖一拖。”这种情况下即使展开招聘，也要一直推荐不合适的人，或者就说没有合适的候选人。有的时候企业内的人力资源总监就得帮着老板去干事，因为健康的企业有俩“坏人”，一个是人力资源总监，一个是财务总监。财务总监负责财务政策把控，人力资源总监负责人力资源政策把控。如果 HRD 和 CFO 不做这方面的政策执行，那只能是老板去做，结果就是失去了缓冲地带，企业文化该出问题了，当然要求人力资源总监和财务总监还不能太差，人品要好。所以人力资源做得好的人，一般都比较纠结，经常自我煎熬，甚至有的时候自己想涨工资都不好意思直说。

总结一下，招的理由是判断工作量满了吗，业务模型清楚吗，经理的管理能力行不行，总经理到底什么意思。不招的理由就是工作量不饱和，部门主管只是想多管点人，那怎么能行。从定编的情况看，今年你为什么要配这些人，配这些人目的是什么，是为了完成公司分给你部门的目标，如果你都没有什么具体任务，你为什么要招这么多岗位？业务模型清楚不清楚，你自己都没想好怎么干，那就算了吧。

招聘的法则

招聘有什么法则呢？

黄金法则

招聘的黄金法则是用应聘人以往的业绩来预测对方在未来的岗位上也能取得优秀的业绩（见图5-4）。想想咱们日常在做招聘面试的时候，经常会

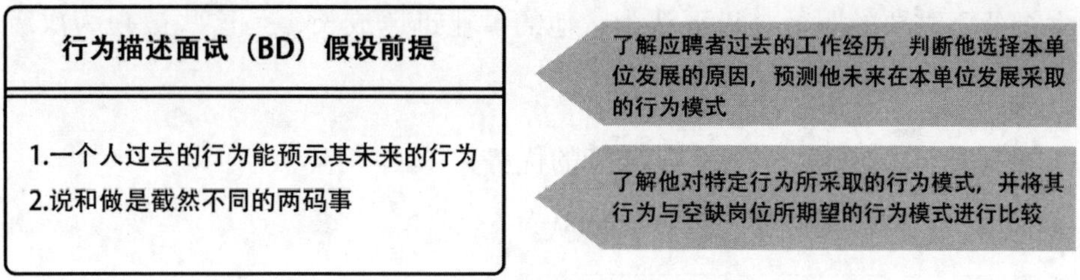

图 5－4　招聘的黄金法测

问，这个工作你做过没有，或者问这个事情你学过没有，如果说我学过，那你给我说一说，如果说我做过，你能不能给我举个例子来说明一下。用应聘人员以往的业绩来预测对方未来的岗位上的业绩。这里隐藏的意思就是说，如果这个人过去做过，并且做对了，他可能在你们公司能做，也能做对。如果过去没做过，他说他能做对，你信吗？这是黄金法则。

黄金法则是行为面试最核心的技巧，即用人员以往的业绩来验证他将来能取得优秀的业绩。

白金法则

白金法则就是寻找未经打磨的金刚石。

松下电器的创始人松下幸之助，是日本的“三圣”之一，被日本称为“经营之神”，他在用人方面有其独到的理解。我们可以把他的思想总结为：糊涂用人智慧——70% 原则。这种管理思想是中国“中庸”思想的发展。通过 70% 原则，在 70% 的层面上获得均衡和发展，派生设计出独特的人力资源管理产品，可以有效地处理和解决用人中的矛盾问题。“水至清则无鱼”，也许 70% 法则能更有效地解决用人中的矛盾。

松下对 70 分左右的中上等人才较为偏好，这与松下公司的发展有关。松下电器创业之初，公司的名气还不大，它只能吸收三井、住友、三菱等大企业不需要的职员。松下认为，他的事业迅速成长，是这些被视为次级人才的人一手建造出来的成果。

其实，“70分人才”有其独特的优势：

第一，他们一般很容易融入团队。

那种“顶尖”人才才高八斗，学富五车，难免有高高在上之感，做事情常常以自我为中心，看不起周围的人，听不进下面人的意见，于是常常不能很好地融于团队。而“70分人才”就不一样了，他们常常低头思考自己的不足，希望借助团队的力量使自己成长，使自己能够很好地完成主管安排的任务，所以他们能够很好地融入团队。

第二，他们有追逐“顶尖”者的动力。

在公司里，工作中、管理中还是业务上存在你追我赶绝对是好现象。“70分人才”正是以“顶尖”者为目标，苦苦地追赶。他们往往有一种与顶尖者较一较劲的心理，这种明确的目标和心理会产生出强大的动力，达到顶峰。就像马拉松比赛一样，跑在第一位的选手前面漫漫长路，空无一人，于是他常常回头，看看后面的人在哪里。而第二位的选手就不一样了，他们眼睛死死地盯着第一名，而且还可以在第一名后面避一避风，看到时机成熟，一下超越第一名。

第三，他们心存感激，更加忠诚于公司。

有一家中型民营企业老板，他在招聘的时候，放弃了一个名牌大学的毕业生，而选择了一个自考生。他说，我想要把他培养成公司的市场销售经理，这两个人都很不错，但我认为把这个自考生培养出来，他会更加忠诚于我们公司。主管常常有这样的感觉，“顶尖”人才常常埋怨工作这也不适合，那也不适合，难于管理或不知道用什么方法去管理，一旦激励的力度不够，方式方法不当，会产生很多负面因素。把“顶尖”人才培养成高层主管，他似乎也并不特别感激你和公司，因为他会认为那是他自己的才华应该得到的结果。而 70 分的中上等人才就不同，他们认为他们能够取得今天的成绩，与主管和公司对他们的培养和器重是分不开的，于是他们心存感激，更加忠诚于公司。

招聘的黄金法则，即用应聘人员以往工作印证他能再取得优秀的业绩。一般用人单位或者用人部门的经理，都希望招一个 100% 满足岗位要求或者 150% 满足岗位的要求的人。但是只要把这类人招进来，从工作的第一天开始，部门经理就应该做一件事：考虑如何做这个员工的激励措施，因为该员工超出岗位的工作能力，经理就怕他跑了，就得想办法留他、激励他。如果这个人 70% 把握能把事情做好，可能在前一家单位是一个主管，到你公司应聘的是经理的岗位，负责的事儿比原来更多、更复杂，管的人多了，职务也高了，那这样的人可能在你这工作个三两年不怎么调薪，他也会很努力地工作，这就是寻找未经打磨的金刚石。

需要说明一点：如果企业招聘某一个岗位，需求很急，如果这个人不来会耽误事情，就招 100% 或者 150% 满足岗位要求的。如果不是的话，招“未经打磨的金刚石”为佳。

面试流程

除了介绍面试的技术和面试的法则，下面继续介绍面试的流程。很多人说面试还有什么流程？人来了，就面试，聊聊即可。实际工作中如果我们认为面试仅仅就是候选人来了聊天那么简单的话，就太小看面试这个技术工作了。

随意聊的那种面试方法，招聘的准确率不会高于 20%！意思就是谈 10

个人，能有一个合适就挺好了。

实战的招聘、面试的流程分为四步（见图 5－5）：第一步是启动阶段，第二步深入阶段，第三步验证阶段，第四步结束阶段。

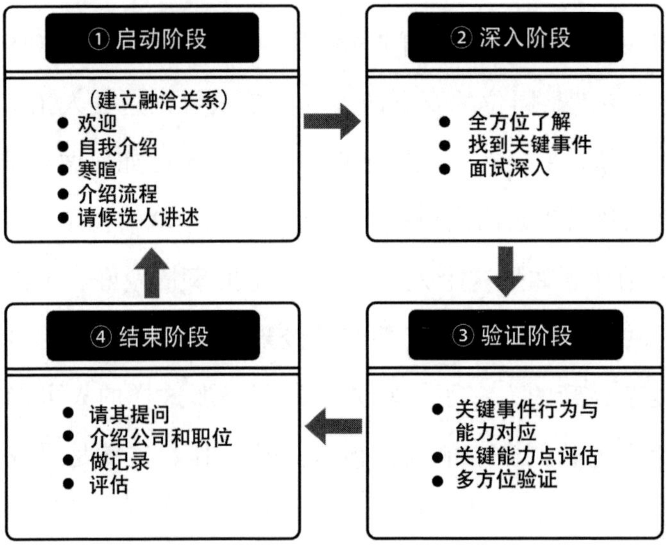

图 5－5　面试的四个核心流程及控制要点

启动阶段

启动阶段要建立融洽关系，包括欢迎、自我介绍、寒暄、介绍面试流程和候选人自我介绍。在前期，人力资源部门已经做过电话邀约或者沟通，可能就是面试官自己做的。候选人到了之后，面试官首先欢迎：王先生欢迎来我们企业面试，我是×××，然后寒暄一下，在北京，夏天的话就问外边热不热，冬天就问冷不冷。问怎么来的，如果是开车来的，就问路上堵不堵啊，如果是坐车来的，就问挤不挤啊，寒暄一下。寒暄的目的是让候选人坐下来，淡定下来，有兴趣且保持平常心跟面试官聊聊。

最怕那种新任的经理们，觉得自己是用人单位，很有心理优势，对候选人质问、质疑、采用压力面试，那就有问题。现在的招聘，有能力的候选人具有优势，是卖方市场而不是买方市场。

尽量少用压力面试。就像我认识的一位 HRD，招聘总经理助理，面试的时候，他的套路就是候选人来了之后，先安排在会议室填完表，招聘经理把他请过去，他盯着候选人的脸看 5 分钟，一句话不说，然后结束面试。为什么这样做？因为他们公司的总经理比较强势，脾气不好，要求总经理助理要有很强的抗压能力，所以 HRD 就设计了这么一个损招。各位构思一下如下画面：如果是你的话，你去一家单位面试，面试官含情脉脉的盯你 5 分钟一句话不说，多恐怖的事情啊！

确实有一个应聘者扛住了压力，你不说话，我也不说话，你说结束我就走。HRD 觉得这人行，靠谱，很厉害，就是我想要的人！让招聘经理打电话说安排见总经理吧。招聘经理给那姑娘打电话，应聘的姑娘回答："你们公司领导有病，我不去。"

向面试人介绍一下流程，本公司的面试大约有几轮，今天是第几轮，今天面试是什么程序，然后再请候选人有 3 分钟大概介绍一下个人情况，这就是启动阶段。

如果面试量比较大的话，准备一些小瓶的矿泉水，没有的话，前台准备些水杯。笔者就经历过没水喝的尴尬：我去面试，面试官拿了一杯水溜溜在说，说了一个半小时，然后我一滴水都没有喝到，从那之后我再有面试机会的话，一般都是自己拿一瓶水去，避免遇到这种面试官。

启动阶段就是要建立良好的关系，轻松聊一聊：这次请您来公司，主要是看您的资历与我们公司的岗位特别匹配，电话聊得也挺好，所以看看在具体业务上能不能合作。

深入阶段

这个阶段主要对候选人做全方位的了解，找到关键事件做面试的深入。根据候选人的简历，面试官把候选人工作过的每个单位都要问一问，特别是跟当下工作岗位相关的那些工作经历要详细聊聊，找到关键事件。关键事件就是跟岗位匹配的那些经验或者能力。

实际上在招聘的过程中，如果面试官沉下心来，会发现招聘是最有效地了解一个行业或者了解这个行业内的公司，甚至你所服务的这家企业的最佳机会。各位想象一下：把候选人服务过的企业情况在面试时候详细问一下：企业行业排名什么情况，多大、多少人、多少业绩、多少个部门，候选人服务的部门怎么样、怎么配置，每个岗位什么职责、业绩怎么样。这样就可以很好地了解行业内的企业。即使面试官觉得候选人不适合，也要跟他聊聊，问他原单位部门几个人，领导的能力怎么样，能不能提供他的联系方式，这样也获得了一个比较宝贵的信息。面试官得到这个信息之后，你可以预约候选人的领导喝茶，同行间聊聊，熟悉之后，如果企业出现岗位空缺，可能很快就把他挖过来。毕竟国内职场还是一个熟人的职场，咱们是一个熟人社会。

验证阶段

验证阶段的主要工作是针对深入阶段发现的关键事件挖掘一下。比如说，这个人做销售，其电话销售能力或者是陌生拜访能力非常强，那你跟他聊：你的销售能力很强，具体强在哪儿，有哪些方面与众不同，如果来我们公司，就目前的情况怎么开展业务？面试官要一点一点挖掘，同时做好关键能力的评估。你看他的销售能力强，是产品理解比较到位，还是对人心抓得比较到位，还是他社交能力比较强，一定要做好这种验证。比如说单位招出纳的话，就要求候选人有比较强的责任心，也比较有规范意识，那面试官要看看他来的时候着装怎么样，谈吐的条理性怎么样，甚至他带的东西是不是很顺溜。当然，不能问那些无关的话题，或者是很愚蠢的话题。

曾有一个面试官设计过这样的问题：如果你来我们公司做出纳，假设你刚取完一笔巨款，然后有歹徒持刀要抢劫你怎么办？你是要命还是要钱？提问该问题的面试官，他的理念就是你作为公司的职员，应该保护好公司的财产，死就死了！大家想想这样的企业、这样的价值观，员工待着是不是会瘆得慌。

结束阶段

到这一阶段，聊得差不多了，面试官应该说“王先生，您看有没有什么问题要问我？”候选人一般会问收入多少？来了公司之后，具体的工作内容有哪些等。

面试官在面试结束前要给候选人一个提问的机会，不能出现面试官问了十几个问题，之后就说：行了，就这样，您回去吧。如果候选人比较优秀，是你特别想要的人，那你就多给候选人介绍些公司的情况和岗位情况。这样做的好处其实是在销售公司的岗位。做岗位招聘实际上是做岗位的销售，多介绍一下，如果能给他一张名片或者给他一个公司介绍、产品介绍，这样更好，这个销售动作一定要做，有时候能够带来意想不到的结果。

最后检查面试问题记录，检查一下候选人的简历，看看还有哪些地方没有问到，包括岗位的职责、任职要求、经验等，还有哪些地方不清楚的再查漏补缺。因为同一个候选人，被同一个面试官面试的机会，在同一家企业只有一次，不可能有两次，所以要弄清楚有无遗漏。如果没有问题，就做面试评估，根据评价标准给候选人打分。

面试的启动、深入、验证和结束四个阶段叫面试流程。一些不是很成熟的面试官，他们不知道面试有流程，上来就瞎问，问完了，到最后也判断不出候选人到底行不行。曾经有一个企业的面试官，他给候选人面试的时间一般不会低于两个小时，她能问上百个问题，但总抓不住重点，她的人力资源总监也难受。后来笔者给他们企业做面试官课程的时候，该学员问了笔者一个问题："老师，怎么保证不冷场?"我说你要把问题设计到位，要注意面试的流程和方法。

【丰田公司人才选拔计划】

丰田公司选拔计划的目的就是招聘最优秀的有责任感的员工，为此公司做出了极大的努力。丰田公司招聘大体上可以分成六大阶段，前五个阶段大约要持续5~6天。

第一阶段丰田公司通常会委托专业的职业招聘机构，进行初步的甄选。

应聘人员一般会观看丰田公司工作环境和工作内容的录像资料，同时了解丰田公司的招聘体系，随后填写工作申请表。1个小时的录像可以使应聘人员对丰田公司的具体工作情况有个概括了解，初步感受工作岗位的要求，同时也是应聘人员自我评估和选择的过程，使许多应聘人员知难而退。专业招聘机构也会根据应聘人员的工作申请表和具体的能力和经验做初步筛选。

第二阶段是评估员工的技术知识和工作潜能。

该阶段通常会要求员工进行基本能力和职业态度心理测试，评估员工解决问题的能力、学习能力和潜能以及职业兴趣爱好。如果是技术岗位工作的应聘人员，更加需要进行6个小时的现场实际机器和工具操作测试。通过前两个阶段的应聘者，其有关资料转入丰田公司。

第三阶段丰田公司接手有关的招聘工作。

本阶段主要评价员工的人际关系能力和决策能力。应聘人员在公司的评估中心参加一个4小时的小组讨论，讨论的过程由丰田公司的招聘专家即时观察评估，比较典型的小组讨论可能是：应聘人员组成一个小组，讨论未来几年汽车的主要特征是什么。此外，实地问题的解决可以考察应聘者的洞察力、灵活性和创造力，所以在第三阶段应聘者需要参加5个小时的实际汽车生产线的模拟操作。在模拟过程中，应聘人员需要组成项目小组，担负计划和管理的职能，比如如何生产一种零配件，人员分工、材料采购、资金运用、计划管理、生产过程等一系列生产考虑因素的有效运用等。

第四阶段应聘人员需要参加1小时的集体面试。

集体面试中，应聘者分别向丰田的招聘专家谈论自己取得过的成就，使丰田的招聘专家更加全面地了解应聘人员的兴趣和爱好，他们以什么为荣，什么样的事业才能使应聘员工兴奋，更好地做出工作岗位安排和职业生涯计划。在此阶段也可以进一步了解员工的小组互动能力。

通过以上四个阶段，员工基本上被丰田公司录用，但是员工需要参加第五阶段——一个25小时的全面身体检查。此阶段主要了解员工的身体一般状况和特别的情况，如酗酒、药物滥用的问题。

最后在第六阶段，新员工需要接受6个月的工作表现和发展潜能评估，新员工会接受监控、观察、督导等方面严密的关注和培训。

面试的实用技术

前面已经介绍了几种面试的技术，看着都比较高大上，接着给大家介绍一些实用的面试技术，见图 5 - 6 所示。

在实际面试过程中，如果不掌握面试的流程、没有掌握基本的面试技术，我们会发现面试官的面试就是漫无目的地一个问题接着一个问题的问询。

在面试官的课程上，笔者会让学员准备好相关的面试材料，然后再做面试实战，实战的时长在半个小时左右。真实的模拟情境下两位面试官同时面试，能问候选人差不多 15 ~ 30 个问题，即一两分钟问一个问题，这意味着面试官问完一个问题之后再问下一个。这样问准不准？不知道！能判断出来吗？应该判断不出来！所以模拟面试之后我问一个面试官：候选人能够满足岗位要求吗？一般回答是不知道。

所以日常的行为面试的技术还是要掌握的。

面试问题的设计

简而言之，面试的过程就是问题设计和问题澄清的过程。

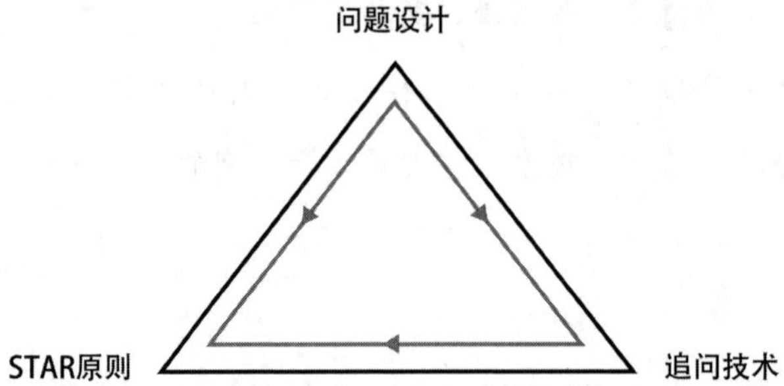

图 5 - 6　日常行为面试的技术

设计基于行为的结构化面试问题分为四步，见图 5－7 所示。

如果面试官不是对候选人做针对性问题设计的话，手头可能就有那么十几个问题，反复使用。仔细观察会发现，这些问题问完了，最后也判断不出来候选人行还是不行，所以这四步是怎么做的呢？

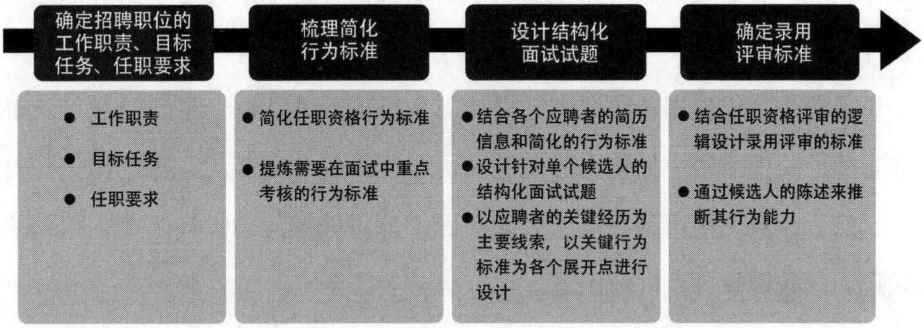

图 5－7　设计基于行为的结构化面试问题

（1）确定招聘岗位的工作职责、目标任务和任职要求

这部分内容就是请招聘的部门领导更新岗位说明书。在展开一个新岗位招聘工作的时候，HR 最好让招聘部门的经理把岗位说明书更新一下。实际上每年年底年初的时候做工作分析也是这个目的。需要招聘某个岗位的时候，先把岗位说明书优化出来，因为现在技术的变化太快了，如果岗位说明书五年不更新，可能在人才市场上就招聘不到合适的候选人了。

（2）梳理简化行为标准

梳理简化行为标准又分为两步：

- 简化任职资格行为标准
- 提炼需要在面试中重点考核的行为标准

岗位说明书里有一些重要的或者主要的工作职责，需要把职责转化成行为标准，比如说招聘专员或者招聘助理，该岗位大部分工作就是简历的筛选，那行为标准之一就是筛选合格的简历，一定要提炼出来。

(3）设计结构化面试试题

设计结构化面试试题包括三个方面：

结合各个应聘者的简历信息，提炼行为标准。

设计针对单个候选人的结构化面试试题。

以应聘者的关键经历为主要线索，以关键行为标准为各个展开点进行设计。

前两步是优化岗位说明书、设计出来行为标准，这一步是基于行为标准看简历，把简历中候选人的关键经历跟行为标准去匹配，筛选出关键行为，然后针对关键行为筛选出关键问题，针对关键行为设计问题，挖掘出候选人的关键事件，问清问透。

(4）确定录用的标准

结合任职资格评审的逻辑，设计录用评审的标准。

通过候选人的陈述来推断其行为能力。

候选人这一项能力行不行？一般情况下，如果一项满分是十分的问题，八分及格；如果是五分的话，四分及格。当然刚开始的时候，评分标准不一定十分准确。笔者服务过的一家企业就出现过类似问题：公司招财务经理，财务总监出的笔试题难度过高，过50分的就是高手，所以评分标准要合适。

设计基于行为的结构化面试问题，基本依据两个材料：一个是拟招聘岗位的岗位说明书，另外一个是候选人的简历。这两个材料结合起来就可以设计针对这一个候选人的面试问题。设计好面试问题再去面试，不能拿着简历就直接面试，那是对候选人的不尊重。很多经理在面试前还有5分钟，拿着简历边看边往会议室走，到了之后说你做个自我介绍吧，候选人介绍完了，面试官简历还没看完，这对候选人是很不尊重的。在面试前把问题设计出来是面试官最基本的素养。

面试追问的 STAR 原则

面试是问题设计和问题澄清的过程，那问题设计完了之后就是要澄清问题，一般情况下最好用的技术是 STAR 原则和追问技术。

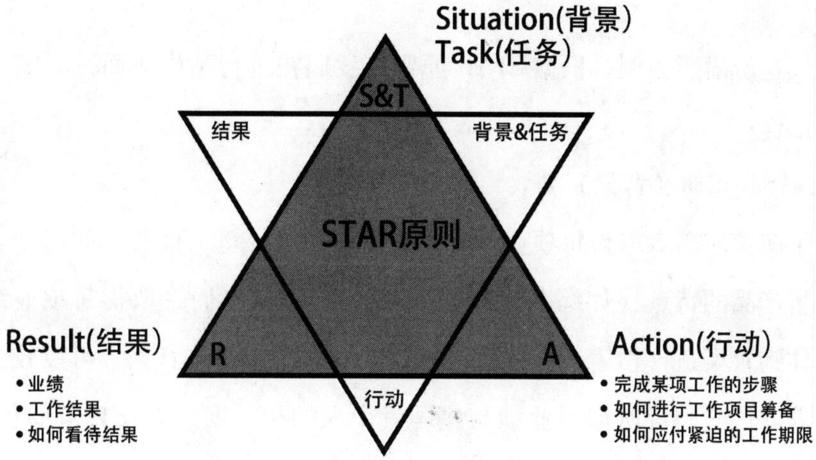

图 5－8　STAR 原则

STAR 是四个英语单词的首字母缩写，包括情境、任务、行为和结果（见图 5－8）：在什么样的情境下，你接了一个什么任务，基于这些任务你做了哪些事儿，就是行为，然后结果怎么样。

面试官问候选人这样的事你做没做过，或者有没有这方面的能力，如果候选人说有、做过，那请你举一个例子。候选人所举的行为事例一定会涉及四个方面：情景、任务、行为和结果，缺一个维度，这个案例都是不完整或者不成立的，面试官要从四个维度问清楚，否则招聘的黄金法则就不成立了。

例如：健身行业 A 企业需要招聘一个会籍顾问，应聘者的简历（部分）如下：

1995 年至 2000 年，B 健身俱乐部销售助理，曾两次获得该企业销售冠军。

2000年至2002年，B健身俱乐部销售主管，2001年销售额达到80万元。

2002年至今，C健身中心市场总监，与市政府成功策划全民健身活动。

以这份简历为例，根据STAR原则，我们在进行结构化面试时需要做如下工作：

- Situation（背景）

了解该应聘者取得每项业绩时的健身行业大环境，他所在的每个企业所销售产品的特点（如综合健身项目、单一健身项目），取得每项业绩时的具体销售渠道（散客、团购）等问题。通过了解这些背景，可以较为全面地获取该应聘者所取得业绩与应聘者个人的相关度，以及与市场状况、行业特点等方面的相关度。

- Task（任务）

考官需要了解，应聘者为了取得这样的业绩都做了哪些具体的工作，每项工作的具体内容是什么。这一阶段的目的是了解该应聘者的工作经历（经验），从而得知其工作经历（经验）是否适合目前的会籍顾问职位，即帕森斯所说的“人职匹配”。

- Action（行动）

随着面试的不断深入，欲了解应聘者的信息也愈加详细和具体。在任务阶段，了解应聘者具体做了哪些工作，而这个阶段的侧重点应放在了解其怎样完成这些工作的，或者说他为了完成这些工作做了哪些行动（努力或尝试），这些行动在整个完成过程中起到了什么样的作用，即所采取的行动是如何帮助他完成工作的。这一阶段的目的是了解应聘者的工作方式、思维方式和行为方式。

• Result（结果）

STAR 模式的最后阶段我们关注的是结果，这里的结果包括两个层次：一是指完成结果的好与坏，二是指具体产生每个结果的原因——好结果好在哪里、坏结果坏在何处。

通过这样一层层的深入，就像剥洋葱一样，将应聘者看得清清楚楚、明明白白，达到辨识“庐山真面目”的目的。

面试的追问技术

在面试中还有追问技术（见图 5－9）。一般提问从大的工作事项开始，针对大事去做 STAR 追问；完了之后，再落到工作子项，即大事里边的小事，工作子项也需要继续使用 STAR 提问；从工作子项到达工作点，继续使用 STAR 来澄清。比如做人员招聘的时候，人员招聘是工作事项，简历筛选是工作子项，简历筛选的方法就是工作点。使用 STAR 原则，逐层逐步澄清问题。

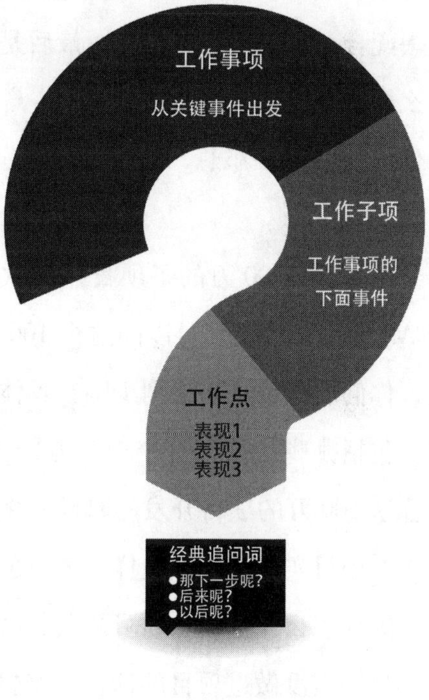

图 5－9　面试中的追问技术

针对某一个候选人、某一件事情，反复去推敲、提问，反复用 STAR 原则，就叫追问技术。经典追问词就是“下一步呢”“后来呢”“以后呢”当然，追问也要注意节奏，你问多了之后，候选人可能会崩溃，尤其是没有经过严格训练的候选人。

举一个案例，比如招聘软件开发的项目经理，某应聘者硕士研究生毕业，二十六七岁，才工作一两年，面试中说：我在我们单位负责过 1 000 万的项目，大家想 1 000 万以上的项目都是行业级的软件项目。我们用 STAR 原则提问：你什么情况下拿到这个项目的，是企业没有合适的项目经理了吗，还是天上掉个大馅饼砸到了你？项目具体是什么样的？由哪些子项目堆积而成？你为了保证这个项目的达成，采取了哪些行动，你怎么保证这个项目是挣钱的，怎么保证这个项目技术是可行的、项目团队之间怎么去配合、怎么跟客户沟通，最后是怎么实施的，结果怎么样，客户反馈怎么样，老板反馈怎么样？

他可能会说，邓总，刚才说的有点出入，其实我是负责 100 万的子项目。

各位考虑，100 万的子项目作为软件企业的话，也是个大项目，接着用 STAR 原则来澄清。可以问这个 100 万的子项目什么情况下落到你头上去的，你们的项目经理特别少吗？具体是什么原因？这 100 万都包括什么内容，包括哪些事情，这个 100 万的子项目跟上下游的子项目是什么关系？你这 100 万的项目开发的时候有多少人？分几步，你的项目建议书有多少页？项目实施结果怎么样，客户怎么反馈，你上游的这些同事们怎么反馈，老板怎么评价你，项目总监怎么评价你？

如果确实没做过项目的话，大家想一想，应聘者最终会坦诚说明：邓总，我实际上是那个项目组总监的助理。

这就是追问技术，也叫“剥洋葱皮”，一层一层要剥得干干净净、详详细细。

能力验证

图 5－10　能力验证

行为表现背后隐藏的是候选人潜在的能力，如果候选人潜在能力跟公司要求能力契合，那能力是匹配的。用行为推测能力，有能力验证行为（见图 5－10）。

举个例子，比如说沟通能力，这个人沟通能力强还是不强，怎么去做沟通能力的验证，这需要设计问题。怎么设计呢？简单地讲，如果候选人有工作经验：王先生，您在过去 10 年工作中有没有遇见过意见跟上级相左的情况？一般候选人会说有。如果有相左的情况，继续问：你怎么处理的？大家看，这就是左右为难的情况，这样的问题就是好问题。

做培训的时候，经常有学员问笔者，邓老师我们设计不出这样的问题怎么办？如果想要考证沟通能力的话，可以这样问：王先生，我们的岗位需要比较强的沟通能力，你能给我界定一下沟通能力是什么吗？候选人界定清楚之后，可以继续提问：您有没有能体现你沟通能力比较好的案例啊，给我们说一说？如果有的话，等候选人说完之后，面试官可以从 STAR 的四个维度去追问，如果说他缺一个维度，那可能不行，请候选人再举个例子。一般在同一个情况下，不要连着要 3 个行为事例，问 3 个的话，候选人会觉得很奇怪、很纳闷。可以到下一个环节再追问，以达到验证的目的。

录用评估

面试完毕之后，需要马上做录用评估，如果面试官一天见了20个候选人，在整体面试完毕之后做评估，面试官可能连前面那18个人长什么样子都忘记了。所以说每见一个人都要做评估，立即做成记录，同时要在评估的时候再看一下拟招聘岗位的岗位说明书，再看看简历以及面试问题，以便确定你见的这个人到底是匹配还是不匹配。这里涉及候选人最优、最符合和备选方案。一般最优的人选很难录用进来，多数情况下，好的候选人一般手里都有3～5个offer。所以需要确定好哪些是最优的、那些是最符合的、哪些是备选方案。最优应聘者不来，最符合的也不一定就能来，至少有备选人选，避免二次招聘的尴尬，比如表5－1的情况：

表5－1

胜任力	赵凯得分	张亮得分
责任心	4	3
逻辑思维能力	3	4
技术水平	2	5
细致程度	5	3
沟通技能	5	3
团队合作能力	4	3
应变能力	3	3
创新能力	3	4
总平均分	3.62	3.5

表 5－2

胜任力	权重	赵凯得分		张亮得分	
		原始分数	加权得分	原始分数	加权得分
责任心	4	4	16	3	12
逻辑思维能力	5	3	15	4	20
技术水平	5	2	10	5	25
细致程度	2	5	10	3	6
沟通技能	3	5	15	3	9
团队合作能力	3	4	12	3	9
应变能力	4	3	12	3	12
创新能力	5	3	15	4	20
加权平均分		13.1		14.1	

可以做简单地打分评估，也可以做加权评估。两种评估的结果有时候会有差异：表 5－1 是赵凯和张亮的简单评估得分，赵凯得分高，表 5－2 按照加权评估法张亮得分高。所以企业在做评估的时候要明确到底使用哪种评估方法，保证候选人的一致性。

背景调查

背景调查前面已经介绍了，这里再简单提几点：

百分之八九十的候选人简历都有假，要看企业到底允许候选人的信息虚假到什么程度。

技巧问题，一些外企或者大的国企，你打电话对方不一定接听，你可能需要发函或者到现场做面对面的沟通。

一般而言，背景调查反馈的信息都是正向的，这样有用的信息就少。那么做调查的时候就有一些问话的技巧，比如：李总，这人在贵单位各个方面都好，他为什么走了，为什么没有做挽留？或者：人无完人，难道他一点都不需要去改进吗？这样的话可能就会获得一些真实的信息。

【附件】实用无领导小组方案

一、无领导小组讨论实施方案

1. 场地布置

- 圆形面试桌一张
- 椅子 8 把（学员） +3 ~5 把边椅（评委及观察员）

2. 人员安排及分工

- 主持人 1 人（可以是考官）：1 人
- 主考官 2 人
- 观察员若干
- 应聘者 7 ~8 人

3. 需要做的准备

- 记录纸笔
- 面试评估表格
- 学员名签（每人一个，事先分组存放）

4. 活动流程及安排

- 请学员上场
- 布置无领导小组讨论题目及任务
- 讨论过程控制

- 请学员下场
- 主考官打分

二、无领导小组讨论规则

1. 选拔时间

- 20××年1月5日

2. 选拔地点

- ×××

3. 选拔流程

- 候选人以组为单位（每组6~9人），按照设定时间进入考场，对应本人名签入座
- 评委讲规则5分钟，学员结合现场发放案例进行讨论，讨论时间40分钟
- 候选人离场

4. 注意事项

- 候选人需按照设定时间准时到达考场，如未按时到达视为自动放弃
- 候场过程中需保持安静，并配合工作人员安排

三、无领导小组讨论考核维度及要点

1. 主动性

即在辨认出问题所在、障碍或机会的基础上，对现有的问题或将来的问题或机会采取行动。具体行为层级分为：

- 对当前的问题（机会）有较清醒的认识并采取行动
- 对当前的问题（机会）有非常清醒的认识并考虑未来的危机
- 对当前的问题（机会）有十分清醒的认识，并采取行动避免未来的危机

- 提前采取行动去避免未来危机并且能够创造机会

应聘者行为观察点：

- 是否主动发言（1层次）
- 是否很积极地参与并帮助组员补充说明（2层次）
- 是否很积极地参与，帮助组员小范围打开发言思路（3层次）
- 是否一开始就起到了组织作用，奠定了正确的讨论框架，很好地牵引其他组员的思路（4层次）

2. 沟通能力

具有良好的听、说、问三种成比例出现的行为。说即表达清晰，具有说服力；听即有效倾听，设身处地地理解别人；问即通过语言或非语言的行为了解别人的意图。具体行为层级分为：

- 听说问三种行为都有出现，表达一般
- 听说问三种行为都有出现，表达观点清晰明确
- 能够理解对方的观点并进行有效的听说问
- 能够在理解对方深层次的意图后进行有效的听说问

应聘者行为观察点：

- 是否在讨论过程中有听说问（主要是听和说）行为出现（1层次）
- 应聘者是否清楚并有效地阐述问题，调整说话风格以符合听众和主题，是否能够使用恰当的事实和数据支持自己的观点（2层次）
- 是否能够设身处地为他人着想，关注并尊重他人的想法、感受和权益（3层次）
- 是否能够理解非语言行为，把握他人情绪和行为背后深层次的真实想法（4层次）

3. 演绎思维

能对事物进行条理分析，或用步步推进的方法对事物进行解剖，包括对

问题、形势等系统地、结构性理解，进而对不同特性或方面进行系统比较，理性地制定出先后对策，确定时间序列、因果关系。具体行为层级分为：

- 拆分问题
- 可见基本关系
- 可见复杂关系
- 做出复杂的计划或分析

应聘者行为观察点：

- 是否能在规定的时间内，对问题进行一定正确性的分析（1 层次）
- 是否在规定的时间内对问题分析有理有据，有一定结构（2 层次）
- 对问题的拆分和推导非常精确，速度较快，结构较完整（3 层次）
- 对问题的拆分和推导非常精确，速度较快，结构很系统（4 层次）

4. 团队合作

愿意与他人合作，作为团队的成员去共同完成一项任务，与那种喜欢独立、竞争工作的人相反，这个素质如能起有效作用，其愿望应该是真切的。具体行为层级分为：

- 具有团队协作的意识。有团队合作的意识，愿意配合团队其他成员的工作，遵循团队的规范和决议
- 与成员建立合作关系。在团队中主动建立和维持与各成员之间的良好关系，对他人表现出明显的关心和热忱，乐意协助他人的工作
- 为实现团队目标做出妥协。在合作过程中，不固执地坚守个人立场，在必要的时候能够做出让步和妥协，甚至放下个人的利益来配合整个团队的活动
- 推动团队合作。积极地推动团队不同成员相互理解、认同与配合，促使团队效率的提高

应聘者行为观察点：

- 是否能注意他人的观点（1层次）
- 他人讲话是否注视，表示关怀（2层次）
- 是否能够适当妥协自己的意见（3层次）
- 是否能协调、牵引各组成员的不同意见，并达成一致（4层次）

5. 自信

即敢冒风险接受任务，或敢于提出与不同的意见。具体行为层级分为：

- 只是附和他人或者被动表达自己的意见，采用不积极的方法表达自己的看法
- 能够表达不同意见，能够接受一定风险内的挑战
- 敢于冒险，能够强烈地表达自己的观点或坚持自己的行为
- 敢冒风险接受任务，或敢于提出与众不同的意见

应聘者行为观察点：

- 是否局促不安、紧张（1层次）
- 是否坦然自若，态度积极（2层次）
- 是否语言表述自然、稳定伴有激情（3层次）
- 是否强烈表达自己的观点并承担责任（4层次）

无领导小组讨论评分表见表5-3所示。

表5-3　无领导小组讨论评分表

评价要素	被评价者							
	1	2	3	4	5	6	7	8
主动性								
沟通能力								
演绎思维								
团队合作								
自信								
评价结果								

评价人：　　　　　　　　　　　评价日期：

评分标准：每个维度4分（参见《无领导小组讨论维度及要点》），满分20分

职场感悟——如何分类管理员工

员工分类

根据能力和态度两个象限，可以把员工分类，如图 5－11 所示：

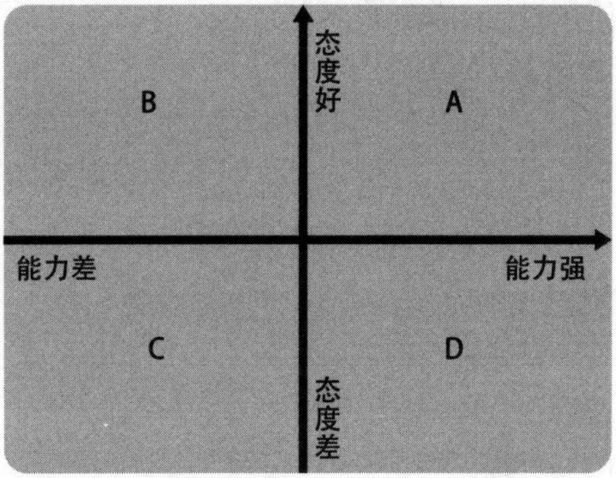

图 5－11　员工分类象限图（能力 & 态度）

A 类：能力强、态度好

B 类：能力差、态度好

C 类：能力差，态度差

D 类：能力强、态度差

几类人员的管理办法

（1）A 类：能力强、态度好

应该好好培养，好好激励，配房配车配秘书。这类员工是公司的优秀员工或者是优秀经理，如果工作在5年以上，基本都在猎头的视野内。所以此类人员能在本公司本部门内工作，是缘分。优秀员工的产出是一般员工的3~20倍。所以此类员工要做好保留和激励工作，好好培养。

（2）B类：能力差、态度好

这类员工对公司的价值观认同感比较好，一般不会损害公司的利益，所以此类员工一定要制定发展计划，好好培养。如果是能力因素确实无法培养，那么安排到合适的岗位即可。

（3）C类：能力差，态度差

此类员工，不用讨论，淘汰即可！

（4）D类：能力强、态度差

这类员工属于“有毒”的员工，如果管理不到位有可能会伤害企业利益，但是小公司可选择的范围小，还不得不用，一定要慎用。如果可以的话，一定要弄明白员工能力强，为什么工作态度不好，发现问题解决问题。如果发现是公司和经理的问题，一定要及时调整。如果发现是员工价值观问题，那么要慎用。

当然，此处分析没有考虑价值观、业绩和员工发展潜力等因素。

第 6 节课

薪酬谈判技巧

薪酬谈判是人才吸引、激励、保留中极其重要而且无法跨越的环节。实际上，薪酬谈判的过程就是面试官与候选人之间的心理博弈。当我们觉得候选人符合企业价值观和岗位的要求，他也愿意加入到公司来，那么就进入谈价钱的环节。对于企业来讲就相当于花多少钱聘用人才。而对于候选人来讲就是他的心力、智力和体力奉献给企业应该取得什么样的报酬。

本节学习内容：

- 常规谈薪案例
- 如何准备薪酬谈判
- 薪酬谈判的三个关键环节
- 谈判策略的四步骤
- 薪酬谈判的五个步骤

一个失败的谈薪案例

人力资源经理：通过几轮面试，我们认为您符合该岗位要求，因此想和您谈谈工资问题。您目前的工资水平方便说说吗？

候选人：目前是年薪 12 万，平均每个月 1 万元。

人力资源经理：我们公司这个职位的基准工资是 7000 元。您觉得如何？

候选人：太低了，现在跳槽的行情基本是工资上涨 20% 左右。

人力资源经理：如果您的业绩较好，我们会发放三个月的工资奖金。正常情况下，奖金发放比例高达 98% 。

候选人：我希望月薪和年薪都能比现在高一些。

人力资源经理：（面露难色）您等会儿，我请示下老板……（请示后）领导希望您能留下来，因此最终决定月薪 1 万，每年年底会有相当于 3 个月工资的奖金，年薪总额是 15 万元，比您现在的总收入高 3 万元。

候选人：这样的话，每个月的工资跟我现在还是一样，我想再考虑考虑。

在与候选人进行薪资谈判的时候，人力资源经理会犯各种错误，包括：

薪酬谈判前没有充分调取收集候选人的薪资总额及构成明细；

一味在具体的薪酬数字上做无效的“拉锯式”谈判；

没有充分挖掘候选人的个人职业目标与生活需求，更谈不上引导候选人关注企业的独特卖点。

这些做法引发的不利影响：

增加新人入职后的固定薪酬成本；

拉大内部新老员工薪酬的差距；

人才入职后的工作动力和激情没有在加盟前被激发出来。

案例之所以产生这样的结果，究其原因是大部分管理者甚至人力资源经理人不懂得薪酬谈判的目的和技巧。

如何准备薪酬谈判

人力资源经理准备薪酬谈判涉及可行性分析，即分析一下这个事情要谈成应该做些什么工作。这里要保证几个条件：

要保证薪酬的外部竞争性，即外部公平

企业招聘员工，应该按照企业的薪酬策略对应的薪酬水平、人才与价格的对等机制，保证企业在招聘候选人的时候，薪酬要有一定的外部竞争性，要不然就可能招聘不到合适的人。现在不太可能出现用 1 块钱买 100 块钱的东西了，8 毛钱都买不到 1 块钱的东西了。而靠谱的套路，可能是你花一块二去买一块钱的东西，所以需要看看企业当下的薪酬水平对于候选人有没有吸引力，如果没有竞争力，要适当调整薪酬水平，或者调整对候选人的能力预期。

要保证内部的公平性

薪酬谈判的结果要体现该职位与人才在企业内的相对价值，就是咱们讲的人才与价格对等机制的公式。即企业内的这些岗位，以及该岗位对企

业的价值贡献，不同的职位之间的比值是不是相等。但这件事情很难做到，多数企业，尤其是一些中小型企业，基本上三两年不长薪，留下来时间越久的、级别越高的人员，薪酬水平跟外面市场相比，越没有竞争力。经常会出现这种情况：招聘到一位跟企业当下用的人能力水平、年龄、资历都差不多的候选人，但是薪酬的水准要比当下在岗人员高50%甚至100%，这就是当下国内好多企业存在的一个真实情况，新人新政策老人老政策，如果员工不“造反”就一直维持着，跳槽成了涨薪的最佳选择。

笔者在南昌的一个人力资源经理人班讲人力资源经理系列课程的时候，谈到薪酬策略，就出现过这个问题。有一个人力资源经理课堂上说：“邓老师，我们董事长从清华大学招来一个毕业生，这个人员的薪酬水平比我们前几年入职的毕业生的水准要高两到三倍，怎么办?”我问她：“你怎么想的?”她说，当时她就不想让这个人来，因为来了之后她没法去平衡。这个现象是当下好多人力资源从业人员的症结所在。老板想招聘高水平的候选人，他也认同这个薪酬水平，但是人力资源经理想阻碍候选人入职，为何，怕下面人不满意会闹，其实完全没有必要。

正常经营的企业每年都会给员工主动调薪，企业根据每年市场薪酬的情况，做个薪酬调查，然后给员工调薪。其实给企业的每一个人，甚至给“笨蛋”都调薪的操作方法是最便宜的用人方式，毕竟外部猎取人才的成本要远高于内部培养，多数企业主不了解人才培养的价值，总认为外来的和尚会念经，总希望从外部猎取人才，内部人只要不跳槽就不会涨薪，这样就造成了老人没积极性、新人得不到信任的现状，特别不利于企业稳定和发展。

回到上边的案例，笔者跟那位人力资源经理讲：你让他尽快入职，这样的人来得越多越好，因为来多了之后，正好企业可以导入薪酬调整机制。因为市场的价格跟咱们企业的用人价格水平是有差异的，薪酬高的人员招聘多了，顺势调整一下本企业薪酬结构也是不错的选择。

归纳一下，薪酬谈判可行性分析的目的是要保证薪酬外部有竞争性，内部还有公平性。

掌握主动权

面试官跟候选人在前期做沟通的时候，方方面面都要了解到。比如离职的原因，他是主动离职还是被动离职，还是就想换个环境，他离职的动机是什么，是为了钱，还是为了职业发展，还是为了有出差或者出国的机会，还是家庭的原因，这个工作离家近，或者一直在外地想换个工作回到本地。另外候选人的能力怎么样，要分析清楚。掌握这些东西之后，面试官跟候选人谈的时候，才能谈到比较理想的水平，哪怕你不能满足候选人的薪酬水平，比期望水平往低了去谈，也不会让候选人感觉到不舒服。

换位思考

如果你是候选人的话，在谈薪的时候，你期望企业怎么跟你谈，你期望获得什么，所以如何准备薪酬谈判这一块，既要分析客观的环境，又要分析候选人和企业的实际情况，同时还要挖掘候选人的内心动机。最终的目的只有一个，就是要预估到结局。面试官这样谈，候选人会有什么样的情况，像咱们这种只能提供 50 分位薪酬的企业，如果期望招聘到技能水平都是 75 或 90 分位的候选人，可预料的结局一般都是候选人不会来。

薪酬谈判要达到两个目标

薪酬谈判要达到两个目标：一是吸引与激励人才，即薪酬谈判的结果要体现招聘职位与人才的市场价值；二是保证内部员工的公平，即薪酬谈判的结果要体现该职位与人才在企业内的相对价值。这两点是薪酬谈判的出发点，必须把握好两者的平衡。

首先，要参考同行业相关职位的薪酬水平来确定薪酬。某些企业的薪酬人员“两耳不闻窗外事，一心只看薪酬表”，不关心、不了解市场薪酬信息，特别是在本企业某些职位的薪酬水平已远远低于市场平均水平的情况下，坚持要求招聘人员以内部的标准去进行薪酬谈判，结果导致“见光死”的现象，薪酬一开出来就把候选人给吓跑了，或者经过一轮“拉锯战”后已经接近市场水平，但是候选人已经在薪酬谈判的过程中产生很大的挫折感，对企业也丧失了原有的信任与信心，最后导致招聘人员“到了嘴边的鸭子又飞了”，这是吃力不讨好的事情。

其次，薪酬要体现候选人本身的市场价值，包括其素质、能力、经验与过往业绩状况。如果候选人经验丰富、能力很强，薪酬水平应相应提高，反之则适当降低。如何科学衡量人才的市场价值，可以分成两个阶段：一是在员工入职之前，二是入职之后。员工入职前，企业对候选人并不了解，这时对候选人的衡量主要就是通过面试及甄选的过程实现的，这个过程的实质就是对候选人与岗位匹配程度的考察。比如企业招聘一名营销总监，经过甄选终于找到一位可以考虑的人选，该人选勉强可以任用，不过还不太满意，但又实在没有完全符合要求的人选，就凑合着用，这种情况就是“人岗匹配度”不够好，薪酬可低一些；另一种情况是候选人的综合素质已经超出任职要求，可完全胜任该工作，这种情况薪酬可高一些。

再次，薪酬的确定要符合公司的整体薪酬体系，包括薪酬的水平与结构都要符合，避免对内部员工造成较大冲击。公司要招聘的是合适的人才，所谓合适就内含薪酬的合适。招聘人员需要维护薪酬体系的相对刚性与稳定性。因此，招聘人员要掌握主动权，积极影响候选人接受公司的薪酬体系。让候选人认识到本企业的管理理念与原则是很重要的，重才而不迁就，明确告知候选人哪些事情是企业可以满足的、哪些是不能满足的，这样才能确保人才真正融入企业、认可企业的管理机制，而非企业管理机制因个人而改变。

掌握定薪策略：离职在职，区别对待

针对已离职人员及在职人员两种情况，企业有着不同的定薪策略（见表 6 - 1）。目前国内较多企业尚缺乏规范性的薪酬体系，在招聘定薪方面缺乏明确清晰的标准，有着一定的模糊性与灵活性。在这种情况下，薪酬谈判是企业与候选人的一种心理博弈过程，企业需要在有效控制人工成本的同时，提高招聘后期薪酬谈判的成功率。

一般情况下，对于已离职的人员，因为工作选择余地偏小，并且有着较大的时间与经济压力，求职目标更倾向于“保级”，心理预期是寻找“相对平衡感”，即与前一工作差不多就行了。因此，定薪原则为：比原薪酬略低、持平或略高，具体按原薪酬的“ - 10% ~ + 10%”区间即可。比如候选人前一单位的薪酬为年薪 10 万，可定出 9 万 ~ 11 万的年薪酬水平。至于这个薪酬区间选择哪个薪点，可以根据一个外在性的指标来确定——候选人可选择的空间：选择空间较大薪酬可适当上浮一些，选择空间较小则薪酬适当下调一些。候选人可选择的空间，可以根据候选人的求职能力、市场的同类职位招聘状况（机会多少）、候选人求职的时间紧迫性等来确定。

对于尚在职的人员，因为其有着更多的可选择性，进可攻、退可守，也没有时间的压力，求职目标更倾向于“晋级”，其心理预期是寻找“相对溢价感”，即薪酬要明显高于目前工作。因此，定薪原则为：与原薪酬持平、略高或明显高于，具体按原薪酬的“0% ~ +30%”区间即可，特殊情况还可适当上浮。比如候选人前一单位的薪酬为年薪10万，可定出10万~13万的年薪酬水平。至于这个薪酬区间选择哪个薪点，也可以根据一个内在性的指标来确定——候选人意愿强烈程度：加入本公司的意愿很强则适当往下定薪，意愿较弱则适当往上定薪。候选人意愿强烈程度指标，可根据候选人对原公司的不满意程度、离开原公司的紧迫性、对新公司的认可程度来确定。比如，候选人是主动应聘的，该指标值就偏高，如果是企业主动猎挖的，则指标值偏低。

相对于离职人员，在职人员的薪酬浮动空间更大，因为候选人会更多地采取砍价行为，以及原企业为了挽留该员工可能会提升薪酬，从而进一步抬升了其议价能力。这类候选人与已离职人员很大的不同在于其存在舍弃成本，即候选人舍弃目前所拥有的东西的成本，包括企业平台、职位与权限、工作环境与同事关系、潜在晋升与加薪机会、年假、奖金、股权、工作地点、家庭关系等。

表6-1　两种不同的定薪策略

候选人状态	候选人的目标、心理预期	定薪幅度	薪点确定	指标备注
离职人员	保级、相对平衡感	-10% ~ +10%	候选人可选择空间定薪必须在该职位薪酬幅度范围内，若低于下限则以下限为准，若高于上限则以上限为准	
在职人员	晋级、相对溢价感	0% ~ +30%	候选人意愿强烈程度	

薪酬谈判的三个环节

薪酬谈判实际上特简单，如图 6－1 所示的三个步骤。

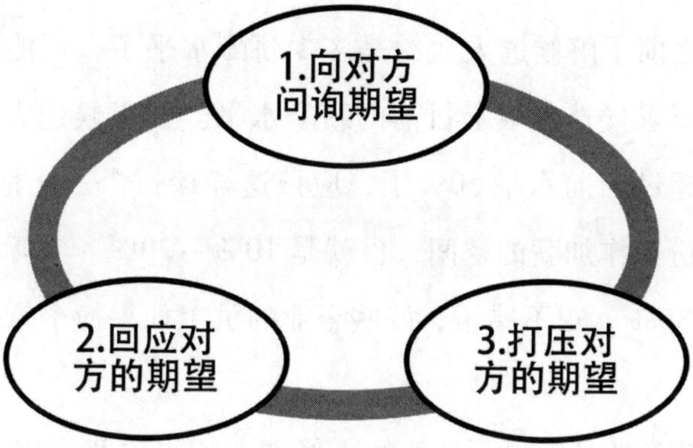

图 6－1　薪酬谈判的环节

- 向候选人问询期望：王先生，你的期望薪酬是多少？
- 回应对方的期望：你想要这么多呀！
- 打压对方的期望，如果说对方期望值过高的话，打压。

向候选人询问期望

一般情况下可以很随意地聊一聊，“咱们刚好说到这儿，王先生，您目前在单位薪酬福利水平是多少？您对薪酬要求的底线是多少，您最低期望是多少？低了多少不能来？”“您期望的薪酬是多少？6 000～8 000 元，还是您有其他想法？”“您觉得自己每年加薪的幅度是多少会比较有激励性？”

尽量在薪酬谈判前期就要做这些准备工作，这样的谈话方式属于春雨润物细无声的套路，貌似是在关心对方，或者是无意中问到。等到候选人适合岗位要求，你再约他来谈的时候，了解与不了解候选人的期望薪酬对于谈薪的效果就不一样了。

回应对方的期望

面试官之前了解候选人大约是多少薪酬水平了，可能在应聘人员登记表里面也要求候选人填上目前的薪酬水平。如果候选人提出来一个要求，你一看超过当前水平 50% 了，应该这样谈："王先生，现在一般情况下，换一份工作加薪的空间，也就是 10% ~20%。实际上一般猎头挖人涨幅能到 30% 就很不错了，好些企业的员工如果换个工作能到 20% 就很好了。"

针对年薪型的员工要帮他算账，候选人如果说我一年挣 50 万，你要问他，你这个年薪的结构是什么样的，因为现在都是岗位绩效工资制，如果候选人的 50 万年薪，基本工资这一部分是 20 万，其他的 30 万是绩效和年终奖金，而我们企业固定部分有优势的话，就比较好谈。

还有一个加法原则，就是你来我们公司之后，大约试用期工资是多少、转正之后能拿到多少、绩效工资什么水平、奖金怎么设计、福利怎么配置，一一介绍清楚。但是不论结果如何，先不要承诺候选人能不能被录取，因为还有很多变数在里边，也不要让对方觉得这个 offer 拿得太容易了。如果是让人觉得 offer 拿得特别容易的话，那可能就成了"备胎"。咱们相中的候选人一般都在找工作时有两三个 offer 在手里，所以这里一定要小心，最好是给自己安排个领导，明确需要再给领导请示汇报一下（哪怕你就是做最终决策的领导）。

打压对方期望

如果候选人提出的期望薪酬比较高，尤其是一些善于谈判的人，到了谈薪这个环节，他一般会提出比他预期薪酬高一些的薪酬额度。所以要打压对方的薪酬期望，压到合理的空间。这种做法主要是对薪酬期望不太客观的人。如果候选人要求的薪酬水平刚刚到你的底线——薪酬幅度的那个底线，直接同意就好了，不要再去压了。因为候选人入职之后，不管企业薪酬保密不保密，员工相互之间都能了解到各自的薪酬水平，他一看自己的薪酬比同岗位都低，心里会不舒服，有合适的机会离开的可能性会比较大一些。

谈薪的时候一定要拆分候选人的薪酬结构，刚工作没几年的年轻人，他甚至把餐补、交通补助、话费补助都加到薪酬里面去，所以这里谈的时候要细心一点，帮他把结构拆解清楚。

告知候选人本企业的定薪原则，同时了解对方企业的定薪原则，询问候选人：你们公司定薪是按照什么标准，是按照岗位、按照能力、按照绩效，还是按照人品？问清楚，交代细致，对本企业将来薪酬调整也有参照意义。

招聘主管可以弱化候选人的重要性，比如："王先生，像您目前技术水平，在我们 50 个研发经理中，大约处于后边 30% 的水准，应该有很大的进步空间"。

打压对方期望需要注意的问题

待遇应当和中国市场的整体行业水平相比较，表明候选人目前的水平在国内人员中大概是什么样的位置。如果实在打压不成就问一些专业的问题，候选人可能回答得比较费劲。当然不建议用专业问题来做压力面试，提问专业问题的目的是为了突出企业对候选人今后的技能培养，表示出的意思是我们请你来是希望你能跟企业共同成长，要给员工成长的期望。

善用第三方的材料打消候选人的疑虑，第三方材料如某年的薪酬报告、某个行业领先企业的候选人提供的数据等，这样让对方知道期望太高了，并且将期望的薪酬和 offer 联系起来。

当然，也可能打压没有效果，因为有些候选人很高明，知道自己能挣多少钱，那可能要最后通牒了：“王先生，您这个薪酬水平已经超出我们公司承受的范围了，我们内部也不好平衡，咱们先谈到这里，您回去再考虑一下，咱们保持联系。”基本上也就这个套路，如果真不行的也就不行了，如果可以商量的话，他可能会跟你的招聘主管或者招聘专员私下里再联系，能接受公司的条件的话他就过来了。

薪酬策略的四步骤

薪酬谈判的四个步骤可以概括为“压拉隐放”四个字。

“压”出谈薪空间

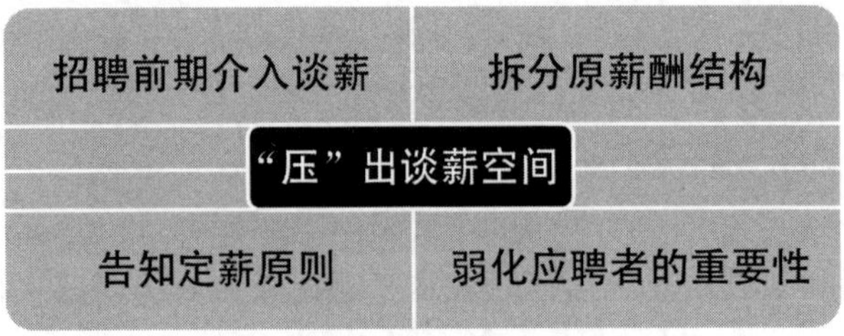

图 6－2　“压”出谈薪空间

“压”，类似于前面薪酬谈判三个环节里边的那个打压（见图 6－2）。

要给候选人适当的心理压力，降低其心理期望值，让对方务实地看待薪酬水平。不是为了打击候选人的自信心，打击候选人的人品，打击候选人的能力，而是面试官要适当突出企业的优势。一般面试官跟候选人电话面试或者现场面试都有话术，需要突出企业的优点，这样谈起来才有把握。

当然你也可以很务实地跟候选人去谈，像阿里巴巴用人部门的经理们，跟员工面谈，先谈阿里巴巴什么样，很苦很难，实实在在的谈，谈之后如果对方没被吓跑，那就谈实际的工作要求。面试要有适当的压力，面试官在与候选人交流的时候，应该体现出专业性，你别整了半天被人家灭了，这样一定不会起到“压”的效果。前面讲过的面试官资格的认证，在这个时候就体现出价值了，面试官是本公司的门面，如果面试官职业素养、专业能力不行，在“压”这个环节估计很难做到位。

在招聘过程中，经常出现招聘人员被候选人提供的原公司高薪唬住的现象，其实薪酬谈判的过程都是信息不对称的，90% 以上的候选人在提出薪酬期望时都会有上浮或夸大的成分，所以招聘人员要敢于质疑其薪酬信息的真实性。这是一场微妙的信息与心理博弈过程，谁掌握了更多信息，就获得更多的心理主动权。面试官可以从以下四个方面入手，获得“压”的原动力。

（1）招聘前期介入谈薪

在初试阶段就渗透薪酬谈判的意识，逐渐了解对方薪酬情况与心理底线。因为初试时候选人竞争对手众多，更加关注公司的整体实力与工作平台，为了获得入场券，他不会把薪酬抬得太高，而愿意做出一定的让步。招聘人员在这个阶段可以尽快锁定对方薪酬，避免其在后面故意抬升薪酬。因此，把薪酬谈判的战线前移，可以获得更多的主动权。另外，在初试时可以告知候选人其原公司有员工在本企业任职（即企业可以随时做薪酬调查），避免候选人漫天开价；还可以预先告知候选人，公司在确定薪酬时会让其提供原公司收入证明（比如工资条）等。以上几种方式都可以给对方一个心理预警与暗示。另外，在招聘前期利用众多候选人提供的信息做好同等职位市场薪酬调研也是很重要的，招聘人员有必要记录并整理好所有候选人的薪酬水平与结构，对于后期与公司薪酬人员、候选人进行薪酬沟通都是很有价值的材料。

（2）拆分原薪酬结构

当候选人提出高薪时，具体拆分其薪酬结构可以分析出更多的信息。一般来说，从较高的年薪拆分出来的固定薪酬不一定也很高，因为相当一部分是浮动薪酬或预期收益，而固定部分是候选人支持日常生活所需的部分，从理论上讲这是候选人能够接受的底线。招聘人员一定要全面了解候选人的收入情况，仔细询问其固定薪酬、绩效薪酬（月、季、年度）、奖金与提成、津贴补助、期权股权、福利等，另外还要问清楚薪酬是税前还是税后的。要重点关注候选人确定可以获得的薪酬，因为这代表了其安全性需求。对于不确定部分作为第二步考虑，这是激励性部分，企业可以考虑用多种方式去满足。

（3）告知定薪原则

有的候选人认为企业可以依据他们提供的原薪酬与期望薪酬来定薪，存在很大的灵活性，由此常常得出企业一定会支付等于或大于原薪酬的结论。这时候，招聘人员需要明确告知候选人，定薪必须遵循公司的薪酬体系，企业在考虑外部竞争力的同时，也会考虑内部薪酬平衡；原薪酬可作为参考，但绝对不是唯一依据；公司的薪酬体系是在严谨薪酬调查的基础上确定的。这其实是通过薪酬沟通明确公司的价值标准，包括：企业的薪酬战略是领先、滞后还是跟随；薪酬目标是吸引、保留还是激励，侧重于内部公平还是外部竞争；付薪参考因素是岗位、资历、能力还是业绩。

（4）弱化候选人重要性

招聘时强调很多候选人在竞争该职位，公司正在比较与衡量，这样可以有效降低候选人谈判筹码。在必要的时候，企业可以点出候选人的不足之处来实现“压价”，比如可使用以下语言：“你的竞争优势是你的薪酬水平要求不算高，而不是你的潜力和经验。如果你要求更多的薪酬，可能会导致我们要重新权衡一下你要求薪水和你所具有经验之间的平衡点”“如果你看到了这份工作的前景、未来的薪酬增长，以及总体的福利待遇，你可以体会出我们的条件是很优越的。当前，你不应该把薪酬看做是我们所提供条件的所有价值”。

拉长企业优势

如果说“压”是为了避短，“拉”就是为了扬长，即突出公司的卖点，弱化候选人对薪酬的关注度。

（1）展现“全面薪酬”

很多招聘人员在薪酬谈判时只为谈薪而谈薪，涉及的内容只与薪酬相关，这其实是很不明智的，因为会让候选人把注意力全部集中到薪酬上，导致企业的很多核心价值点没有被发掘与认识。人才职业转换的影响因素是多方面的，包括公司品牌、工作平台、薪酬福利、工作环境等，招聘人员要提炼出企业尽量多的卖点，逐步展现给候选人，增强其对企业的信心，提升整体的吸引力。这种吸引点越多，在薪酬谈判天平上的筹码就越多，比如公司的规模与品牌、管理体系、工作挑战性、工作权限、工作环境、福利保障等。候选人选择一个企业是综合评估的结果，以上这些项目都是可能的得分点。

（2）描绘发展期望

告知对方在本行业与本企业可获得的发展前景，比如行业增长空间、职业发展通道、薪酬提升等，可以举内部员工的实际例子来说明，引导候选人往前看。要牵引员工看到个人的发展是如何与组织的发展结合起来的，需要强调的是，薪酬不是一成不变的，如果个人能力、绩效提升了，薪酬也有机会得到提升。有些招聘人员认为这些话是务虚的，不需要提及，但正是这些东西反映了候选人的潜在需求，会增强其心理保险系数，帮助其做出决策。招聘人员是候选人了解企业文化与人力资源管理机制的窗口，因此，他需要将公司管理机制（特别在用人方面）的优势与特点传达给候选人。招聘人员首先要对公司有信心，候选人才会对公司有信心，比如你相信公司给候选人的薪酬是合理的、给候选人的平台是不错的，候选人也会相信这一点。

（3）抓住需求点，强力影响

每位候选人所看重的因素都是不一样的，薪酬谈判就要抓住对方最关注的需求点进行重点说服，这往往能够打开谈判的胜利之门。那么如何识别候选人的需求点呢？一方面可以从其离职原因来分析，就是他在原公司不能得到满足的部分，在面试时可以问对方对原公司最不满意的地方，比如薪酬福利、工作稳定性、锻炼机会、工作权限、团队氛围、工作时间与地点、是否加班，甚至试用期长短等。另外候选人的主动提问也凸显其关心之处，抓住这些需求点施加影响、做出适当的吸引举措是很有效的。比如有人很关注试用期的时间与薪酬，就可以采取缩短试用期、缩小试用薪酬与转正薪酬差距等方式，很可能就赢得了人才的信任与青睐。

适度吸引要对症下药。比如说有学习型的员工、事业型的员工、金钱型的员工、成功型的员工，对于这几类员工，你跟他谈的套路是不一样的，见图6－3所示。

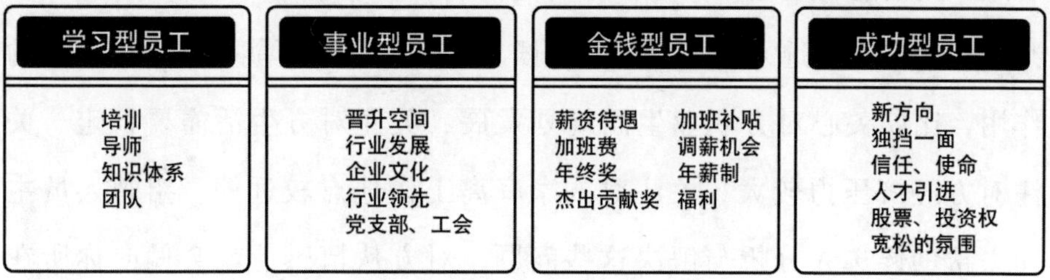

图 6－3　对不同类型员工的“过度吸引”

学习型的员工：要多强调企业的培训，我们内部有导师，而且导师是跨部门的，我们内部的知识体系比较好，课程体系也很好，团队文化也很好。

事业型的员工：要谈在我们企业有什么晋升的空间，行业发展——我们是一个朝阳行业而非夕阳行业。和候选人谈我们是积极向上的企业文化，我们在行业内还是领先的，甚至我们还有党支部和工会。

金钱型的员工：要跟他谈收入，薪资待遇，我们有加班费（好多企业要流氓，经常加班也没有加班费，老板每天晚上 10 点才走）。然后要说年终奖，我们还有杰出贡献奖，还有调薪的机会，年薪制。比如说到总监这个层面，就按照年薪制付酬。还有各种福利，这些东西要说到位。

成功型的员工：这类员工在其他企业已经比较靠谱了，是员工发展的第四个阶段。要跟他说来我们公司后，你可以做一个新的挑战，你可以完全独当一面，公司会给你们足够的信任，并且我们还有人才引进的策略，你如果来我们这，假如你是高工，我们可以把你引进到北京来。再有可以说公司的股票、投资权等。当然如果企业没有这些的话，不能去忽悠候选人。

在施加影响力方面，需要根据候选人的心理状态，设身处地为对方着想，用情感打动他。因此在谈判过程中要软硬兼施，特别是在薪酬谈判进入僵局或候选人犹豫不定的时候，感性的说服可能会起到催化剂的作用，比如关心对方职业生涯规划发展、关注对方生活需要稳定、关注对方经济压力较大、关注对方家庭离工作地点较远等。招聘人员主动去帮助候选人分析与解决这些问题，对方从情感上就会偏向你所在的企业。

引领候选人现场参观，介绍企业文化。如果企业的各种环境都比较好，可以带着候选人参观一下。例如和君咨询的总部，他们的企业文化就做得特别好，总部大楼的每一处都能讲出企业文化的故事来。如果你们企业这一块做得非常好的话，可以让候选人去参观一下。

“隐”去薪酬计算细节

在薪酬告知方式与技巧上很值得注意。我看过一个招聘人员在薪酬谈判时放了一个计算器在身旁，不但告诉对方年薪，还帮对方很详细的计算了其每月税前、税后可以拿到的固定薪酬与每季度的奖金，结果一算出来，候选人在直观上就觉得薪酬太低，当下就否决了该公司。这种做法是很忌讳的，很容易把候选人的关注点引导到狭隘的数字比较上去。

如果企业薪酬不是很具备市场竞争力，可以告知候选人一个具有竞争力的数据（年薪或者月薪），其他相关数据仅告知候选人薪酬结构与计算方法就可以了，比如固定与浮动部分的比例以及发放时间。所以，在薪酬谈判时尽量用比例与结构说话，尽量少用数据来说话（除非是很有利的数据）。在介绍福利时，也尽量展现福利的项目，而非具体额度。

“放”慢薪酬谈判节奏（图6－4）

图6－4　放慢谈判节奏的方法

（1）由下往上分区间谈

当确定薪酬范围后可以从“下三分之一区间”开始谈，如果候选人存在较强烈的异议再逐步过渡到“中三分之一区间”与“上三分之一区间”。这个过程招聘人员是从“求”的角色转变为“施”的角色。谈薪的起点非常重要，因为它定的是一个“基调”，具有“不可逆”的作用，如果初步确定的薪酬与最终确定的薪酬相差过大，会导致候选人的挫败感与不信任感。

（2）设定冷却期

一般薪酬谈判都要经过两三次以上，并非一蹴而就。在每一次薪酬沟通之后，如果候选人有异议并要求薪酬提升，招聘人员不应立即回复，最好有1～2天作为缓冲，让对方知道企业的薪酬调整需要内部审批，制造一种艰辛得来之感，让对方自动降低期望。当薪酬明显超出公司薪酬标准时，可要求对方提供原单位薪酬记录（工资条、银行卡记录），或坚持薪酬底线，中止薪酬谈判，给对方一定的考虑时间，隔一段时间再询问其意向，同时继续物色其他候选人。

（3）最后通牒

在候选人要求的薪酬与公司的标准有较大差距、公司较难满足的情况下，可以要求对方给出薪酬的底线，并明确告知对方，自己会进行特殊薪酬申请，但如果公司不同意就会放弃该候选人。招聘人员可以这样表达：

"现在我不确保我们可以争取到这个水平，但在我争取之前，你是否可以给我们 100% 的保证你会接受我们的 offer。你知道，我需要说服相关的人员来同意薪酬的变化，除非你不会再有别的要求并且绝对接受我们的聘请，我才会为你再努力一次。"

招聘人员需要注意的是，除非自己可以百分之百确保薪酬提升的申请可以得到批准，才可以使用这个方法，最好在高层已经同意的前提下使用该技巧，但绝对不要把这个消息透露给候选人，直到他们肯定准备接受聘请。这个方法可以将候选人选择其他同等水平竞争对手的概率降低到最小，并且有效地阻止了候选人的再次讨价还价。

薪酬谈判五个步骤

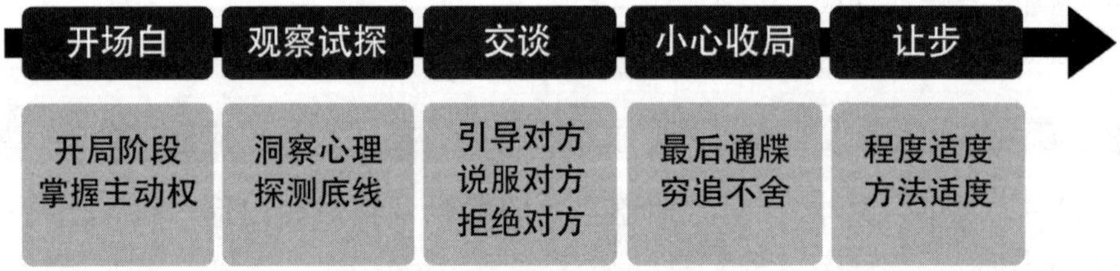

图 6－5　薪酬谈判的五个步骤

- 开场白：开局阶段，掌握主动权
- 观察试探：洞察心理，探测底线
- 交谈：引导对方，说服对方，拒绝对方
- 小心收局：最后通牒，穷追不舍
- 让步：程度适度，方法适度

开场白

1. 正确处理“破冰”期，营造适宜谈话氛围
2. 不要急于进入正题，但话语不要“唠叨”
3. 行为、举止、言语不要太生硬

图 6－6　开场白：开局阶段掌握主动权

开场白一定要掌握主动，正确处理“破冰”期，营造适宜环境（见图 6－6）。候选人之前应该来过公司几次了，几轮都谈完了，到公司谈薪的时候，至少也是第二次，谈的时候要适当地去营造一个比较好的环境。比如问怎么来的、堵不堵、热不热、喝茶还是喝咖啡等，让候选人放轻松，不要那么紧张。不要急于进入话题，但是也不能太唠叨。你问得差不多之后，说：“王先生，前面谈得比较愉快，包括工作岗位的匹配度、经历、技能都不错，这次咱们主要谈谈薪酬。”说话的时候不要太认真，或者太生涩，让人觉得不舒服，包括你的行为举止、言语都不要太生硬。诙谐一些去谈，这样会比较舒服，也容易掌握主动权。当然要把 offer 跟薪酬这块挂钩。

观察试探

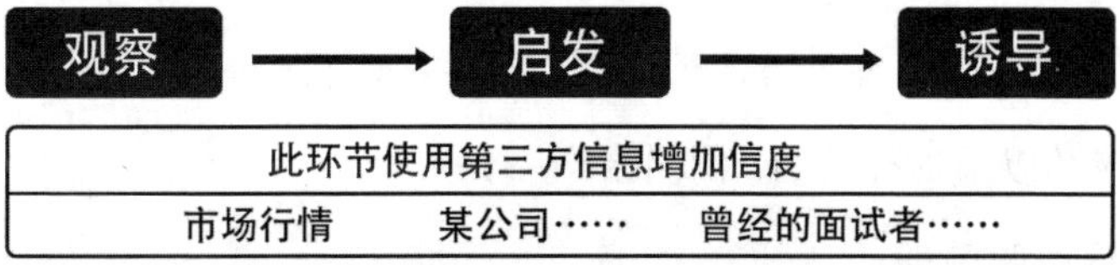

图 6－7　观察试探

谈的时候要先观察，观察对方，通过谈话、放松之后，看看他到底是什么状况（见图6－7）。经过前段时间的面试过程，他是骄傲了？踏实了？还是降低身价？适当地做做启发，用事业、用感情、用职业发展吸引对方，最好能洞察对方的心理底线。所以薪酬谈判一般都是人力资源经理人在谈。谈的时候，需要懂点心理学的知识。

观察试探环节可以使用第三方的信息增加信度。第三方信息包含年度薪酬调查报告，还有一些行业的薪酬数据，这样能保证候选人觉得本单位是靠谱的。或者说阿里巴巴、百度、IBM的人来单位应聘，他们的薪酬水平是什么样的，此环节要引入这些数据。候选人会到不同单位去面试，如果谈到的数据真实，候选人会觉得这方面你懂行。候选人谈薪的时候基本上就高不就低，如果谈得有理有据，他也会客观接受。具体来讲，市场行情、某公司曾经面试的候选人提到的数据，这些都可以作为本环节的谈资。

交谈

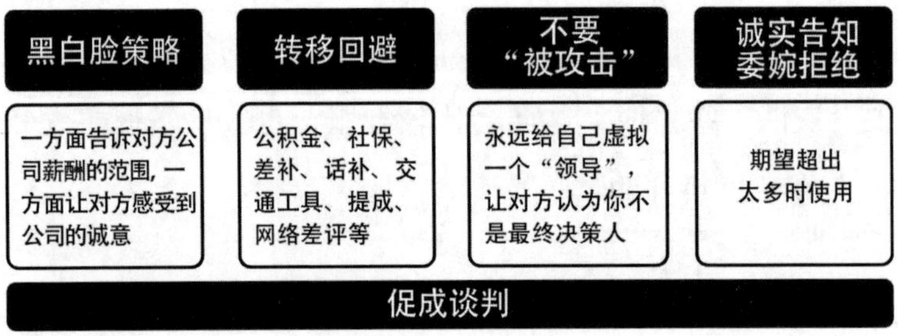

图6－8　交谈

此环节引入公司内部信息扩大效度，然后引导对方、说服对方、拒绝对方，会涉及以下四个方面（见图6－8）：

（1）黑白脸策略

一方面告诉对方公司的薪酬范围，同时让候选人感受到诚意，比如：

拟聘岗位年薪是 8 万到 10 万，现在已经谈到 9 万 8 了，这个水平的已经最高的了。

（2）转移回避

如果候选人上家单位没有公积金只有社保，或者社保还是按最低缴纳的，我们这块公积金和社保都是按最高缴的。我们出差补助、话补、交通补助、提成、网络差评都没有，用这些东西去加加分。

（3）不要“被攻击”

永远都要给自己拟定一个“虚拟领导”，让对方认为你不是最终决策人，不管对方要求高还是低，回头都需要向“领导”汇报一下，不要说这事你自己就能定了。

（4）诚实告知，委婉拒绝

如果对方的薪酬期望值超出太多的时候，面试官应该诚实告知，委婉拒绝：你的期望我们会考虑，但结合现在人才市场的情况，我们提供的薪酬范围是这样的，你可以再考虑考虑，3 天之后给我们个答复。

谈薪的目的是要吸引对方、说服对方，如果实在不行面试官要拒绝，不能求着候选人。这里要引入内部的薪酬信息，我们公司内部信息是什么样的、薪酬水平是什么样的，以提高信度。

小心收局

1. 不动声色	不论结果如何，不在当场给予回应（最终结果我们会再电话通知）
2. 最后通牒	态度强硬，语言明确（不能用大概、可能等模糊词汇）
3. 穷追不舍	适当的时间致电询问对方（例如：考虑的如何？）

图 6-9 小心收局

在薪酬交谈的尾声，不论结果如何，都要不动声色，不要当场给予回应（见图 6 – 9）。不论谈完之后薪酬是高是低，都要说我们会最终给您一个电话通知，我们内部还要研究一下。最后通牒时，态度要坚决，言语要明确，不能用“大概”“可能”之类的词语。

适当让步

最后通牒后，过三五天或者一周打电话问一下候选人：你考虑得怎么样了？如果候选人能够接受公司的条件，这个时机是最佳时机，如果双方交流愉快，可以做适当的让步。否则只能放弃了。

【谈薪案例加强版】

案例一

根据薪酬谈判的策略可以把本节开头的案例重新设计如下。

人力资源经理：通过沟通，我们认为您符合该岗位的任职条件，现在谈谈工资问题吧。据我们了解，您目前的年薪和月薪在行业里面是很有竞争力的，为何打算离开？

候选人：工资只是我选择工作的一个方面。

人力资源经理：越是高端的人才，工资在他工作选择中所占的比重就越低，我们正需要您这样有事业心的人才。您的年薪平时是怎么发的，固定部分和浮动部分分别是多少？

候选人：每月固定薪酬 7 000 元，剩下的 3.6 万年底作为年终考核奖金发。

人力资源经理：年终考核奖金与什么因素挂钩？去年实际发放的比例是多少？有无其他福利收入？

候选人：奖金发放与工资、部门的业绩及个人业绩相关。过节费大约每年2 000元左右，保险和公积金的基数和比例都按照国家规定执行。

人力资源经理：您目前的收入属于中等偏上水平。我们公司正处于事业发展的上升阶段，每年的业绩复合增长率达到50%以上。为打造一支共同创业的稳定团队，我们不以短期工资收入吸引高端人才，而是通过各种措施保障与员工一起分享公司发展成果。按照我们公司目前的工资标准，一般刚入职时定级在5 000~6 000元间，您这个职位的基准工资是6 000元。对您的工资结构，我们的建议方案是：①月工资6 000元，其中基本工资4 000元，岗位津贴2 000元；②奖金与部门业绩和个人绩效挂钩，如果工作目标全部实现，奖金总额在5万左右；③节日补贴福利和社保公积金按照公司相关规定发放。

候选人：我觉得比较低，如果加入贵公司，我希望工资和岗位津贴之和不低于7 000元。

人力资源经理：对您这样的高端人才，这个工资水平虽然不高，但这个平台对您的发展非常有利。我们很少与员工商谈工资，我也无权更改工资方案。您稍等，我请示一下……

（请示后）事业部总经理对您非常认可，期望您成为最出色的项目主管，因此破例改变原来拟定的工资方案，将岗位津贴由2 000元调整为3 000元，加上基本工资正好是7 000元。但是，3个月的试用期内只能发6 000元，希望能尽快看到您的能力和价值。

候选人：好的，我争取在两周内报到。

这算得上一次成功的薪资谈判，不仅运用合理的企业薪酬成本激励人才主动加入公司，也满足了人才的期望。薪资谈判成功的关键，在于人力资源管理者充分挖掘候选人的个人职业需求——对事业的追求，并且针对此需求放大了公司相应的卖点。

案例二

个人情况：

27 岁，男性本科，非京籍。租房，未婚，父母退休，工作经历目前在职。在某 IT 公司有 5 年的软件开发经验，毕业至今换过一次工作，目前收入是 9 000 元，然后季度有 2 000，一个月的年终奖加四险一金。离职动机：内部晋升空间低，团队文化散漫，想接受新技术，找大公司稳定发展。期望的目标是 12 000 基本薪。

用人单位的情况：

第一，在行业内具有较高的知名度和影响力，与竞争对手相比，薪酬不属于领先竞争的位置。

第二，实际上一般大公司，薪酬水平都是 50 分位上下，但胜在公司对待员工比较人性化。

第三，目前企业处于高速发展期，发展非常迅速，职业发展机会比较多，前景好。

第四，公司有对员工的长期激励计划，即设有虚拟的股权。

第五，有机会快速成长为组长，那就有上升空间。如能稳定成长，将成为公司的核心技术人员。

第六，有加班工资，奖金按照月度考核发放。

该岗位已经发布两个月了，一直没有合适人选，前来面试的人不是经验不足就是薪酬要价过高，而现在岗位空缺越久部门给你压力越大。当下这个求职者各方面都比较适合，前期通过面试测评，基本素质也行，现在就是谈薪酬。你们公司的公积金需要自己缴纳，如果你是面试官兼薪酬谈判人员，你会怎么谈？问题如下：

- 你的理想录用目标，薪酬是多少
- 为了达到你的目标，你准备了解哪些内容

- 你的打压策略和吸引策略分别是什么

总之，薪酬谈判是一门科学，也是一门艺术，需要勇气与智慧并存，它源于对双方信息的充分把握、对双方心理的准确捕捉，公司人力资源经理要以充足的信心、坚定的立场、开放的思维、亲和的态度，有理有利有节地进行沟通，才能达到薪酬谈判的成功！

【附件一】薪酬谈判正方之《薪酬谈判技巧十大招》

一、企业要规范不同职位的薪酬职级

企业需针对不同岗位制定统一的《薪酬职级表》，规范企业内部的薪酬管理体系，确保薪酬内部的公平性和外部公平性。另外，企业要通过科学的薪酬调查，根据企业人才战略和薪酬战略及时维护《薪酬职级表》，确保《薪酬职级表》的科学有效性。

二、巧用面试登记表

求职者在填写《面试登记表》的时候，需要填写以往工作经历中的薪酬待遇，HR 部门需认真分析以往经历、职位和薪酬的匹配性问题，这些都是薪酬谈判的基础信息。求职者在填写《面试登记表》时需写明“期望薪酬”和“最低可接受薪酬”两栏信息，通过这两条信息的对比可以分析求职者的紧急程度，这是企业开展薪酬谈判的法宝。

三、注意薪酬谈判时机

企业在初试的时候，要避免一开始就和求职者谈论薪资，只有对求职者有充分的了解，同时让求职者对企业及招聘岗位有一定程度的认知，进入复试环节之后才可以谈薪。当双方的沟通还不够时，招聘方盲目说出薪酬数据会降低谈判成功的可能性。

四、深入研究不同岗位人才供求关系

市场供求是决定人才市场价格的关键要素，对于人才供不应求的职位，人才薪酬待遇会很高；反之，对于人才供大于求的职位，人才价格会低一些，这是人才价值最核心的市场规律。企业招聘人员要深入分析人才供求关系，只有掌握不同岗位的市场行情和供求关系，才能为企业薪酬谈判留出更多的谈判空间。如果求职者条件优越，企业在给薪方面必须大方一些；如果求职者只是条件符合人选之一，企业则可以把薪资压低一些并且延后谈论薪资的时间，以获得薪酬谈判主动权。

五、巧用薪酬待遇范围的概念

企业在招聘中常常直接询问求职者的期望待遇。一般而言，求职者都喜欢多要一些（把自己“卖”个好价钱也是人之常情），可谓薪酬待遇“多多益善”，这是人的本性使然。有些企业喜欢在招聘之初就公布职位的薪资范围（例如直接在招聘广告中写明），这种做法有利有弊，对于普通大众化职位的影响可能不大，但对于中高级职位来说，公布薪酬有时会对企业造成不利影响。如果求职者询问企业招聘岗位的待遇情况，招聘人员适合采用的方法是，告诉求职者薪酬的范围下限以及中间值（注意千万不要给最大值，否则就没有薪酬谈判的空间了）。

六、通过有效沟通方式引导实现薪酬预期

企业招聘员工的过程，本质上是“采购”的过程，即以最合理的价格招聘到最合适的人员。企业在谈薪过程中，更重要的是对求职者清晰描述企业的发展前景、薪酬待遇方面具有竞争力和吸引力的地方（企业薪酬特色福利，特别是企业崇尚“多劳多得”的价值观以及企业代表案例），同时将企业薪酬的亮点告诉对方，尽量避免一开始就将企业的薪酬待遇底牌亮出。一个求职者更加心动的发展情景、更加公平的用人机制以及更加科学的薪酬待遇结构，会让求职者提升对企业的满意度，一旦求职者对企业

的满意度提升了，对薪酬的期望自然也会降低。企业在谈薪过程中，要特别注意以下三点：

1. 要向求职者清晰阐述企业的薪资结构，要了解求职者的期望薪资和曾经的薪资，同时要清楚同类人才的社会薪资水平。企业通过全面充分的调查可实现“知己知彼”，从而掌握谈薪的主动权，在与求职者谈判时，可以降低求职者的心理预期，使求职者主动降低薪资要求。

2. 要和求职者清晰阐述企业的报酬不只体现在薪资上，还涉及若干福利，例如可以阐述企业“整体薪酬”体系，虽然职务的基本底薪比候选人的预期低，但是企业的佣金及年终奖比一般企业高，要让求职者看到努力之后的奋斗价值，以增强薪酬待遇的吸引力。

3. 在薪酬谈判时要及早掌握求职者最关心的是什么，要了解他们重视的其他条件。对于某些求职者而言，弹性的上下班时间，企业的良好发展平台（良好的发展前景、良好的培训机会、人性化的管理环境），公司能给解决户口等，虽然不是直接薪资报酬，但对于求职者而言可能是更加在意的方面。

七、善用心理战术

无论是多么紧缺的人才，在薪资谈判阶段都不能操之过急，要充分利用时间的纬度来解决问题。人才的薪资要求比企业的薪资水平高出很多时，也不要轻易放弃，必要时也要出点难题考一下。例如有一位经理看上了一位优秀的人才，非常想录用，但求职者的要价很高，自信心太强。于是，他在谈判过程中出了几道专业领域里的尖锐难题，结果求职者答得不好，自信心锐减，就这样薪资很快谈下来了。所以薪资谈判是心理战，更是耐力战和智慧战。

八、谈薪的态度应该诚恳

薪酬谈判的目标不是把薪资压到最低，而是为企业找到最合适的员工。企业如果在谈薪上耍了太多的花招，例如，误导求职者将来加薪幅度很大，只求把求职者先说进门。这样即使求职者当时勉强接受过低的薪资，以后也会因为薪资确实不符合他们的需求而伺机离开。企业虽然暂时省了些钱，但是将来会付出更加高的代价。如果求职者目前的薪资高于企业预定的最高薪资，招聘负责人应该立刻诚实告知求职者，以避免浪费双方的时间，有时候求职者会因为喜欢工作内容等原因而降低薪资要求。

九、欲擒故纵法

对于漫天要价的求职者可采用“故意降低法”，在企业认为可行的薪酬范围内选择最低待遇，通过有效引导把求职者可接受的最低待遇“底价”摸清。事实上，如果招聘负责人的招聘经验足够丰富，对于面试人员的薪酬待遇，他心里是有数的，当求职者把他的底线亮出来以后，招聘人员再进行薪资谈判就轻松多了，如果他同意这个薪资，企业可以采用“多付一点点”的方式结束谈判。

十、务必谈好薪酬待遇，达成君子协议

此招是企业薪酬谈判的撒手锏，招聘负责人务必在求职者入职前谈好试用期考核与薪酬待遇的关系（企业可制定统一的规则并且明示给求职者）。企业不怕高薪高能者，怕的是高薪低能者或者浑水摸鱼者，将这类人招进来会影响企业的发展。

【附件二】薪酬谈判反方之《应聘人员的谈薪策略》

一、不要轻易说出你以前的薪资水平

一位经理就因为这个举动，丧失了主动争取高薪的机会，面试伊始，她向招聘经理说出现在的薪资水平，表示她的技能和经验被低估了。结果，招聘经理因此降低了她的工作技巧评级，并根据此级别定义了她的薪资标准。

二、过早讨论薪酬时，要采用策略避开

如果候选人被问及“你现在拿多少薪水”“你期望的薪水是多少”，不要正面回答，可以回答招聘方这个职位的薪水处于什么范围之内。这样，可以促使招聘方公开他们认为的合理水平，一般这个范围会高于你预料的结果。

三、不主动呈报你的薪酬记录

招聘者常常将薪酬问题作为一个工具，去筛选职位的申请者．如果你报价过低，你的评级将会被降低，从候选者行列中被删除。当招聘者坚持让你说出薪酬数额，你可以选择在行业薪酬报告中提到的该职位的薪资范围。

四、不要撒谎或者夸大你过去的薪酬数额

申请函是有法律效令的文件，如果你伪造真实数据，可以被解雇。

五、让招聘方提供正式的通知信

信件中说明双方达成的结果，确保你可以获得约定的薪水、福利和额外的津贴。

六、要敢于尝试

有潜力、有希望的候选人常常将他们的价值量化，并争取更高的薪水。这个策略往往给他们带来更多的回报。

职场感悟——好的公司福利需要从心出发

业界非常有名的一家公司，班车是下班后30分钟发，公司免费晚餐是下班后1小时开始，加班2小时才算加班，公司有完善的娱乐休闲设施，加班累了可以随意使用，公司有4星酒店水准的员工宿舍，夜宵11点开始……

按照以上的流程，基本上员工可以衣食住行都在公司了，貌似很合理很有诱惑力。可是从员工福利的角度出发，这些福利特别适合年轻未婚未育的员工，或者孩子已经上了大学的员工。不太适合已婚已育的青壮年员工，因为他们下班之后必须回家接孩子、辅导孩子、陪孩子、做饭洗衣等。

所以，企业的福利（不包含法定福利）最好满足三个条件：项目可选、保障健康、财富保障。

项目可选

（1）福利项目

补充医疗、补充养老、休闲度假、培训学习、年金、岗位轮换、弹性工作时间、带孩子上班、带宠物上班、身体检查、家政服务、交通补贴、通信补贴、生育补贴等。让员工有的可选，最好可以打包提供，员工根据个人爱好、年龄阶段、实际需求等自主选择，这样的福利才是有效的福利。

有些公司的老板本身就是网红，过年过节总部员工加个班提供个工作加餐，老板个人还在网上晒来晒去的，而实际情况是总部以外的其他区域连个加班盒饭都没有，这是不可取的。

（2）考虑员工年龄

表 6－2

20～24 岁	工作任务	福利	工作所需的资源
25～34 岁	职业发展机会	工作所需的资源	工作任务

根据员工不同年龄阶段配比不同的项目，督导员工前行（见表 6－2）。

（3）考虑员工的工作年限

表 6－3

<2 年	工作所需的资源	工作任务	职业发展机会
2～5 年	职业发展机会	福利	工作所需的资源
6～9 年	职业发展机会	人力资源系统	认可和表彰

给不同服务年限的员工以荣誉感，配比合适的职业发展和福利项目，认可员工的价值和对企业的贡献（见表 6－3）。要记住工作本身是对员工最大的激励和福利！

健康保障

员工越健康，工作越有精神头，所以要组织公司的健康保障活动，比如周末远郊、马拉松、羽毛球、足球、篮球、游泳（如果身材好）等。最好让员工自发组织，公司提供部分费用支持，让员工自己对运功上瘾。同时在公司或者附近设置锻炼的设施和场所，给员工缴纳健康和意外保险。

财富保障

我服务过的一家单位，曾经发起了一个员工福利基金，员工可以自愿出资放到公司的基金池内，按照 15% 的年化利息付息，每年定期支付。到期如果不愿继续出资，可以自愿撤回。这样的话，如果员工个人有 300 万资金，每年利息 45 万，相当于家里又多了一个上班的人。

让员工吃得好玩得好，让员工身体健康，财富有保证，这才是好公司。如果员工在一家单位工作几年，工作的环境中积累大量的人脉资源、项目资源、技能提升，员工离职后可以创业发展，这样的企业更是好企业。

第 7 节课

入职和试用期管理

经过面试的层层选拔最终确定了候选人，紧接着就该给候选人办理入职手续了。候选人办完入职手续后就进入到试用期的管理期间。新员工的入职和试用期管理是人员招聘，尤其是外部人员招聘的最后一个环节。很多人认为把候选人招进公司，整个招聘流程就已经结束了，其实不然，入职和试用期内的管理工作同样重要。笔者根据实际工作经历做过粗略的统计：员工的离职50%以上发生在试用期内。所以为了保证招聘工作的前期成果落地，入职和试用期的工作一定要精细务实。

本节学习内容：

- 入职前的准备
- 新员工入职管理
- 新员工试用期管理

入职前的准备

新员工入职后普遍面临如下问题：

- 陌生的同事
- 陌生的工作环境
- 对能否胜任新工作感到不安
- 不熟悉公司法令规章
- 惧怕遇到奇葩的上司
- 对公司发展的前景不了解

由于首因效应的影响，新员工往往会在入职后的几个小时或几天内形成他们对组织的认识和评价，这个认识和评价将直接影响新员工以后的工作和人际关系。同样，组织的老员工和主管也会在这段时间内形成对新员工的第一印象，并且这种印象很难改变，将直接影响他们对新员工以后工作的评价。所以在这个时候新员工、主管人员及老员工都应给对方一个好的第一印象，在新员工自己努力融入这个新的组织的过程中，主管人员和老员工也应对他们进行主动地接纳。人力资源部门作为“红娘”一定要牵好线、搭好桥。

所以，做入职准备的有三方：员工、人力资源部门和相关的用人部门。

员工的入职准备

经过多轮面试，终于可以加盟心仪的公司了，公司人力资源部和用人部门也对候选人很满意。无论后面工作怎样发展，这一刻员工是真的愿意在公司有个长足的发展。为了长久计划，员工在新公司新岗位报道后，需要注意的地方罗列如下：

（1）准备好入职用品

收到公司入职通知 offer、邮件或者电话后，如果公司让做入职体检，记得入职时需携带入职体检单。另外人力资源通知入职的时候会让新员工携带一些证书复印件，入职时建立内部档案使用。除了这些，还需要携带些私人物品，比如面巾纸、水杯等必需的物品。

（2）整理工位

到办公室之后，会有自己的办公桌，办公桌上文件和物品要摆放整齐，手机放在办公桌的抽屉会比较好。另外，如果有离职同事交接的办公文件夹、电子交接文档，或者办公用品等必备专用物品，要尽快拟出单子和主管说明，然后及时申领。

（3）岗前培训注意事项

一般公司的入职手续都是在人力资源部办理，相关手续办理有一套固定的流程，入职当天按照流程完成即可。要注意的是公司的岗前培训，一般包括两个部分，一是公司的规章制度，二是岗位的了解和熟悉。对一些应知应会的内容 HR 会做系统的培训，记得务必要参加，考核务必要通过，要不然该闹笑话了。

（4）主动熟悉环境

熟悉环境、融入部门的具体要求是：熟悉办公室地图，摸清各部门的办公位置，关键岗位人员的办公地点；熟悉公司周边环境，了解吃住行玩等设施；熟悉部门同事，知道各自核心职责并明确工作交叉内容和协作流程、方式；明确自身试用期主要职责和考核要点，知道周计划、月计划和周总结、月总结撰写内容和方式。

（5）建立并撰写岗位备忘录

岗位备忘录的内容包括明确岗位职责、记录工作内容、总结职场错误。明确岗位职责，是指新员工要与上司确认岗位责任、工作内容、工作流程、所需资源、对接同事等内容；记录工作内容，是要明确岗位核心工作、常规工作、临时工作、部门支持工作等分级内容，按时记录怎么做、注意事项；总结职场错误，要记录岗位容易犯的错误、个人所犯职场错误，写下犯错情境、个人当时所想、犯错的原因、改善的对策等。

（6）成为“企业人”

学习企业专用术语，在高层影响下会产生公司通用的“专有名词”，记录并熟记，口头交流或书面汇报时使用；学习公司特有工作流程和要求，如调研、汇报、计划与总结等方式，力争符合规范；学习部门沟通风格，研究上司或同事的特有名词，使用“共同语言”。

（7）了解新员工价值贡献周期

形成期（3 个月试用期为主）：熟悉公司、岗位、同事等。

积累期（3～6 月）：基于工作任务与上司磨合、与公司共舞中提升资源使用能力。

保值期（6～9 月）：保证胜任岗位工作，不失误不犯错为上。

增值期（9～12 月）：做好本职工作，创造岗位价值。

（8）建立人脉备忘录

记录领导：各部门大大小小的领导，别认错、叫错。

记录接口人：与工作相关的人。

记录办事人：行政、财务、网络、车队等支持者。

记录牛人：公司各方面的“才子佳人”，以后求助用。

按照头像、座位、岗位、亮点、特点、联系方式建公司人脉备忘录，随用随查。

(9) 建立个人能力档案

自我管理类能力：如何控制自己的言行、情绪、时间，如何培养习惯，如何培养自己等。

人际类能力：如何了解人、识别人、影响人等。

办公类技能：网络连接、打印、系统安装，电话沟通，邮件发送，打印机复印机使用等。

做事类能力：汇报、计划、组织等。

(10) 注意事项

新员工遇到不会的、不熟悉的工作和问题要及时询问，即使没有人回答你，你也要厚着脸皮继续问，毕竟不是每一个同事都会无私奉献自己的岗位知识。

新员工职业生涯管理的成长任务重在“融入”和“投入”，新员工要主动了解企业概况、企业文化、组织架构、公司成员、公司产品、公司客户等信息，以便更快融入企业，成为“企业人”；要了解部门职责、领导风格、部门成员、岗位职责等，以便融入战斗团队，更好地投入工作。

人力资源部的入职准备

招聘到新员工之后，并不意味着新员工就能顺利融入这个新的团队。能否融入则直接关系到他以后的工作绩效和稳定性。

人力资源部是新员工进入公司首先接触的部门，也是新员工入职管理的部门，所以人力资源部在主动接纳新员工的工作中应该做好如下工作：

(1) 入职体检

入职体检是专项体检之一，旨在通过体检保证入职员工的身体状况适合从事该岗位的工作，在集体生活中不会造成传染病流行，不会因其个人身体原因影响他人和工作的开展。入职体检有相对固定的体检项目与体检标准，选择专业体检中心能保证体检质量。入职体检内容较为简单，所以不能完全代替健康体检。

入职体检是现在公司很注重的一项，入职体检不仅是对公司负责，也是对员工负责，所以人力资源部要根据岗位的需要设计好体检项目。

（2）入职资料的准备

首先，给员工发放offer。当然一般在企业内，offer要经过审批才可发出，公司领导需要依据流程做审批，在这个环节，有的时候还会出意外。

其次，准备劳动合同、保密合同。要按照国家规定的正式版本，也可以根据公司内部的一些要求做一些条款的修正。

再次，协调好工位，不能人来了再去找工位，显得特别不严肃。当然，如果公司管理比较规范，在人员入职前给相关部门发新员工入职通知，各部门接到通知按要求准备即可。

最后，提前规划新员工的入职培训事宜。

（3）安排岗前培训工作

新员工进入公司后，要对新员工进行岗前培训，培训内容应包括企业简介、企业文化、员工手册、产品知识、岗位技能等，对于关键岗位及管理岗位还应有个性化的培训计划，培训合格后，方可上岗。一些企业新员工进来后，没经过培训就上岗，有的即使培训了也是走形式，这都是非常不可取的。

（4）帮助新员工熟悉环境

新员工刚到企业，首先需要熟悉办公环境、人际氛围，才能更好地融入企业。因此，在新员工参加岗前培训前或培训结束后，人力资源部和直属负责人要带领新员工参观办公区，了解企业的整体布局情况，增加新员工对企业的信赖感；带领新员工一一走访在工作中必须打交道的人员，利于新员工开展工作；新员工到部门报到时，部门负责人要组织新员工欢迎会，创造和谐的工作环境，使新员工尽快融入团队。

（5）明确新员工考核标准

在签订劳动合同的时候，要明确试用期内达到什么考核标准可以转正，让新员工清楚自己阶段性的目标在哪里，而不是糊里糊涂。考核标准是新员工转正的重要依据，部门直接负责人、导师要尽量帮助新员工达到考核标准，顺利转正。评价要分阶段进行，而不是等到试用期结束的时候再评价，评价既要关注过程，更要关注结果，评价结果要及时告知新员工。新员工本人认为自己已达到考核标准，也可提出转正申请。

（6）为新员工指定导师

导师是新员工的教练，是新员工的师傅。一些企业虽然引入了入职导师制度，但大部分流于形式，这是非常可惜的事情。企业要想把入职导师制度做到位，必须注意两点：

一是要选对人。“教会徒弟，饿死师傅”，这是国人的老传统。因此，入职导师要具备热情、奉献、岗位技能熟练等要求，而不是随便找一个人就可以了。

二是建立评价机制。新员工试用期考核达标，导师可加薪、晋升、获得培训机会等，如考核不达标，则取消入职导师资格，但这都需要完整的人力资源制度做支撑。

（7）做好新员工关怀工作

试用期内，人力资源部及直接负责人要定期或不定期和新员工保持沟通，了解新员工与岗位的匹配度，面临哪些困难，工作表现优秀和不足的地方在哪里，有哪些后顾之忧等。沟通的目的是及时了解新员工思想动态，以便有针对性地进行辅导或帮助，让新员工顺利转正。

(8) 注意事项

任何职位在入职前，公司都会与员工约定好以下一些内容，如果没有约定好，一般不会发出 offer 并顺利入职。

- 薪资福利

公司虽然有薪资等级制度，但根据面试情况，仍然需与面试合格者商定工资（包括具体数额、职等、薪级、加班底薪）、奖金（平时奖金、全勤奖、年终奖、工龄奖、加班奖、质量奖、超产奖、月度优秀奖等）、福利（五险一金的基数、电话费、交通费、住宿费、餐费、劳保用品等），其中涉及不少细节，由相关工作人员给予解释即可。

- 试用期限

目前大多数企业选择与员工第一次签订为期一年的劳动合同，试用期为一个月，这是合法的，员工一般也同意签。企业不能随意设置试用期限，因为现在的劳动者都十分清楚法律的规定。

- 岗位约定

员工入职部门、岗位、工作内容等约定也是十分重要的，公司会提供岗位说明书，直接上级需要就其内容进行讲解，对可能出现的其他临时工作也会给予说明，以达成基本的共识。

- 其他事项

员工根据自己的要求或公司对某岗位有特殊要求，可能还会有一些特别的约定。比如：公司聘用了一些外籍人士，会有护照、社保、出入境、住宿等特殊要求，HR 部门也需要与其谈好，以免入职后引起不必要的麻烦。当然，有的员工还会针对社保转移、新农合等具体手续如何办理的咨询事项，这时也需要解释清楚。还有的员工会咨询公司管理风格、领导层学历和工作特点、组织结构、发展规划、工作有无健康影响等，一样需要实话实说。

用人部门的入职准备

新员工的主管人员和同事是员工工作中要经常接触的人物，所以也是新员工最为关注的对象。主管人员在接待新员工时，要有诚挚友善的态度，要微笑着去欢迎他，使新员工感到你很高兴他加入你的部门工作。当新员工进入自己的部门时，部门的同事也应该主动和他握手，并表示欢迎。当把新员工介绍给同事认识时，新员工对环境的陌生感会很快消失，可使他更快地进入状态。因为在大家彼此互不认识时，都会感到十分困窘和尴尬，相互介绍之后彼此的尴尬会很快消失，不但给彼此一个很好的第一印象，而且相互之间可以马上开始工作上的合作。

（1）部门经理要把新员工介绍给同事

在一个公共场合表示对新员工的欢迎。督促其他员工满怀热情欢迎新员工，把新员工介绍给将和他一起工作的同事，把新员工介绍给将要和他发生联系的所有经理人员。准备一份名单，写清楚所有同事的名字、职务、电话号码和住址，以便新来的人尽快记住。

（2）部门经理向新员工介绍公司

上司应该向新员工介绍企业所处的生命周期（创立期、成长期、成熟期、衰退期)，要让员工从企业所处的生命周期角度理解企业现在所具备的生存特点、管理风格、工作流程、人员构成、企业文化、晋升通道、加薪特点、公司规则、合作方式等现状，在企业特性的风格下适应、融合，理解企业当前的优势和难题。

（3）向新员工介绍公司一些最重要、最基本的注意事项

安排新员工对整个公司做一次参观。并向新来的员工介绍公司一些最重要、最基本的注意事项，比如通信联络、请假制度、安全保卫、停车位置、保险和紧急疏散等。告诉新员工如何使用公司的设备，比如电话、复印机、传真机、打包机和电子信箱等，告诉他们这些设备都放在哪里。保证他们的工作环境干净整齐，一切都已准备妥当。

给新员工一张公司日常工作的时间表，说清楚对他们第一个月的工作有何期望，并告诉他工作的第一个月可以给他哪些支持。给新来的员工一段时间让他们“消化吸收”听到、看到的种种信息。新员工上班两个星期后向他们提出若干问题，告诉他们如何加强相互间的交流和沟通。

（4）注意事项

介绍环境，办公室分布地图；介绍接口人，认识岗位相关同事；介绍部门同事，告之为人特点和沟通风格；介绍高层及关键人，以免面对面不相识；明确工作职责、流程及要求，让其尽快上手；介绍日常事务流程和要求。

“帮带”还是“放羊”是衡量经理成熟度的标志。

新员工入职管理

新员工入职管理包含四个内容：

- 入职手续管理
- 新员工上班第一天
- 团队的融合
- 新员工的培训

入职手续办理

新员工报道之后，要将相关的手续在当天都办理完毕，不要拖拖拉拉办理3周、5周，这是没有必要的。有些公司，申请使用公章特别麻烦，劳动合同一定要提前准备，别等员工都上了两周班了，合同还没批下来，显得对新员工特别不尊重。

新员工上班的第一天

当天最好能指派一个导师，就是有个师傅，带着熟悉环境，带着去吃工作餐、领办公用品、协助安排住宿、做工作的交接，去哪坐车等。做工作中遇到困惑的时候，导师可以帮着出谋划策。

团队的融合

入职当天的中午，由部门直接领导带着部门的团队出去聚餐，做个团建活动。现在大家都不愿意晚上去活动了，尤其是团队成员中有一些成家的人员。所以一般情况团队融合，可以安排在新员工报道的当天或者第二天的中午外出聚餐，让新员工跟团队成员熟识起来，另外也可以让新员工迅速地安定下来。

新员工的培训

按照公司的相关安排（特别是人力资源部或者培训中心的一些安排），参加相关的培训。把培训工作要做到位，包括入职的培训和在岗培训。

新员工入职和转正的关键点包括：

（1）专人负责

入职要有专人负责。一般情况下，如果公司有一定的规模，五十人是人力资源管理的下限，需要设置一个专职的人力资源负责人或者负责部门，负责人力资源具体事务。如果公司比较大，大集团的总部部门都有部门助理，可以协助需要办理入职的新员工做入职工作。无论如何，一定要有专人负责新员工的入职事宜，这样让新员工觉得有人关注、有人关心。

（2）流程和文档要齐备

前面已经介绍过，offer 准备、入职指引、导师安排、新人培训等资料要及时到位。新员工入职之后，给他一份入职指引或者员工手册，方便新人及时了解一些必要的信息（有些公司在员工入职的时候会签一个遵守公司制度的文档，实际上就是员工手册的签收，签完之后把那份签名版回收，剩下的部分就留给新员工）。新人经过新员工培训和指派导师的指导，能够迅速地克服陌生感，觉得是在自己的公司，而不是外人，迅速建立归属感。

（3）评估要科学

新员工来了之后，至少要给新员工做一个试用期的工作计划安排，用多长时间做什么事，不能来了之后随便干，没有评估的环节，试用期后没有任何证据就说员工不合格。如果新员工较真的话，你还真没办法把人给开掉。试用期转正也是有要求的，所以评估要科学。

曾经就有一个案例，有一个做医疗器械的公司，业务规模不大，人数 100 人左右，负责招聘的是一个美女。公司招聘的一般流程是，招聘主管根据岗位的要求到后台简历库里筛选，筛出来自己先初试，初试之后推荐给用人部门复试。有一次面试了一个比较靠谱的小伙子，阳光帅气，教育和资质都比较好。她觉得特别适合公司一个部门，给部门的经理说："您见一下呗。"经理见完之后说："行，可以入职。"入职之后，干了差不多两个月多一点，应该转正了，招聘主管找用人部门的经理了解情况，问道："那个人行不行，行的话应该写工作总结了。"经理说："这人不行，不满足岗位要求。"招聘主管就说："您跟他谈一谈吧。"因为员工离职一般是部门经理先谈业务上不满足要求，然后人力资源再谈离职政策。经理谈完了，小伙子也同意了，招聘主管就觉得很奇怪：这个人总体不错，为什么不能满足要求了？一时就没忍住，她问了一下小伙子："你们经理怎么谈的？"小伙子说："我们经理说：哥们儿，咱俩没缘分呐..."大家想想，如果这个经理跟你这样谈，你会不会非常气愤。

新员工的试用期管理

团队融入

新员工入职之后需要能与团队的成员匹配，需要适应公司的文化和价值观。前面章节介绍过，新员工能不能适应公司涉及人岗匹配的三个环节：知识、经验和技能，是人和岗位去匹配；人和经理匹配，属于员工和经理的性格或者工作风格的匹配；人和公司的匹配，是人和公司文化或者价值观的匹配。员工经过试用期，主要看这三个环节是不是满足要求，如果不合适则需尽快调整。

业绩和能力的评估

业绩评估要根据之前跟新员工约定的工作目标计划和评估标准，结合员工试用期间的工作成绩做出客观的评估。评估一下工作的效率和工作的效果怎么样，如果没有效率也没有效果，那可能不太适合。所以，试用期的时间不管是三个月还是半年，部门经理都要把试用期的工作计划给员工设计约定好，评估的时候才有的评。这里会涉及转正管理的各个时间段，一周、一个月或一个季度。说白了试用期的管理，至少部门得按月让新员工写出工作计划，或辅助新员工每周写总结，在试用期结束的时候，才可以看出来到底是哪项工作不满足要求。

除了业绩评估之外，还要看员工敬业度怎么样，愿不愿意干活儿，因为招聘时他满足岗位要求，来了之后他愿不愿意干呢，这就涉及敬业度的问题。

新员工的试用期淘汰

新员工试用期结束之后，需要给试用合格的员工办理转正手续。试用期不合格的员工，需要淘汰。

（1）试用期淘汰的原则

- 淘汰要及时

需要淘汰的试用期员工要及时，不能明天就试用期满了，公司在下班之前告诉员工不能满足工作要求，第二天不用来上班了，这也不符合人情。所以要提前一些时间告知，至少要提前两周跟新员工面谈，让员工有个准备。

- 淘汰新员工要有理由和书面材料

淘汰新员工要有理由，到底是文化不匹配，还是工作内容不匹配。所谓的书面资料就是每周、每月和每季工作计划和任务完成得怎么样。如果完成得不好，也有书面记录和过程资料，跟员工谈离职也能做到有据可依。

- 谈离职要有人情味

如果新员工不是人品有问题，只是工作能力不太行，给员工做离职面谈之后，如果你有相关的熟人在同行业中，可以帮他推荐一下，员工离开以后会觉得公司比较有人情味。当然如果说这个人的人品特别差的话，那你可以试着把他推荐到竞争对手那里去。

- 有统一的面谈规范

离职面谈的时候要有面谈的流程、规范，不能瞎谈瞎聊，得有注意事项。一般人力资源部门都会有一些具体要求，需要给各级经理做培训。

(2) 离职面谈五步法

笔者根据曾经服务的一家企业做过的裁员项目，总结了离职面谈的五步法。

企业是一家有风投进入的企业，2009 年的前三个季度疯狂地招人，到了第四个季度开始裁员。因为年初公司设定了宏伟的发展计划，年底的时候董事会一看业务没做好，让经营团队控制成本，而控制成本最简洁、最粗暴的办法就是裁员。确认的裁员比例是总人数的 10%。笔者根据之前的工作经验安排员工关系主管拟定了裁员五步法，依照五步法操作，一个月裁了 36 个人，基本上到最后没有什么仲裁，还算比较平稳。

表 7-1　离职面谈五步法

第一步	确认辞退员工人员名单	名单来源： 1. 公司高层决议 2. 用人部门提出 人力资源总监通知	根据名单总结每个员工的基本信息： 1. 员工入职日期，离职日期 2. 辞退应补偿的金额（平均工资由计算工资的人事专员算出） 备注：对于哪些补偿可以节省，哪些不能省的情况做统筹分析
第二步	与辞退员工的主管进行沟通	步骤： 1. 人力资源部与辞退员工主管进行沟通 2. 主管与辞退员工谈话 3. 人力资源部约见辞退员工面谈	主管与人力资源部谈话的优缺点分析： 优点：主管先与辞退员工面谈可以给员工较小压力，容易接受 缺点：人力资源部直接面谈可显正规 主管面谈后，人力资源部可从主管处了解此员工性格特征、目前状态以及是否接受辞退，综合平时对本人的了解根据不同反应做不同方式应对

续表

第三步	约见辞退员工进行面谈	谈话环境注意事项： 1. 预约会议室：需预约隔音效果好的会议室，然后礼貌约见辞退员工来会议室 2. 就座：就座时最好与员工成 45° 角，显得亲和，坐对面会对员工产生压力	谈话内容： 1. 首先肯定成绩，对过去工作做肯定评价（若因绩效考核不合格就直接切入主题） 2. 直面问题，把辞退原因告诉员工 3. 谈补偿问题，根据《劳动合同法》计算出补偿总额及发放时间 4. 若有可能帮助员工推荐工作机会
第四步	协助员工办理离职手续	接触合同种类： 1. 当日解除 2. 提前 30 日通知解除劳动合同	1. 当日解除，需当日办理离职手续，人事专员协助员工办理离职手续，代替员工走完财务、行政等需要签字的各个环节，最后让员工在离职表上签字确认，并签署保密协议 2. 提前 30 日通知解除劳动合同，要在通知时与其签订《解除劳动合同协议》，并在 30 日到期之前跟踪办理完离职手续 备注： 1. 未提前 30 日通知的员工要发放代通知金，为一个月平均工资（若员工为非法律专业和人力资源专业的人员可视情况回避代通知金的问题，但不排除员工离职后的反复） 2. 老员工碍于面子就等当日下班后让行政和 IT 回收电脑、办公用品和工牌等 此处签订的协议有：《解除劳动合同协议》《辞职/辞退申请表》
第五步	进行面谈结果的反馈	面谈完毕，将面谈结果以邮件形式发给离职员工部门主管、部门最高负责人和人力资源总监	邮件主要写明员工姓名、入职时间、面谈结果、补偿金额以及最后办理离职的日期，一些相关待解决的问题以及对应方法和建议

第一步，确认辞退员工人员名单。

名单来源就是根据公司高层开会确定的比例，由用人部门提出本部门裁员清单。根据名单，汇总每个员工的基本信息，包括员工入职、离职时间、员工性格特征、辞职应赔偿的金额等。

第二步，部门与员工约谈离职事宜。

先由人力资源部与辞退员工的主管进行沟通，人力资源部将相关的政策、注意事项，跟做离职面谈的业务部门的主管领导沟通到位，委派他去谈。他谈完之后，人力资源部再跟被辞退的员工做离职手续办理、出具离职证明等。这样做的好处是：用人部门自己约谈本部门员工，沟通界面会好一点，如果人力资源部门的人员直接约谈，界面会显得生硬，成本会高一些。

第三步，约见辞退员工进行面谈。

这一步是人力资源部去谈，主要谈离职的政策及补偿条款。面谈时注意分寸，政策一旦制定不宜随便变更调整。

第四步，协助员工办理离职手续。

解除劳动合同有两类：第一类是当日解除的，还有一类是提前 30 天通知解除的。在上面的案例中，当时公司法务主管在人力资源部门，笔者安排她草拟了一套比较周全的离职协议，这也是保证整个裁员项目成功很重要的一个方面。

第五步，进行面谈结果反馈。

每一名员工的离职面谈结束之后，将面谈结果邮件反馈给员工的部门主管，做到及时反馈，有问题再及时沟通，不遗留问题。整个裁员项目结束之后，将面谈结果以邮件的形式发给离职员工的部门主管、公司总裁，做到有始有终，形成闭环。

（3）离职面谈的注意事项

- 应该做的事

①保持谈话的专注性，坚持谈话的目的和决定。本次谈话就是谈离职

的，不要谈其他无关事项，更不能心一软说：回头我再跟领导说一下，如果这样可能就不可收拾了。

②谈话时长一般控制在 15 分钟，别太长，这不是唠家常。

③提供业务上的理由。员工不行，要说明具体理由，谈话要清晰简明，要尊重对方。如果是经济性裁员，因为员工不是知识、经验和技能不满足岗位要求才被裁掉的，是公司的经营问题才导致员工被动离职，要做好安抚工作。

④要注意倾听。让对方说话，不能仅仅告知员工辞退的结果，要允许员工回应，关注员工的需求，尽量避免因为面谈不当让员工出现过激的行为。

⑤要参考员工补偿条款，解释被裁员工接下来要走的流程，以及整理公司、个人的财物，清楚告知被裁员工下一步的流程以及最后工作日。

- 不应该做的事

①不要谈论任何个人的问题，直奔主题，别谈什么今天怎么来的、堵不堵、热不热，这些都没有意义。

②不要试着去回答被裁员工“为什么被裁的人是我”这样的话题。一般笔者在上课的时候都会做一个小练习，让两个学员去模仿离职面谈的过程，曾经有一次一个学员就连续问了 10 遍为什么裁的是我？然后模拟他的主管的学员最后就崩溃了，这个你回答不了。

③不要去支配员工的感情。比如被裁员工面谈过程中哭了，员工个人比较脆弱或者对公司有感情，面谈人员不能说：“你哭什么哭，不就是裁员吗”？换位思考一下，如果被裁的是你，你哭不哭呢？

④不要谈论其他员工或者进行比较。因为可能这次裁的都是高薪酬员工，不要说你不赞成这样的决定。

⑤不要谈论员工个人的工作表现、过去的问题，以及暗示他将来可能

再回来。不要说你可以有时间去度假了，人家度不度假关你什么事？

⑥不要说“谁知道我在公司待多久”之类的话，如果这些话在公司里传开，领导该对你有意见了。

⑦不要就补偿条款帮员工协商争取。不管你争取得来还是争取不来，不一定是好事情。

⑧不要说员工的工作不重要。不重要的话你为什么用他。

⑨不要谈你自己的感受。

这里就离职面谈过程中该做的和不该做的事情做了交代，如果你在现实中遇到了，一定要注意做到位，特别是遇到比较难缠的员工，稍不注意，面谈这个过程就会出现意外，甚至会出现人身伤害。

离职的“二三二”现象

人员离职，按照常规的经验分析总结，有个“二三二”现象或者叫“二三二”的规律。

（1）第一个“二”指的是两个星期

两周员工就愤而离职了。出现这种现象一般是企业的面试官在招聘面试的时候夸大了企业优势，过度承诺了薪酬福利（如承诺入职该岗位可以配房配车等）。结果员工入职之后，工作电脑都没有，好不容易配上了，还是二手的；工位一直打游击；通勤车没有，还比较偏僻；手机话费自己负担；吃饭也得自己解决，换位思考一下，被欺骗的感觉肯定是非常难受的。

（2）“三”指的是三个月

试用期内员工如果觉得跟部门经理的管理风格、与部门的同事不太匹配，或者不太适合新公司的企业文化和价值观，留下来会长期不顺服，一般在试用期的3个月内会主动离职。有时候在面试的时候，一些事情没谈细，或者忽略了，而恰恰是新员工特别在意的方面，新员工也会在试用期离职。

(3)“二”指的是两年

员工在公司工作了两年，在企业内没人跟他讨论职业规划和职业发展，工资都没怎么调整，这个阶段的员工心理波动会比较大。如果员工的能力还不错，企业这种对待员工的方式，只能说明企业是在“用人”，而不是在培养人，这样的企业很难吸引员工长久地为之服务。

这是“二三二”现象。

离职交接

离职是企业跟员工的最后一次亲密接触，所以工作的交接要细致，不能出现交接不清或者多次请离职员工交接的情况。

每个公司一般都有离职交接模板，交接的项目、交接的时间和交接顺序都是按照模板走流程。工作交接的目的是保证工作的延续性，如果有可能，请离职员工把他所有文件夹都打开，甚至到第三层、第四层、第五层，这样可以避免出现新人来了找不着工作项目，不知道文件放在哪里。打开文件看一看内容，有的文件可能还有密码，所以交接一定要细致。如果员工是为了更好的发展主动离职，在员工离职之后，公司找他谈谈交接的内容，可能还行得通。如果是被动离职，员工离职后再去找他，也许就非常困难了，所以工作交接部分一定要一步做到位。

员工的离职关系也需要管理，人走了，不管工作做得怎么样，人品好不好，部门经理都要请员工吃个饭。如果员工人品不好，更应该请客，否则员工心里有气，会对公司发起仲裁，不管能不能赢，都会影响公司的口碑。把员工能拿到和该拿到的都要给到位，不要想着给公司降低成本，在员工身上省钱是最贵的省钱方式，因为这会影响良好雇主品牌的建设问题。

隆力奇的离职员工俱乐部就做得非常好。如果主动离职的员工，过段时间在外面工作不顺利，他想回来，是不是可以省去很多事情？不用再培训、不用再做什么文化导入，甚至员工都不好意思再提离职这件事情。

【案例】隆力奇“人走茶不凉”

每年年终，隆力奇的人力资源部都要安排两档固定节目。

第一档是给那些曾经在隆力奇工作过、如今已经离开的员工，精心设计一份新年贺卡，并由董事长亲自审阅签名后寄出。这是一封看似很普通却极具内涵的贺卡，字里行间让每一位曾经在隆力奇付出过心血与汗水的员工感受到温暖。

这里除了新年的问候之外，更多的是关心他们现在的境况，包括工作、生活。公司热情欢迎他们有机会再回隆力奇看看。而最让人感动的是最后这么几句话：“如果在外干得不顺心、不如意，欢迎随时回来，隆力奇的大门始终是敞开的。”这多少有些出人意料。

第二档节目，是根据董事长的意见，邀请离职高层回“娘家”看看。每当这一天，董事长都会在公司总部早早地恭候，陪同他们到公司各处参观，详细介绍公司的变化发展以及公司最新的发展战略，真心实意地听取他们的批评、建议。

“人走茶不凉”，不仅折射出隆力奇的“人才观”，更折射出作为集团公司当家人的胸襟。它不但使隆力奇集团汇聚了大批的人才，而且使因各种原因离开公司的高管，没有一个成为隆力奇的竞争对手。

【附件】某知名企业新员工入职全方案：180天详细培训计划

新员工前6个月的培养周期往往体现出企业对于人才培养的重视程度，但许多企业只将重点放在前15天，导致新生代员工的离职高峰出现在入职第6个月至1年这个阶段，让企业损失大量的成本。如何快速提升新员工的能力，取决于前180天管理者做了什么。

（1）第1阶段——新人入职，让他知道来干什么的（3～7天）

为了让员工在7天内快速融入企业，管理者需要做到下面七点：

给新人安排好座位及办公的桌子，拥有自己的地方，并介绍位置周围的同事相互认识（每人介绍的时间不少于1分钟）；

开一个欢迎会或集体聚餐，介绍部门里的每一人相互认识；

直接上司与其单独沟通，让其了解公司文化、发展战略等，并了解新人专业能力、家庭背景、职业规划与兴趣爱好；

HR主管告诉新员工的工作职责及自身的发展空间及价值；

直接上司明确安排第一周的工作任务，包括：每天要做什么、怎么做、与任务相关的同事部门负责人是谁；

对于日常工作中的问题及时发现、及时纠正（不做批评），并给予及时肯定和表扬（反馈原则），检查每天的工作量及工作难点在哪里；

让老同事（工作1年以上）尽可能多和新人接触，消除新人的陌生感，使其尽快融入团队。关键点：一起吃午饭，多聊天，不要在第一周谈论过多的工作目标及给予工作压力。

（2）第2阶段——新人过渡，让他知道如何能做好（8～30天）

转变往往是痛苦的，但又是必须的，管理者需要用较短的时间帮助新员工完成角色过渡。下面提供五个关键方法：

带领新员工熟悉公司环境和各部门人员，让他知道怎么写规范的公司邮件，怎么发传真，电脑出现问题找哪个人，如何接内部电话等；

最好将新员工安排在老同事附近，方便观察和指导；

及时观察其情绪状态，做好及时调整，通过询问发现其是否存在压力；

把自己的经验及时教给他，让其在实战中学习，学中干、干中学是新员工十分看重的；

对其成长和进步及时肯定和赞扬，并提出更高的期望，要点：4C、反馈技巧。

(3) 第3阶段——让新员工接受挑战性任务（31～60天）

适当的时候给予适当的压力往往能促进新员工的成长，但大部分管理者却选了错误的方式施压。

知道新员工的长处及掌握的技能，对其讲清工作的要求及考核的指标要求；

多开展公司团队活动，观察其优点和能力，扬长避短；

犯了错误时给其改过的机会，观察其逆境时的心态，观察其行为，注重新员工的培养价值；

如果实在无法胜任当前岗位，看看是否适合其他部门，多给其机会，管理者很容易犯的错误就是一刀切。

(4) 第4阶段——表扬与鼓励，建立互信关系（61～90天）

管理者很容易吝啬自己的赞美语言，或者说缺乏表扬的技巧。表扬一般遵循三个原则：及时性、多样性和开放性。

表扬鼓励的及时性，当新员工完成挑战性任务，或者有进步的地方及时给予表扬和奖励；

表扬鼓励的多样性，多种形式的表扬和鼓励，要多给他惊喜，多创造不同的惊喜感；

表扬鼓励的开放性，向公司同事展示下属的成绩，并分享成功的经验。

（5）第5阶段——让新员工融入团队主动完成工作（91～120天）

对于新生代员工来说，他们不缺乏创造性，更多的时候管理者需要耐性地指导他们如何进行团队合作，如何融入团队。

鼓励下属积极踊跃参与团队的会议并在会议中发言，当他们发言之后做出表扬和鼓励；

对于激励机制、团队建设、任务流程、成长中好的经验要多进行会议商讨、分享；

与新员工探讨任务处理的方法与建议，当下属提出好的建议时要肯定他们；

如果出现与同事间的矛盾要及时处理。

（6）第6阶段——赋予员工使命，适度授权（121～179天）

度过了前3个月，一般新员工会转正成为正式员工，随之而来的是新的挑战。当然也可以说新员工真正成为公司的一分子，管理者的任务中心也要随之转入以下五点：

帮助下属重新定位，即让下属重新认识工作的价值、工作的意义、工作的责任、工作的使命、工作的高度，找到自己的目标和方向；

时刻关注新下属，当下属有负面的情绪时，要及时调整，要对下属的各个方面有敏感性，当下属问一些负面的、幼稚的问题时，要转换方式，从正面积极的一面去解决他的问题；

让员工感受到企业的使命，放大公司的愿景和文化价值、放大战略决策和领导意图等，聚焦凝聚人心和文化落地、聚焦方向正确和高效沟通、聚焦绩效提升和职业素质；

当公司有什么重大的事情或者振奋人心的消息时，要引导大家分享，随时随地激励下属；

开始适度放权让下属自行完成工作，发现工作的价值与享受成果带来的喜悦，放权不宜一步到位。

（7）第7阶段——总结，制定发展计划（180天）

6个月过去了，管理者是时候帮下属做一次正式的评估与发展计划。一次完整的绩效面谈一般包括下面的六个步骤：

每个季度保证至少1~2次1个小时以上的正式绩效面谈，面谈之前做好充分的调查，谈话做到有理、有据、有法；

绩效面谈要做到：明确目的，员工自评（做了哪些事情、有哪些成果、为成果做了什么努力、哪些方面做得不足、哪些方面和其他同事有差距）；

领导的评价包括：成果、能力、日常表现。要做到先肯定成果再说不足，谈不足的时候要有真实的例子做支撑（依然是反馈技巧）；

协助下属制定目标和措施，让他做出承诺，监督检查进度，协助他达成既定的目标；

为下属争取发展提升的机会，多与他探讨未来的发展，至少每3~6个月给下属评估一次；

给予下属参加培训的机会，鼓励他平时多学习、多看书，为每个人制定成长计划，分阶段去检查。

（8）第8阶段——全方位关注下属成长（每一天）

度过了前90天，一般新员工会转正成为正式员工，随之而来的是新的挑战，也可以说是新员工真正成为公司的一分子。

关注新下属的生活，当他受打击、生病、失恋、遭遇生活变故、心理产生迷茫时多支持、多沟通、多关心、多帮助；

记住部门每个同事生日，并在生日当天部门集体庆祝，记录部门大事记和同事的每次突破，每次的进步给予表扬、奖励；

每月举办一次各种形式的团队集体活动，增加团队的凝聚力，关键要素是同事间的坦诚、赏识、感情、诚信。

职场感悟——如何挽留骨干员工

第一时间约员工面谈一次

从解决员工真实问题的角度导入，问明白员工离职的真实原因，是公司薪酬太低、公司的环境不好（包含软硬环境），还是对领导本人不满意。跟员工推心置腹地聊聊，如果员工是你的骨干员工，在正常情况下，你们的关系应该不会太差，这个时候抛开上下级的关系，从解决员工实际需求的角度打开天窗说亮话，完全不必藏着掖着。如果能解决，那就立刻解决，或者承诺个时间找领导尝试解决。如果不能解决，那就直言告知，不必隐瞒欺骗员工，因为没有必要。

约员工私下场合聊一次

找个私密性好一点的饭店或者咖啡厅，再做一次努力。跟员工回忆一下在一起奋斗的光辉岁月、曾经的辛苦和成功、员工的成长提升等。再说说各自的家庭情况，以及公司的其他部门、领导和同事。然后出其不意，或者充满感情的做一次挽留。如果员工属于感情比较敏感的类型，还有机会留下来。但是要解决员工的实际问题，至少部分解决才行，否则还会走。

迅速与公司主管领导沟通

因为员工是骨干员工，可能公司内没人能够接替员工的工作，所以要第一时间把员工反馈的情况跟领导沟通，争取领导的支持。同时要知会领导，公司在保留骨干员工方面存在缺失，建议针对此次事件，公司应该制定针对性的政策和方案，避免连锁事件的发生，影响公司的持续经营。

向人力资源部反馈情况

如果人力资源部的同事比较得力，可以请人力资源部的同事帮忙跟员工聊聊，了解员工离职的原因、员工的真实需求等。同时也请人力资源部协助公司制定防范措施，毕竟人才保留属于人力资源的政策，离不开人力资源部的支持。

不应该采取的措施

恶意批评员工。

威胁员工，不发金钱、不开离职证明、跟员工的下级单位恶意沟通等。

阻碍员工离职手续的办理。

第 8 节课

人才培养体系的构建

北森关于员工敬业度调查报告显示：2016 年中国企业员工敬业度降幅高达 8%，员工在一家企业长期留任的倾向降低，平均留任时长为 3 年。员工流失的风险，不仅仅是中国企业面临的挑战，Bersin 机构发布的数据显示：全球约 37% 的员工正在考虑离职。在敬业度影响因素的分析中可以看到，员工已不再只关注满足基本生活需要的回报，更多希望自己的工作能力与企业目标和使命一致，能创造更大的价值。

现如今，越来越多的员工关注自我的职业发展和职业生涯管理。本书前面课程的核心内容都是讲企业的外部招聘，最后一个部分将着重介绍企业内部招聘，即内部人才培养体系的建立。

本节学习内容：

- 内外部招聘的优缺点
- 企业人才培养的三个问题
- 企业人才培养的三个模式
- 企业人才培养的四个案例
- 内部竞聘注意事项

根据一家国际人力资源咨询公司对 5 000 多位人力资源领导人的调查，约 40% 的外来经理在新岗位的头 18 个月会失败，这说明企业必须要培养自己的领导人。

我们先介绍内外部招聘的优缺点。

内外部招聘的优缺点

人才作为企业的核心资源，在企业参与市场竞争中所起的作用日益突出，如何选拔合适的人才便成为企业管理层必须思考的重要内容。每个企业（不论是处于创业期、成长期、成熟期或是衰退期）都是由众多的岗位组成。通常，针对最底层的岗位，企业会采取人才市场、高校招聘或内部推荐等渠道外部招聘，而对于较高层岗位所需人才，通常是通过内部提升、岗位轮换等方式进行选拔。在实际工作中，企业究竟是内部选拔还是外部招聘，应具体问题具体分析。

外部招聘的优缺点

（1）优点

外部招聘可以吸取外部先进经验。外部招聘可选择范围广，可以吸纳各种不同条件和不同年龄层次的求职人员。同时，可以从不同的人员身上吸取外部先进的经营管理理念和管理经验，内外结合不断开拓创新，以满足企业发展需求。招聘学校应届毕业生将会给企业带来新鲜活力和正能量，加强老员工的危机感和紧迫感，促进企业人才梯队建设。招聘有经验的人员，可以产生鲶鱼效应。

外部招聘也是企业宣传自己的机会。招聘过程中，不论是校园招聘，还是人才市场、招聘网站发布招聘启事，既是寻找吸引适合企业发展的优秀人才的有效途径，又是向外界宣传企业的机会，可以树立企业的良好形象，更好地提升企业品牌，扩大企业的影响力和知名度。

（2）缺点

外部招聘操作不当会增加招聘成本。外部招聘人才需要更长的时间或经过培训后才能熟悉本企业人员、工作环境与企业文化，由于对本企业人员缺乏了解，会导致进入角色慢、适应时间长、不能很好地与企业原有员工融合，会产生配合上的困难。甚至由于对外聘人才的不了解，导致招到的员工不合格，使招聘工作重复进行，增加招聘成本。

外部招聘会影响内部员工士气。采用外聘人员替代企业原有部分工作业绩较为突出、对晋升充满希望的员工，会使他们感到自己被忽视，感到升迁无望，影响内部员工士气及工作积极性。

内部招聘的优缺点

（1）优点

内部招聘可以节省人力资源成本，提高招聘效率和信度。由于拟提拔员工从入职起已在本企业工作多年，企业和员工之间的信息是对称的，用人风险比较小，成功率较高。企业对于内部员工工作态度、素质能力以及发展潜能等方面有比较准确的认识和把握。从内部培养和选拔人才，直接成本比较低，效率也相对较高，同时减少了招聘环节，节约人力资源成本。但企业内部要有一套系统的人员培养和选拔体系。

内部招聘可以激发更多员工的工作热情。内部招聘能够给员工提供更多的成长空间，使员工的成长与组织的成长同步，容易激励和鼓舞员工士气，形成积极进取、追求成功的氛围，达成美好的远景。

内部调用（即岗位轮换）也是培养人才的一种有效手段。企业准备从内部调用部分员工到新的工作岗位时会事先征得本人同意，并使之明白这是内部提升前的准备。这样做，可以使员工得到更多的锻炼机会，熟知企业更多业务，增加更多技能，是走向更高岗位的前奏，是培养全面型人才的一种有效手段。

价值观念。经过长期的磨合，员工与企业在同一个目标基础上形成趋同的价值观，相互比较信任，员工已融入企业文化之中，认同组织的价值观念和行为规范，对组织的忠诚度较高。

（2）缺点

内部招聘范围是在本企业内部，有一定的局限性。由于新的岗位总是有限的，内部员工竞争的结果必然是有人欢喜有人忧，有可能影响员工之间的关系，甚至导致人才的流失。企业内部长期“近亲繁殖”等现象，不利于个体创新和企业的成长，尤其是中小型企业。

必须注意拟选拔岗位性质与员工工作能力的匹配。一个技术过硬的专业技术人员，不一定是合格的管理型人才，内部选拔只能在工作性质对员工能力要求类似的岗位之间进行。如果将一名优秀的专业技术人才直接提拔到行政岗位上，而不去考查他的组织管理能力、领导能力、决策能力等，就会出现人才的浪费及对新岗位的不适应，从而无法胜任，导致适得其反。

（3）注意事项

对于选拔出的人员设定一个试用期，试用期间着重观察其关键优势在哪里，针对其特长加以重用。如果试用期结束仍不能适应新岗位或与新岗位不能匹配的，只能选择放弃。本着公平、公正的原则，给每一个愿意做事的人才提供平等竞争的机会和充分展示自己的舞台，优胜劣汰，真正做到“能者上，庸者下”。

对于新提拔人员，帮助其尽快适应新的岗位。对于新提拔人员，委以重任时所定目标要合理，让其感觉到通过一定的努力可以很好地完成，还要帮助其化解新岗位会遇到的各种各样的阻力，创造条件并提供足够的资源和时间，同时定期监督，以尽快适应新的岗位。对经过努力完成目标的人要予以一定的奖励，如语言表彰、物质奖励、培训机会等。员工通过努力得到企业认同感和归属感，激励其以后会投入更大的工作热情，提高工作积极性。

企业人才培养的三个问题

企业人才培养的三个问题

- 人才培养的实质是什么
- 企业人才培养的核心工作是什么
- 人力资源部门怎么操作

实际上这几个问题困扰着绝大多数人力资源经理人和企业高层管理人员，是企业最核心的几个问题之一。企业的人才怎么培养、核心点在哪里、内部怎么操作，企业都在寻找答案。可又有几家企业想明白了呢？常见的现象是大家都不约而同地学习海尔、学习联想、学习华为、学习小米、学习惠普、学习摩托罗拉、学 Google，到最后发现，外部的一些机制根本不适合自己！

从笔者人力资源从业近 20 年的工作经验来看，人才培养的实质实际上很简单，就是企业的员工职业生涯规划，或者叫领导力梯队。

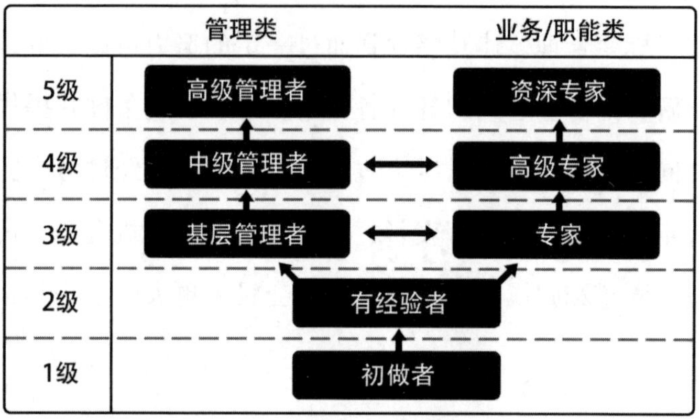

图 8－1　员工职业生涯通道

企业一方面要建立如图 8－1 所示的员工职业生涯通道，可以是双通道，也可能是多通道，但一定要结合企业的实际情况，要接地气；另一方面，要在内部建立健康的人才选拔机制，把合适的人员放在合适的发展道路上。各级经理要清楚了解本企业和本部门的员工职业生涯通道，根据员工的兴趣爱好、业务的实际需要、部门的客观情况，配合人力资源部开展员工的职业生涯管理工作。同时，员工也需要进行自我职业生涯管理，主动了解企业的职业发展路径，结合自身的能力特征、绩效结果和部门的需要，有针对性地规划自身的职业道路。

所以，企业人才培养的核心工作就是干部的选拔，包括管理干部、技术骨干和专业技能人才。人才的培养一定是在搭好通道之后展开的，至少是边搭通道边培养。人才一定是选拔出来之后才有的培养。

那人力资源部门怎么操作？人才培养的项目和内容千万不要想到一出是一出，流行什么做什么，比如把五项修炼、领导力、团队协作、执行力、4D 卓越团队、教练技术，给企业的中高层全部做了一轮之后，发现没效果啊，然后就慌了神，没法给领导交代，也没法给员工交代，因为回答不出设计这些课程的目的是什么。人力资源经理人要明白：人才培养的发力点是企业的职业通道建设，落脚点是干部的选拔机制建设和项目落地实操，最后体现的是一个一个的培训项目，而培训项目的组合就是培训计划，培训计划之间的联动就是人才培养机制。所以企业培训体系的核心工作就是针对职业通道配备课程体系，然后才是讲师队伍的建设。

建立内部选才路径的步骤

公司必须具备一套系统化的体系来识别有潜能的员工，然后对识别出来的这些员工进行培训。如果对每个员工都进行培训，太浪费资源，不是每个员工都能成为领导人。当然，识别潜在领导人是个艰巨的工作，有些公司利用 360 度的反馈机制，有些公司利用评价中心，形式多种多样。选拔路径的话题在前文阐述过，本节不再赘述。

职业生涯的阶段划分

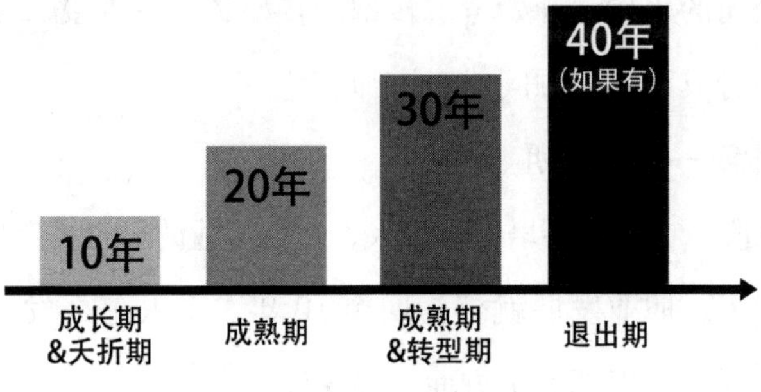

图 8－2　职业发展的四个阶段

既然员工的职业生涯这么重要，这里简单介绍基于实战的职业生涯。

从员工职业发展的时间看，职业生涯可以分为四个阶段（见图8－2）：

（1）阶段一——成长期＆夭折期

一般大学毕业的前十年属于“爬坡”阶段，最主要的工作是技能学习。技能就是混饭吃的本领，员工需要在实践中把岗位工作职责转换成工作技能，同时要修炼管理能力。在这个阶段理想的状态是成为公司部门经理或者业务技术骨干。最佳的结果是每年年底年中能被猎头“骚扰”几次。

当然也有可能在这个阶段既没学到技能，也没有做到管理能力和职位的提升，高不成低不就，夭折了。

（2）阶段二——成熟期

第二个十年是成熟期，在这个阶段的员工，要么是公司的技术大拿，要么是公司关键部门的领导，一时风光无限，成为企业和猎头的宠儿，还时不时被一些专家论坛请去做论坛的嘉宾。公司一些大的项目和变革基本上都是在这类员工的操作下完成的。

（3）阶段三——成熟期＆转型期

经过第二个阶段后，有些人比较享受职场和岗位所赋予的光环，会一直在成熟期持续下去。当然也有一些人比较向往自由自在的生活，或者自己驾驭自己公司的乐趣，开始考虑转型。转型员工一般要么是创业成立公司，要么是转身成为咨询顾问或者讲师。

（4）阶段四——退出期

在这一阶段，在职的要培养接班人，自由职业的要考虑退休后的生活。

一般情况下，职业发展就分为四个10年。个人怎么发展才能让自己的职业生涯更通畅？以下五个方面要多关注：

- 自我诊断适合哪种职业路径
- 评估自己的职业经历和绩效成绩

- 熟悉公司干部培养的方式方法
- 积极与主管领导和 HR 沟通配合
- 认准通道积极提升

首先自我诊断适合哪条途径，就是说你适合干什么、喜欢干什么，自己心里要有数，然后评估自己的职业经历和绩效成绩，看看自己的职业经历，过去的职业经历是不是成功、成绩怎么样？大致对自我有清醒的认识。熟悉公司干部培养的方式和方法，要懂得公司干部怎么培养的，或者专业技术人员是怎么培养的，然后积极与主管领导还有人力资源相关人员沟通配合。最终的目的还是在适合自己的通道上积极争取，努力学习和实践，争取在人生的第二个 10 年到达职业成熟期。

当然，作为企业的各级经理人或者企业主，一定要把职业生涯通道、路径弄清楚，这样新人来了之后才不会彷徨，企业不单单是为了挣钱，企业最好的发展方向应该是在把人员培养出来的基础上“顺便”挣了一些钱，并且挣的还都是大钱。

企业人才培养的三个模式

上面介绍了企业人才培养的三个关键问题，实际上企业具体落实人才培养工作的时候，还需要建立人才培养模式，这里给大家介绍三个实践的培养模式。

根据职务体系规划培养模式

一般而言，企业培训体系基本上按照以下方式来规划（见图 8－3）：

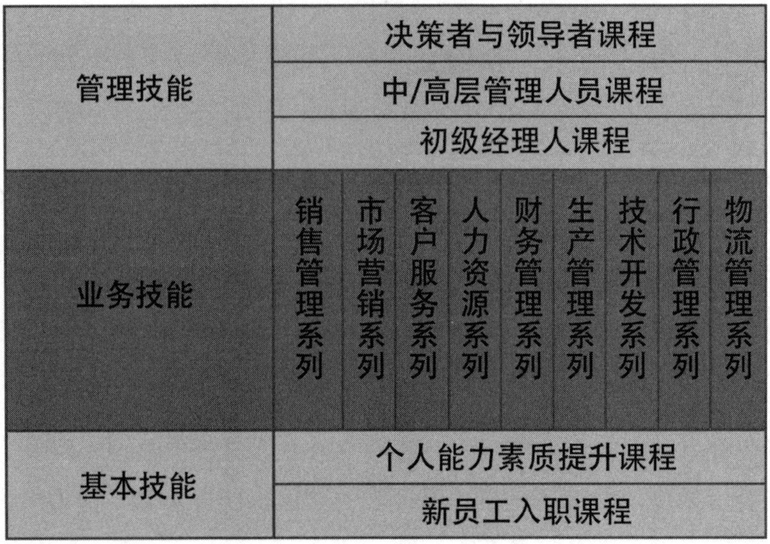

图8－3　根据职务体系规划培养模式

按照职务分为新人、初级经理、中/高级经理、决策者四个阶段。按照业务类别分为销售、市场、客服、HR、财务、生产、技术、行政和物流等类别。企业的人才培养体系基本上按照分层分级的实际情况操作即可。

比如我们可将一般管理人员培训阶梯设计如下（见图8－4）：

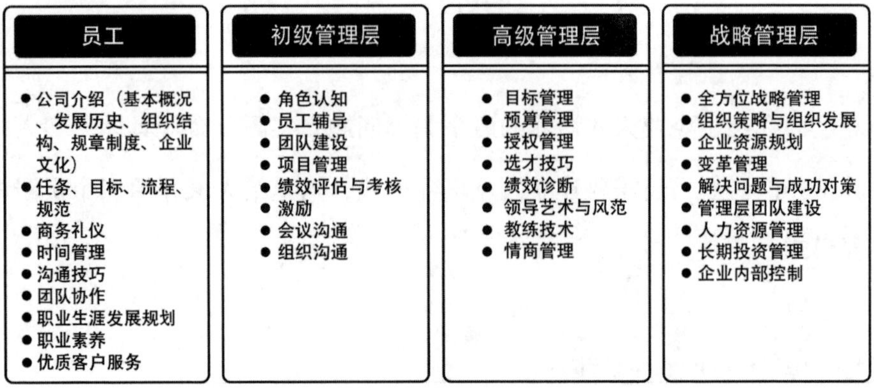

图8－4　一般管理人员培训阶梯

或者把中层管理人员的培训体系规划如下（见图 8－5）：

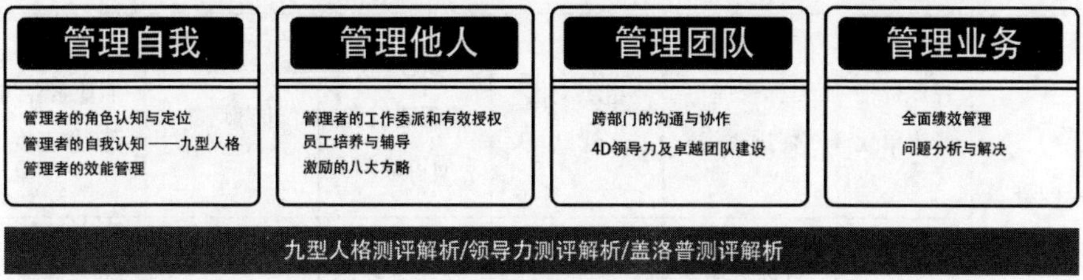

图 8－5　“管理十项”的逻辑模型

这种分层分级的培养模式相对比较简单，设计和操作起来比较容易，在企业培训基础比较薄弱的情况下，容易上手。

通过任职资格体系规划人才培养体系

HW 公司各级管理者的行为模块如下（见表 8－1）：

表 8－1

级别	对象	模块 1	模块 2	模块 3	模块 4	模块 5
5 级	领导者	组织与文化建设	干部培养	方针管理	职业素养与工作态度	无
4 级	管理者	目标管理与促进决策	组织文化建设	组织与流程建设和周边协调	干部培养	职业素养与工作态度
3 级	监督者	任务管理	团队建设	流程执行	资源有效利用	职业素养与工作态度

我们根据 HW 公司任职资格设计的培训课程如下（见表 8－2）：

表 8－2

培训对象	任职资格行为单元与培训内容					
五级（领导者）	任职资格行为单元	组织与文化建设	干部培养	方针管理	职业素养与工作态度	
	培训内容	企业文化、组织氛围建设	领导力、情境领导模式	战略管理、决策与执行、资本运作	系统思考、政府关系、职业道德	

续表

培训对象	任职资格行为单元与培训内容					
四级（管理者）	任职资格行为单元	目标管理与促进决策	组织文化建设	组织与流程建设和周边协调	干部培养	职业素养与工作态度
	培训内容	目标管理、决策技能、危机管理	企业文化、组织结构设计	变革管理、流程优化、对外合作	教练技术、员工职业发展	商业思维、高级市场营销、公共关系
三级（监督者）	任职资格行为单元	任务管理	团队建设	流程执行	资源有效利用	职业素养与工作态度
	培训内容	管理者的基本管理工具、计划管理、项目管理、绩效目标管理、问题分析与解决	人力资源管理、员工激励、沟通技巧、高绩效团队建设、员工问题处理	业务流程设计于优化、跨部门团队管理、客户服务	IT 基础知识、财务管理、时间管理	职业管理者的基本修炼、礼仪知识、安全与保密

从以上设计流程来看，基于任职资格的课程体系设计是针对性和体系性最强的方式和方法。但是在日常的管理工作中我们发现，真正建立和维护一套科学合理、符合企业经营实际的任职资格体系，需要花费大量的时间和精力，同时也需要一支训练有素的经理人队伍，对人力资源经理人的要求和挑战也很高。

从目前的管理实战来看，任职资格和胜任能力模型是一套非常科学的管理咨询工具，但是在企业实际管理中，真正能够应用到位的企业少之又少，往往还不如一些简单的模块化工具有效，比如职业经理人自画像（如图 8－6）和拉姆·查兰的领导梯队模型（如图 8－7）。

这个模型对于大多数企业的适用性都很强。

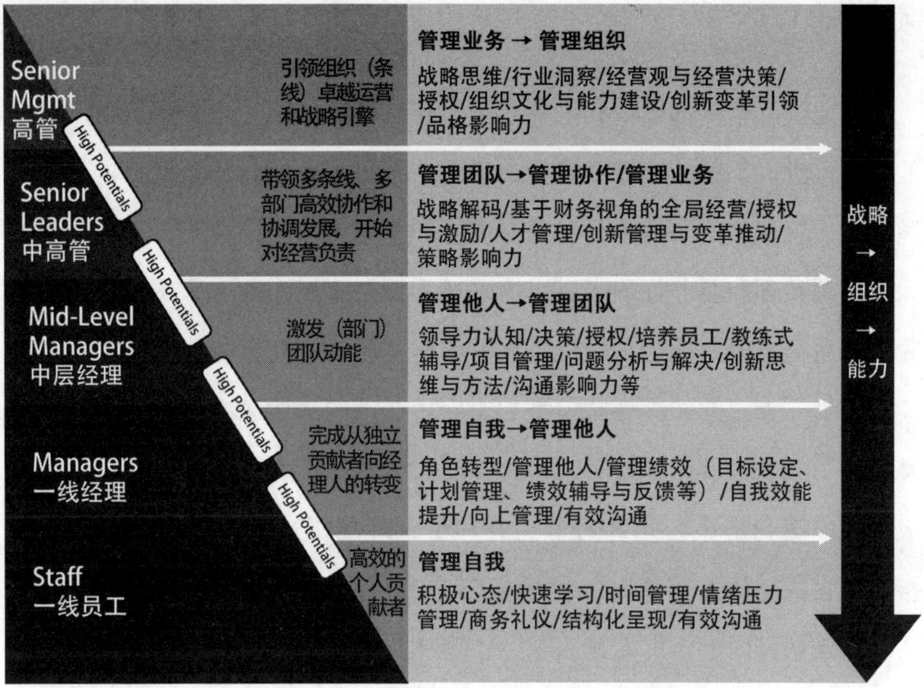

图 8－6　职业经理人的自画像经典分层模型

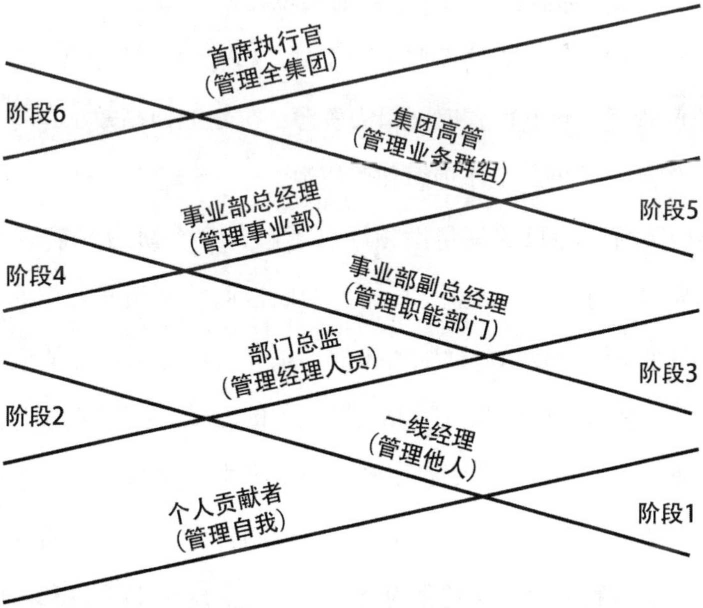

图 8－7　领导梯队模型

领导梯队模型

企业内部干部的选拔和培养是一个长效机制，但是从更加规范和完善的角度上看，干部的选拔、培养和任用，笔者并不推崇任职资格的体系和胜任能力模型，这两种方法体系虽然系统性很强，但是对于多数的企业、人力资源经理和业务经理来讲，体系过于繁杂，操作起来很困难，即使建立起来也很难顺畅地运作。所以笔者推荐拉姆·查兰的领导梯队模型。

拉姆·查兰的领导梯队模型主要应用在大的集团公司。在大公司，从基层员工成长为首席执行官，需要经历六个领导力发展阶段。若把该模型成功地应用到中小公司，通常只有一个管理层级：从管理自我到公司老板，公司的创始人通常从个人贡献者转变为管理者。

对于选择向上走的职场人士，领导梯队模型把大型公司的主要职业发展过程分为了六个阶段，提供了每个转变需要注意的事项。拉姆·查兰认为，每一次晋升，都需要在以下三方面实现转型：

- 领导技能：培养胜任新职务所需要的新能力，提升领导力
- 时间管理：重新配置时间精力资源，决定如何高效工作
- 工作理念：更新工作理念和价值观，让工作聚焦重点

领导梯队的核心目的是帮助领导者了解每一个阶段所需要的领导技能、时间管理能力和工作理念，同时，帮助他们熟悉领导工作的特点。一旦掌握了每个阶段的要求和面临的挑战，领导者就能更好地适应领导力发展的要求，加速自己的成长。随着领导职务的晋升，面对着日益复杂化和规模化的业务，领导者可以通过了解六个领导力发展阶段的要求提高工作的主动性，增强自己的信心。但是领导技能的提升一定是在实际工作中实践出来的，书本的理论需要转化为行动。企业实施干部选拔和培养的条件和路径也可以参照领导梯队的模型。

(1) 第一阶段——从管理自我到管理他人（图 8 –8）

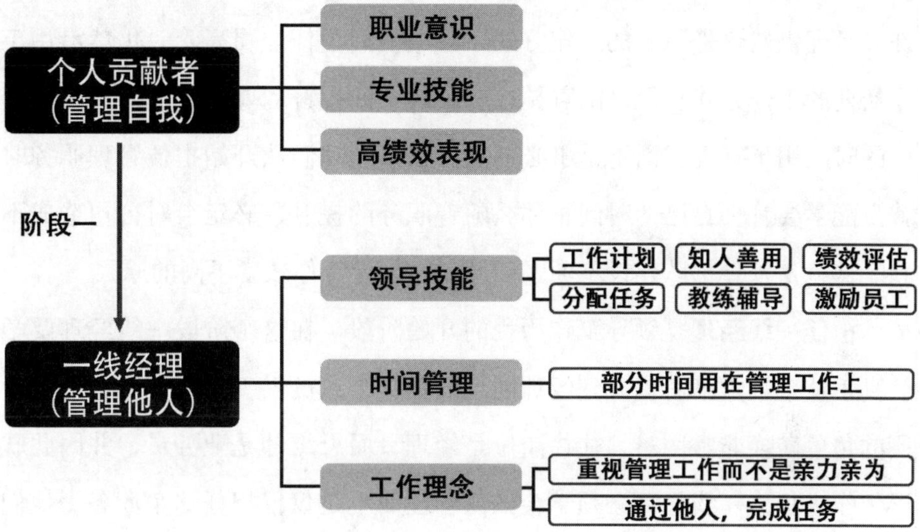

图 8 –8　职业发展第一阶段

新员工工作的最初几年是个人贡献者，无论从事什么岗位的工作，对他们能力的要求主要是专业化和职业化。通过完成规定的动作做出贡献，随着工作年限的增加，他们学习的内容包括工作计划、进度管理、工作内容、工作质量和工作的可靠性，需要提高的工作价值观包括公司文化和职业标准。当他们成为业绩出色、技术熟练的个人贡献者时，特别是当他们能够有效地与他人合作时，公司往往会增加他们的职责。如果他们能够熟练地胜任这些工作，并遵循公司的价值观，那么他们就将被提升为一线经理。

在领导力发展的第一阶段，应该学习的技能包括工作计划、知人善任、分配工作、激励员工、教练辅导和绩效评估。一线经理需要学会如何管理他们的时间，使得他们不仅能够完成自己的工作，同时还能够帮助其他人完成工作。一线经理不能把所有的时间都用来“救火”、捕捉机会或者只顾自己，他们必须从自己做事转变为带队伍做事。

对于新任经理来说，转变时间管理方式是一件困难的事。部分原因是许多经理仍然热爱原有的工作方式，甚至他们担任公司高管时仍然沿用工作初期的工作方式。但是随着领导层级的不断提升，要求经理们把越来越多的时间用于管理，而不是事必躬亲。如果经理们从开始担任管理职务时就没能学会管理自己的时间，那么随着职务的提升，必定会对公司造成不利。这就是领导梯队建设不通畅以及各级领导工作效率不高的原因。

担任一线经理是领导工作历程的开始阶段。在这个阶段一线经理要学会真正从个人贡献者提升到经理岗位的工作方式的转变。事实上，这个阶段的角色转换非常困难，往往岗位是经理，而思维却是业务员，并因此耽误工作进程。一线经理必须学会如何管理而不是仅仅担任这个职务。他们必须坚信，把时间用于帮助他人、制定计划、教练辅导和类似的工作，是他们的职责，而且他们必须把通过他人完成任务作为自己取得成功的关键，不只是工作理念的转变。

（2）第二阶段——从管理他人到管理经理人员（图 8－9）

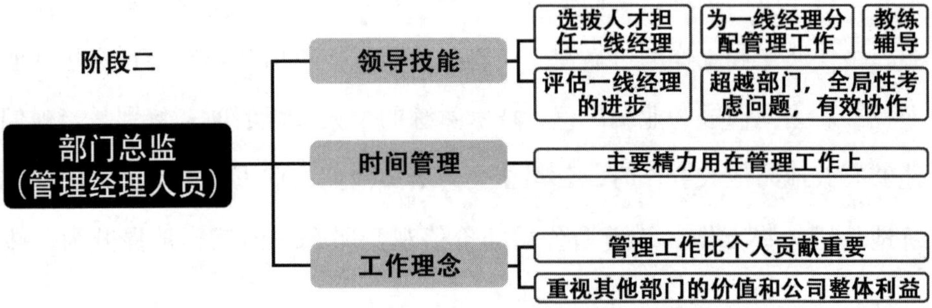

图 8－9　职业发展第二阶段

第一阶段的经理属于二级经理，经理人员除了日常管理工作外，仍要承担一部分个人贡献。第二阶段是纯粹的管理工作，他们不再需要直接做出个人贡献。他们必须掌握的关键技能包括：选拔人才担任一线经理、分配管理工作、评估下属经理以及教练辅导。部门总监要能够从管理和领导他人的工作中获得满足感，同时，他们必须学会超越部门利益考虑全局性战略问题，并积极给予支持。

（3）第三阶段——从管理经理人员到管理职能部门（图 8 – 10）

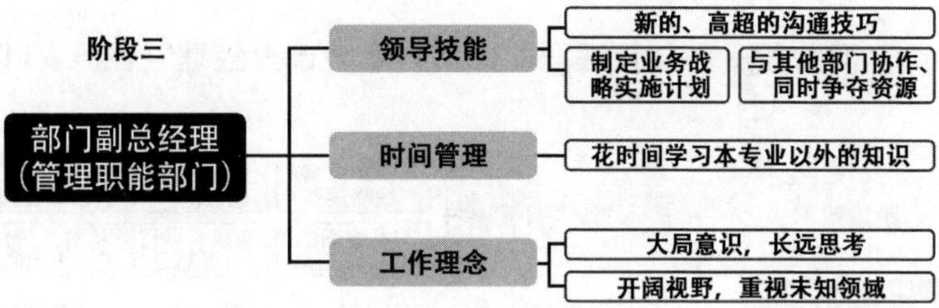

图 8 – 10　职业发展第三阶段

事业部副总经理主管几个相关部门，他们需要跨越两个层级与员工沟通，因此需要培养新的沟通技巧。此外，他们还必须管理自身专业以外的其他工作，这就意味着他们必须懂得专业以外的工作，而且还必须学会评估它的价值。

事业部副总经理需要向事业部总经理汇报工作，因此，他们必须有全局意识，能够兼顾多个部门的需求和利益。他们需要具备两项新的技能：一方面是与其他部门团结协作，另一方面是基于工作的需要与其他部门争夺资源。与此同时，他们还必须擅长制定战略，不仅为自己的部门，而且统筹整个业务部门的战略规划。他们需要经常参加业务工作会议，与其他部门主管并肩作战。这些工作都需要占用他们的时间，因此，他们必须学会适当授权给下属经理。

领导力发展的第三阶段要求管理者更加成熟。一方面，成熟意味着他们的思考和行动能力要像是一个事业部副总经理，而不是部门总监。另一方面，也要求他们有开阔的、长期的战略眼光，对于他们所主管的部门有前瞻性的、准确的长远考虑，这常常给他们带来巨大的挑战。在这个管理层级，他们的领导能力主要体现在制定职能战略，以确保业务领先于竞争对手。他们必须通过促进开发更具创新性的产品，或者开拓新的渠道来实现部门最大价值。他们必须推动主管部门获得持续发展的竞争优势，而不是仅仅取得短暂的辉煌。

（4）第四阶段——从管理职能部门到事业部总经理（图 8－11）

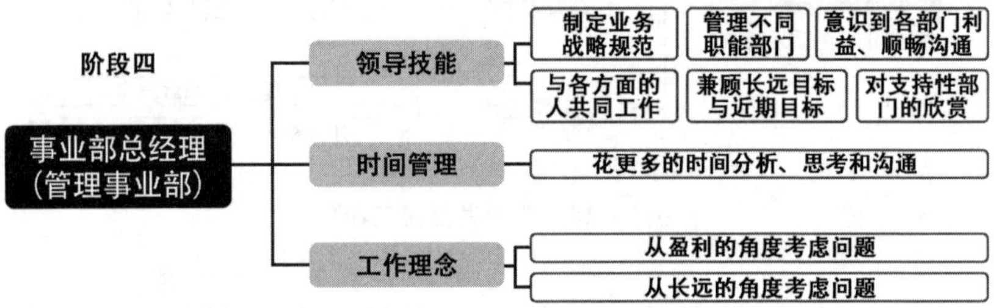

图 8－11　职业发展第四阶段

事业部总经理通常获得很大的授权，他们全权负责一个业务单元。从事业部副总经理到事业部总经理的变化在于，事业部总经理不是从部门的角度评估计划和建议方案，而是从赢利和长远发展的角度进行评估。为了获得成功，事业部总经理必须改变他们先前的思考方式。

在新的岗位上，可能有更多新的、不熟悉的工作等着他。对于那些只在一个部门工作过的人来说，事业部总经理岗位意味着以前从未接触过的新领域，因为突然之间他们将面对许多不熟悉的工作，承担前所未有的责任。他们不仅要学会管理不同的部门，而且需要熟练地与各方面的人员协同工作，敏锐地意识到各部门的利益点，并清楚、有效地与各方面人员沟通。更具挑战性的是，如何兼顾长远目标与近期目标，取得恰当的平衡。事业部总经理必须完成季度利润、市场目标、产品计划和人员管理目标，同时兼顾未来 3～5 年目标的实现。这种平衡持续困扰、考验着事业部总经理，要求他们投入更多时间思考，并成为善于思考的领导者。他们不需要每天去做具体的工作，而应该把更多的时间用于分析和反思。

（5）第五阶段——从事业部总经理到集团高管（图 8-12）

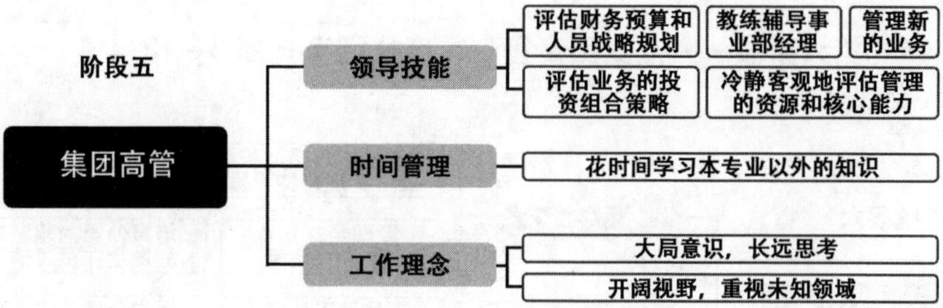

图 8-12　职业发展第五阶段

这个阶段要求领导者在四项关键技能方面进一步提升：

第一项技能是集团高管必须擅长评估资金调拨和人员配置的战略规划。这是一项复杂的商业技能，包括学会正确地提问、有效地分析数据，以及从公司的角度去理解哪些战略规划最有可能成功、最应该得到支持。

第二项技能是培养事业部总经理。他需要清楚哪些事业部副总经理的能力最适合担任事业部总经理，并提升自己的教练辅导能力。

第三项技能是评估业务的投资组合策略。这与事业部的战略有很大不同。他第一次需要问以下几个问题：我们有合适的业务群吗？为确保当前和未来的赢利，需要增加什么业务？削减哪项业务？调整哪项业务？

第四项技能是集团高管必须精于评估自己的核心能力，采取冷静客观的态度，评估手中的资源，基于分析和经验做出判断，而不是盲目乐观。

在这个阶段，领导者能力获得更加全面的发展。领导者可能掌握了必要的管理技能，但如果他们没有开放、善于学习的思维，他们的领导才能就不能够完全发挥出来。集团高管需要处理多项业务带来的复杂性，考虑社区、行业、政府和各种礼仪活动。他们必须为自己做出的重大决策而承担更大的风险和不确定性，并且要做好准备在这个岗位上工作很长时间。在这个工作范围很大的岗位上，集团高管不能抱着专家的心态去工作，他们需要以更加开放和包容的眼光去看待各项工作。

（6）第六阶段——从集团高管到首席执行官（图 8－13）

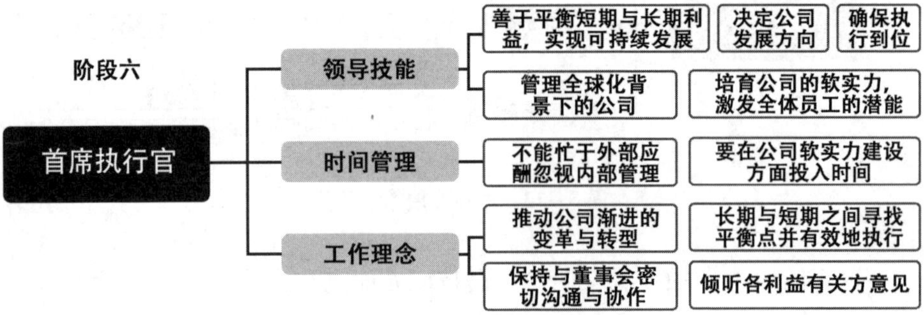

图 8－13　职业发展第六阶段

领导力发展的第六阶段，其转变更多地集中在经营理念而不是管理技能方面。首席执行官必须确认自己的角色和职责，作为一位组织的最高领导，他必须是一位有着远大抱负的思想者，同时善于建立公司的运行机制，培育公司的软实力，激发全体员工的潜能，推动公司实现每个季度的业绩目标，并确保公司长期战略目标的实现。权衡取舍是首席执行官日常的功课，他们必须学会适应和掌握这门艺术。此外，敏锐地觉察并熟练地处理外部利益相关者关系、重大的外部变化以及积极主动地加以应对，变得越来越重要。首席执行官必须具备重视外部关系的视角。

首席执行官需要清楚，他们的年度业绩通常取决于三四个关键的决策，他们必须把这些决策放在优先位置，并持续以它们为中心开展工作。从思考公司战略到公司愿景，从公司运作到全球业务发展，这些视角的转变看起来差异不大，实际上大相径庭。首席执行官必须学会“抓大放小”，聚焦于公司全局性事物，例如如何更好地构思、开发、生产和销售客户真正需要的产品，而不是具体的产品开发细节。

最后，首席执行官必须团结一批业绩出众、雄心勃勃的领导人才，虽然知道他们中的某些人觊觎首席执行官的职务，却仍然重用提拔他们。通过各种沟通方式激励公司全体员工是首席执行官最重要的职责之一，也只有首席执行官才能做到。

拉姆·查兰的领导梯队模型实际上给国内外的企业（包含大企业、中型企业、小型企业）拓展和指明了干部队伍建设和培训的方向和内容，非常好用！经过 20 年的人力资源管理实践，以及 7 年多的管理咨询培训的经理，笔者认为我们多数的企业、企业的管理者和人力资源经理人最缺的不是做什么，而是往哪里走的问题，拉姆·查兰的领导梯队模型恰恰解决了这个问题。

企业人才培养的四个案例

跨国公司喜欢在内部提拔高级人才，主要是因为能维持企业文化的一致性。很多成功公司如通用、IBM、宝洁都非常重视建立和维护自己的文化，他们自然会选拔在公司内部工作了很久的人员。而且，这样做更容易建立员工对公司的忠诚，很多员工为公司工作了很多年，因为他们能看到事业的发展空间。当然更重要的是跨国公司非常重视内部领导人的培养。

【名企案例】内部提升：用人制度的核心

宝洁公司是当今为数不多的采用内部提升制的企业之一。早在企业成立的 1837 年到 1867 年的 30 年时间里，宝洁公司曾花费了大量的时间去思考和研究，用什么办法才可以让员工一直留下来？他们的答案是，关键在于使员工对企业产生较强的归属感，使员工的价值观与企业的价值观相吻合，而内部选拔制度非常有利于实现这两个目标。创业初期，身为基督徒的两位创始人比较强调交流，也非常强调对员工承诺的兑现，这使他们赢得了员工的信任，也赢得了建立内部选拔制度的时间。

宝洁的用人策略是内部培养，这是一个非常昂贵的策略。比如，宝洁中国区空出了一个总监的位置，宝洁会先看自己在中国的这些副总监有没有比较合适的，如果没有太合适的，就会考虑从宝洁其他公司引进一个总监，其实这比在本土市场上请猎头公司帮忙招一个总监贵得多，因为外籍员工的工资是相对较高的。但是，宝洁一直坚持这种有效的方式。

宝洁的历任CEO都是从初进公司时的一级经理开始做起，他们熟悉宝洁的产品，也熟悉宝洁的经营机制，更重要的是，他们对宝洁的文化有百分之百的忠诚。他们随着宝洁公司成长而一道成长，这种自豪感和主人翁意识可以很好地保持公司的凝聚力。从组织文化的角度来说，如果有太多的“空降兵”进入的话，这个组织就会在文化融合方面付出更高的成本。宝洁的现任CEO雷夫利也是内部提升的一个典型，他自1977年哈佛大学MBA毕业之后就加入宝洁，从品牌助理、品牌经理、分公司总经理一直做到现在的职位。

要实现内部提升制，必须要有几个前提：一是公司雇佣的人员必须有发展的潜力；二是他们应该认同公司的价值观；三是公司的职业设计相当明确并且充满层次；四是公司必须建立完善的培训体系，以提升公司雇员的潜力；五是公司的提升制度必须透明化。

作为一家国际性的大公司，宝洁有足够的空间来让雇员描绘自己的未来职业发展蓝图。无论他是一个技术型人才还是一个管理型人才，他未来的发展空间都会足够的大。例如，如果你要想成为一个人力资源经理，那么，这个就是你的职业成长路线图：最初你将会是一个人力资源专职管理培训生，然后你将成为负责培训、招聘或者工资福利制度的助理经理。下一步，你将作为人力资源部的某一专业领域经理负责公司政策制度的实施、招聘等工作。更进一步，你会作为分公司的人力资源部经理全面负责所属合资公司的人力资源系统的整体管理工作，或者负责人力资源某个专业领域系统的发展和完善（如工资福利制度等）。最后，你将会成为人力资源部的经理。

在宝洁，除了律师、医生等职务，几乎所有的高级经理都是从新人做起，宝洁管理层95%以上的员工都是由应届大学毕业生培养起来的。

除维系员工的归属感、激发员工的工作热情之外，内部选拔还可以有效避免外部招聘所带来的“公司政治”（不同背景的小集团）增多的风险，有利于维护公司文化的纯洁，从而减少因公司核心价值观受到冲击而造成公司经营上动荡的风险。

当然，内部选拔容易带来员工同质性高的后果，造成企业缺乏新鲜血液，进而可能会影响企业的创造力。为了消减这些消极影响，宝洁非常强调“外向性”，加强外部市场调研，加强与研究机构、供应商、分销商的配合，注重引入外部积极因素来积极化解内部选拔制带来的某些不利。这比许多选择了并坚持自身特色的企业多走了一步。

内部选拔是企业用人方式的一个自然选择，但在宝洁，这种自然已经超越一般，成为宝洁企业文化的一个显著表现形式，是宝洁用人制度的核心，也是宝洁取得竞争优势的一个重要源泉。

【名企案例】GE 的人才工厂：人才培养是企业的基因

20 世纪 50 年代，GE 非常缺乏独立经营的管理人才。在这样的情况下，经过诸多努力，一个高级管理课程设计出炉。1956年，GE成立了大学式的克劳顿管理学院，实施了其首个长达13周的高级管理项目。GE克劳顿管理学院被《财富》杂志誉为“美国企业界的哈佛”，鉴于“克劳顿村”是GE高级管理人员培训中心，有人把它称为GE高级领导干部成长的摇篮。出自GE公司、跻身财富500强的CEO多达137位，可以说“克劳顿村”与GE共成长。

每年在克劳顿管理学院接受培训的GE高级经理人员都达5 000~6 000人，他们分别来自GE在全球的业务部门。该管理学院的教员，50%来自GE高层经管人员，其中包括GE前董事长兼CEO韦尔奇先生以及现任董事长兼CEO杰夫·伊梅尔特先生。对于高层管理者来说，授课被视为自己的本职工作，是一种自然而然的行为，这就是GE独特的企业文化。在GE，对于每个企业管理者来说，人才培养都是自己必须尽到的责任。所以，在企业文化方面，人才培养已经成为企业重要的基因。

【名企案例】首都航空：基层继任者选拔及培养计划

首都航空是海航旅游集团的子公司，由于近几年企业发展比较快，业务扩张迅速，人员规模上升得厉害，企业的各个板块出现了管理岗位大量空缺的情况，这也是整个海航快速发展的写照。所以，2016年首都航空启动了《“璀璨明天”基层继任者选拔及培养计划》，从高潜能员工里选一部分后备干部做培养，笔者参与了整个选拔培养全过程，下面就该计划做简要介绍。

项目总共划分为五个阶段（见图8－14）：

- 资格审查
- 即兴演讲

- 无领导小组讨论和面试
- 发展潜力测评与解析
- 管理培训及行动落地

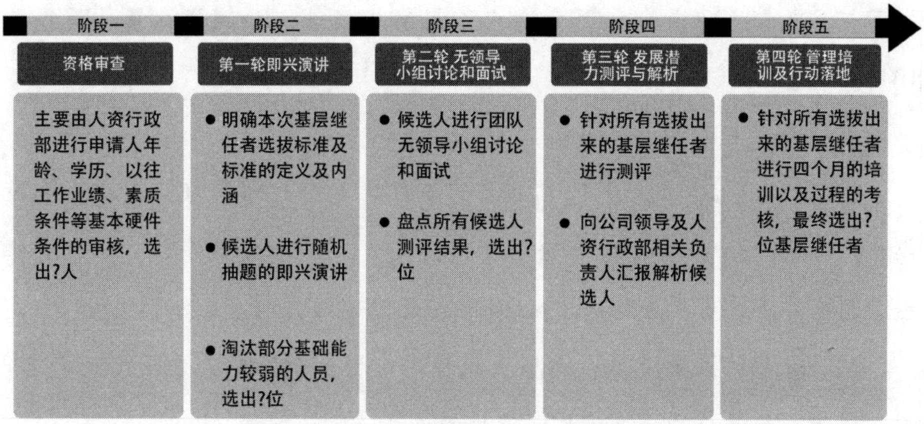

图8－14　×××项目实施的总体思路

（1）阶段一——资格审查

由首都航空的人事行政部操作，对申请人的年龄、学历、以往的工作业绩、素质条件等进行审核，选出符合条件的候选人104人。

（2）阶段二——即兴演讲

候选人选拔完毕之后，每人做一个三分钟即兴演讲。当时出了100多道题目，演讲之前抽签，抽到题目之后准备半小时，然后开始演讲。由于管理干部随时都有可能面临即兴发言的情景，所以本次选拔设计了三分钟即兴演讲环节，通过这一环节淘汰部分基础能力比较弱的候选人，共30多人。

（3）阶段三——无领导小组讨论和结构化面试

把候选人分组，让他们做无领导小组讨论，每个组现场随机抽一个题目，然后展开研讨，考核候选人的主动性、沟通能力、演绎思维、团队合作和自信程度。半小时的结构化面试主要考察候选人的责任心、主动性、成就欲望和抗压能力。通过无领导小组讨论和结构化面试进一步淘汰。

（4）阶段四——发展潜力测评解析

针对所有选拔出来的候选人进行能力测评，汇总前面几轮的成绩，向公司领导及人事行政部相关负责人汇报解析候选人的测评结果。最终从104个人选拔出38人。

（5）阶段五——管理培训及行动落地

对选拔出来的38人进行4个月的管理培训和行动学习，过程中针对每个人详细记录了课程和行动学习的情况，课程现场有评分，课后有作业，这个环节过后，最终选出来30位经理候选人。

这个过程貌似很简单，实际上操作的时候，会涉及方方面面的问题。通过以上五个过程的严格运作，项目的成果还比较靠谱。

【名企案例】某集团公司干部选拔的方案

这是笔者服务过4年的一家集团公司，其中有一年的时间专门负责集团干部管理工作。集团的干部分为两大类：一类是管理序列，一类是专业技术序列，见图8－15所示。

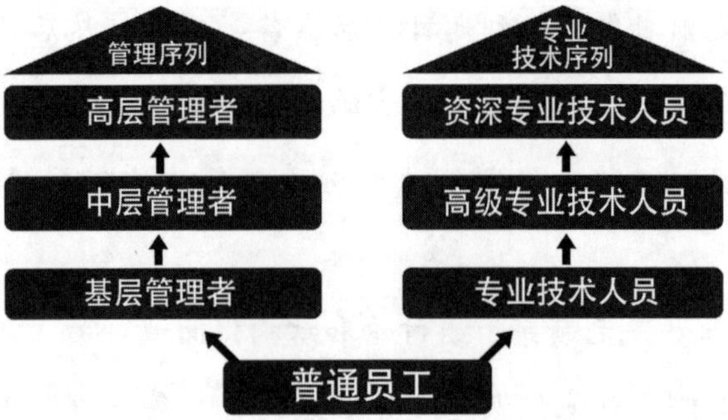

图8－15　××公司管理干部选拔的方法

管理序列包括基层管理者、中层管理者、高层管理者和普通员工。

专业序列包括专业技术人员、高级专业技术人员和资深专业技术人员和普通员工。

(1) 管理干部选拔

• 晋升的路径

对于管理序列有一个学习地图，简单示意如图 8－16。学习地图包括四个层面：员工层、基层干部、中层干部、高层干部。

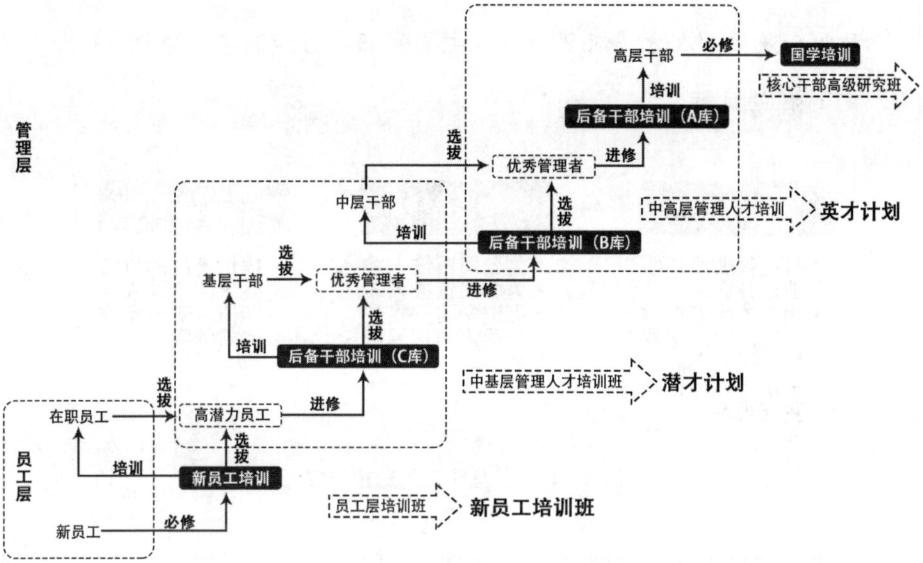

图 8－16　管理序列学习地图

新员工入职之后，参加为期五天的新员工培训，培训完之后会选拔出一部分高潜员工，一般都比较少，多数高潜员工在在职员工中选拔。公司为选拔出来的高潜员工提供进修的机会，进修完成后进入后备干部的培养，进入 C 库。C 库中特别优秀的人员选做优秀管理者，其他人员经过培训，成为基层干部。基层干部再经过选拔，选拔出优秀的管理者，优秀管理者再进修，到了后备干部的 B 库。B 库中特别优秀的人员选拔出来成为优秀管理者，B 库的干部培训完后晋升为中层干部。中层干部中特别优秀的人员选拔出来成为优秀管理者，优秀管理者再进修，进入 A 库，A 库作为高层干部后备库。

学习地图中包括四个阶段的系列培训班：

第一个是员工层的培训班，包含新员工培训，还有老员工的轮训，主要是基本管理技能培训。

第二个是中基层管理人才的培训班，训练带团队管业务的技能。

第三个是中高层管理人才培训班，训练管理经理和业务的技能。

第四个是核心人才高级研讨班，主要做领导力和国学的培训。

- 选拔的目标

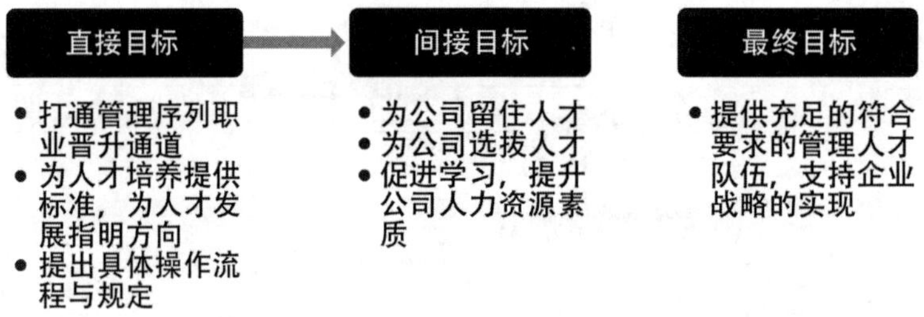

图 8－17　管理干部的选拔目标

管理干部的选拔目标有三个（如图 8－17）：

直接目标是打通管理序列职业晋升通道，为管理人才培养提供标准、为人才发展指明方向，提供具体的操作流程和规范，打破以往干部晋升全凭领导喜好、拍脑袋决定的惯例。

间接目标是为公司留住人才，为公司选拔人才，促进学习、提升公司人力资源素质。通过干部的选拔，包括学习地图的制作给企业的人才培养指明了方向，这样人力资源部也容易做选拔与晋升，促进人才流动。

最终目标是提供充足的符合要求的管理干部队伍，支持企业战略的实现。

● 选拔的步骤

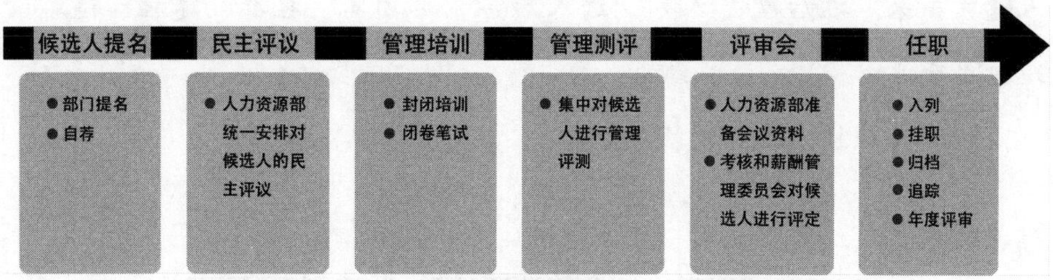

图8－18　公司管理干部选拔评审工作流程

公司的管理干部选拔评审工作流程分为六步（如图8－18）：

第一步，候选人提名。候选人可以由部门提名推荐，也可以员工自荐。

第二步，民主评议。候选人名单出来后，人力资源部统一安排对候选人进行民主评议，使用360度访谈，配合测评问卷一并进行，考察候选人的综合素质，通过民主评议淘汰一部分有明显缺陷的候选人。这样操作公平吗？不公平。不公平吗？也挺公平的。如果候选人情商、智商都不高，人品不咋样，民主评议这一关肯定是过不了的。

第三步，管理培训。对选拔出来的干部封闭培训加闭卷笔试。这次培训，实际上是对选出来的人员做一次管理知识的灌输。选的课程是德鲁克的《管理八项》，老师讲得也不错，课程结束后闭卷考试，考试后淘汰了没参加考试和考试成绩不好的候选人。

第四步，管理测评。对候选人的管理测评用的是北森的测评系统，给每一位候选人做管理能力测评。

第五步，述职评审。评审的内容包括人力资源部准备会议评审资料，组建考核委员会，现场对评选人进行审定。

第六步，任职。

综上，候选人的选拔有四个考核维度，包括：管理培训考试、管理能力测评、述职成绩和候选人过去两年的绩效成绩，根据四宫格原理把候选人选拔出来。之后就是入列，进入后备干部团队，挂职、建档、追踪管理、年度评审，整个流程结束。

（2）专业技术人员选拔

● 选拔的目标（图8－19）

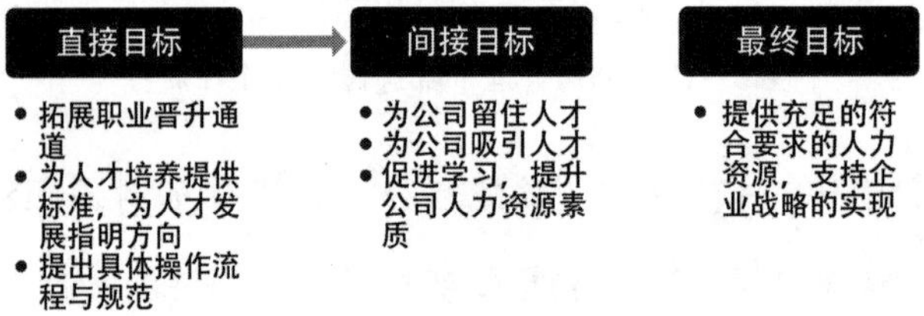

图8－19　专业技术人员选拔的目标

专业技术人员选拔的目标也是三个：

直接目标之一是拓展职业晋升通道，因为原来员工晋升只有管理通道一条路，专业通道一打开，拓展出了另一个通道，为人才培养提供了标准，为人才发展指明了方向，提供了规范的流程。

间接目标是为公司留住人才，吸引人才，促进学习、提高公司的人力资源素质。

最终目标是提供充足的符合要求的人力资源，支持公司发展战略。

● 选拔的步骤（图8－20）

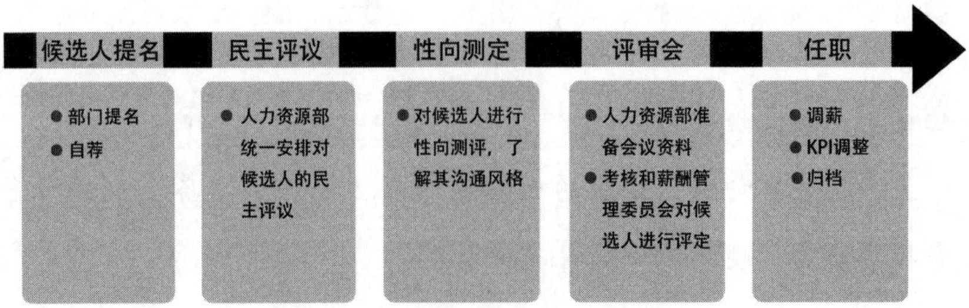

图8－20　专业技术骨干的选拔步骤

专业技术骨干的选拔有五步：

第一步，候选人提名。由部门推荐或自荐。

第二步，民主评议。人力资源部统一安排民主评议。

第三步，性向测定。做一个行为风格测定，方便对候选人行为风格进行详细的了解。

第四步，开评审会评审。

第五步，任职。经过选拔，合格的人员要安排任职，调整薪酬，并重新设定岗位 KPI，最后归档。

- 任职资格的建立

为了保证技术骨干选拔的公平性和科学性，人力资源部组织公司相关部门建立了各职位的任职资格标准。这里包括 IT 工程师、审计师、管理师和项目经理四个大类，如下所示：

①IT 工程师任职资格标准

②审计师任职资格

③管理师任职资格标准

财务管理师

法务管理师

企业管理师

人力资源管理师

资金管理师

④项目经理任职资格标准

产业运营方向

机构管理方向

发展支持方向

金融资源方向

证券投资方向

从大类和小项可以看出比较浓郁的企业特征，但是此处的任职资格相对比较简单，跟严格意义上的任职资格不同。详细的任职资格格式见本节课附件一。

- 组织机构

为了保证专业技术骨干选拔与运营机制的有效性，公司还建立了配套的组织来对此项工作负责，如图 8－21 所示。

总裁	● 年度工作计划及评审结果的审批
考核与薪酬管理委员	● 负责专业技术序列管理工作战略制定与修订；负责相关制度、标准与政策的制定与修订；负责工作计划、操作方案的批准；负责专业技术人员评审工作及等级证书的发放工作；监督各部门相关工作执行情况
人力资源部	● 负责制度、标准与政策、工作计划及操作方案的草拟与执行，负责专业技术人员评审工作的组织与协调 ● 建立被评审人员档案、维护更新相关资料，薪酬与绩效考核指标的调整 ● 负责协调日常工作
各用人单位	● 协助人力资源部进行专业技术评定标准的制定与修改，提供所需信息 ● 按要求的程序与标准进行内部人才推荐及相应资料的提交 ● 根据要求安排人员培训 ● 根据要求参加专业技术评审工作

图 8－21　任职资格管理组织机构图

总裁就是企业的老板。年度工作计划及评定结果审批，由老板来决定。

考核与薪酬管理委员会是一个会议组织，负责专业技术序列管理工作战略制定和修订，负责相关制度标准与政策的制定与修订，负责工作计划、操作方案的批准，负责专业技术人员评审工作及等级证书的发放工作，监督各部门相关工作执行情况。

人力资源部负责制度、标准、政策、工作计划、操作方案的制定和执行，专业技术人员评审工作的组织和协调，建立被评定人员档案，以及薪酬和绩效考核指标的调整，还有负责协调日常工作。

用人单位负责协助人力资源部进行专业技术评定标准的制定和修订，提供所需信息。标准的制定，一定是各部门根据人力资源部的格式和模板来进行，按照要求的程序与标准进行内部人才推荐及相关材料的提交，根据要求安排人员培训，根据要求参加专业技术评审工作。

- 任期和职称变动的管理

职务的任期一般为一年。职称变动包括晋升、降级、退出、胜任管理岗位、管理级别提升，或者评选其他序列之上。原来是专业技术的人跨到了管理序列也有可能，这些都要做出比较具体的规定。

员工内部竞聘注意事项

合理的企业内部竞聘能够给予具有潜力的员工上升、晋升的机会，能够有效地激发员工的竞争意识，给其他员工以激励向上的作用，同时也让内部优秀人才得到重用。但要做好员工内部竞聘并不是一件容易的事情，需要注意会不会产生不良的影响，那么员工内部竞聘应该注意哪些要点呢?

通过竞聘前的岗位分析工作，明确任职的资格和条件

为了避免员工不了解真实的岗位情况而盲目报名，减少竞聘失败的不良影响，建立可依据的竞聘考核标准，在竞聘开展前先做好岗位分析工作。可以通过岗位说明书的方式明确任职的资格和条件，让员工了解竞聘岗位的真实情况，选择参与和自己的工作能力、素质要求等相符合的职位。这样也便于划定候选人的范围，提高竞聘的效率。可以和领导多多讨论哪些能力是该岗位必备的核心能力，在候选人能力相当的情况下应该优

先考虑哪些能力等问题。

内部竞聘要尽可能提高公平公正的感觉，让参与竞聘的人都心服口服

评审和组织者的权威性和专业性非常重要，能否公开公正地进行是赢得员工信任的关键点。竞聘的过程要有客观的评判，少一些主观的因素，可以通过让他们看到对方表现的方式，或是加入第三方监督的方式来增加竞聘的透明度，避免出现徇私舞弊的情况。

关注落选者的感受，持续改善人才选拔工作

关注竞聘落选者的感受可以避免因为情绪造成的负面影响，影响工作，甚至造成人员流失。可以和落选的员工进行深入沟通，帮助解除员工的疑虑，客观地做评价与肯定，帮助分析不适合竞聘岗位的原因，让他们了解自己的能力，鼓励他们调整心态，从而改善自己、通过竞聘也有所收获。具体根据员工的实际情况做针对性的解决，在这过程中可以听听他们的看法，以便进一步改善员工内部竞聘的人才选拔工作。

【附件一】×××专业技术序列人员管理办法

第一章　总则

第一条　目的

为拓展人才发展通道，规范专业技术人员晋升管理，保留与吸引关键专业技术人才，促进集团内部人才的成长，增强集团人力资源竞争力，特制定本管理办法。

第二条　范围

本办法适用于集团各部门，各分公司、子公司参照执行。

第三条　基本原则

战略导向原则：专业技术序列的设定与各级别标准的具体要求要支持集团战略的实现，并根据集团战略的变化进行调整。

公平、公正、公开原则：专业技术序列标准的制定，及专业技术序列评定工作按统一的标准、规范的流程进行。

第二章　专业技术序列、等级及任职资格标准

第四条　职业发展通道与薪酬待遇标准

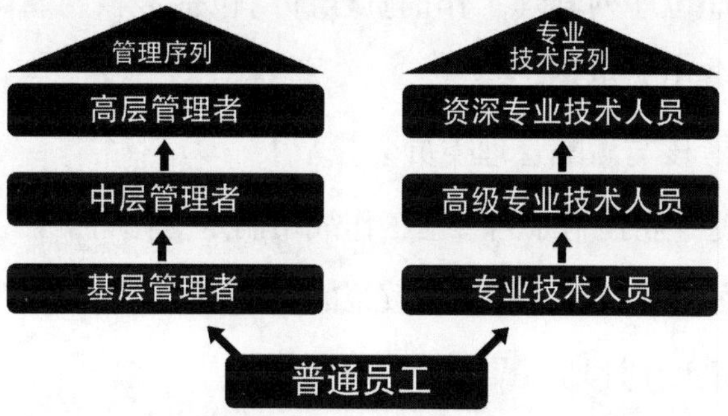

图 8－22　职业发展双通道

公司针对专业技术人员设定专业技术职业发展通道。

原则上，专业技术人员的薪酬水平分别参照管理序列基层、中层与高层标准进行，具体标准由考核与薪酬管理委员会根据实际情况确定。

第五条　专业技术序列与任职资格标准

（一）专业技术序列：目前分为投资经理和 IT 工程师两个序列。

（二）任职资格标准：每个序列分为三个级别，每个级别对应具体的任职资格标准。详见表 8－3。

表8－3

<table>
<tr><th>序号</th><th colspan="2">序列名称</th><th>涉及部门</th></tr>
<tr><td rowspan="3">一</td><td colspan="2" rowspan="3">投资经理：投资研究，投资分析</td><td>股权投资部</td></tr>
<tr><td>产业运营部</td></tr>
<tr><td>证券投资部</td></tr>
<tr><td rowspan="3">二</td><td rowspan="3">IT工程师</td><td>网络工程师</td><td rowspan="3">信息管理部
证券投资部</td></tr>
<tr><td>系统工程师</td></tr>
<tr><td>数据库管理工程师</td></tr>
</table>

第三章　各部门职责

第六条　责任部门

专业技术职位序列管理工作的责任部门包括考核与薪酬管理委员会、人力资源部与各用人单位。

第七条　考核与薪酬管理委员会

（一）负责专业技术序列管理工作战略制定与修订。

（二）负责相关制度、标准与政策的制定与修订。

（三）负责工作计划、操作方案的批准。

（四）负责专业技术人员评定工作及等级证书的发放工作。

（五）监督各部门相关工作执行情况。

第八条　人力资源部

（一）负责相关制度、标准与政策的起草、修改与推行。

（二）负责工作计划及操作方案的草拟与执行。

（三）负责专业技术人员评定工作的组织与协调。

（四）负责专业技术等级证书的准备。

（五）建立被评定人员档案，维护更新相关资料（简历、相关证书与参评情况等）。

（六）根据评定结果，负责被评选人员薪酬与绩效考核指标的调整及相应信息的更新。

（七）负责协调日常工作。

第九条　各用人单位

（一）协助人力资源部进行专业技术评定标准的制定与修订，提供所需信息。

（二）按要求的程序与标准进行内部人才推荐及相应资料的提交。

（三）根据要求安排人员培训。

（四）根据要求参加专业技术评定工作。

第四章　专业技术序列人员评定工作

第十条　专业技术序列人员评定工作流程

专业技术序列人员评定工作采取候选人提名、民主评议与评定会的形式进行。专业技术序列人员评定工作流程见图 8－23。

第十一条　制定《年度专业技术序列人员评定工作计划》

（一）考核与薪酬管理委员会每年 1 月 30 日前，根据集团发展目标要求，基于企业人力资源的现状，确定《年度专业技术序列人员评定工作计划》（以下简称《评定工作计划》），包含但不限于以下内容：

1. 本年度评定范围及晋升编制。

2. 评定工作安排。

3. 其他相关内容。

（二）人力资源部负责《评定工作计划》制定过程中的具体工作。

（三）《评定工作计划》报总裁审批后实施。人力资源部根据考核与薪酬管理委员会授权，负责《评定工作计划》的组织实施工作。

第十二条　发放《评定工作通知》

考核与薪酬管理委员会根据《评定工作计划》起草《评定工作通知》及《评定工作实施方案》等文件，报总裁审批。经总裁审批后，发放《评

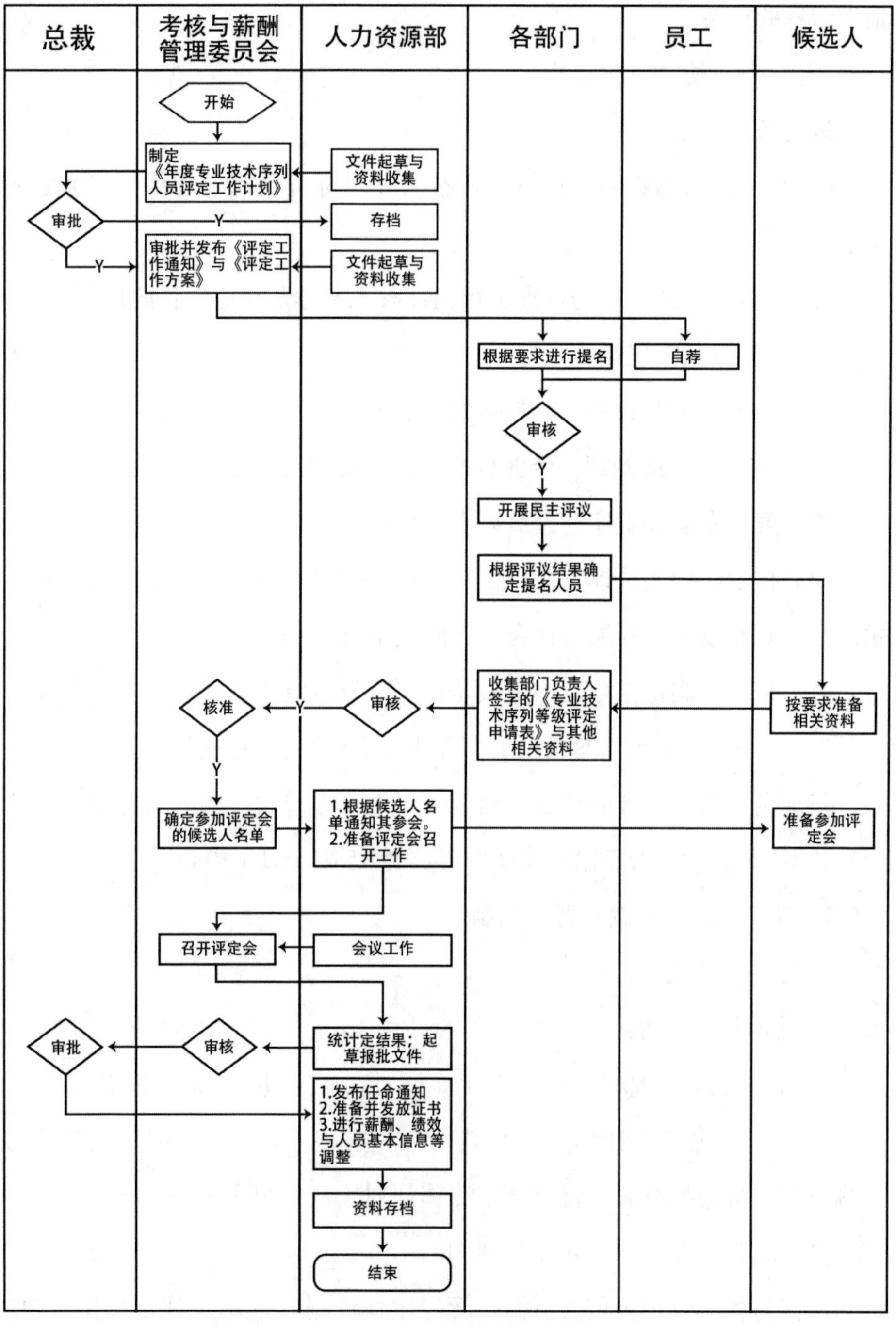

图 8－23　专业技术序列人员评审工作流程

定工作通知》，开始评定工作。

第十三条　候选人提名

（一）各部门根据《评定工作通知》，开展候选人提名工作。

（二）专业技术序列人员评定候选人的提名方式包括部门推荐和员工自荐两种。被推荐人/自荐人填写《专业技术序列等级评定申请表》（见表 8－4），提交部门负责人。

（三）部门负责人对被推荐人/自荐人的任职资格进行审查，对审查合格的人员开展民主评议活动。

（四）部门负责人根据民主评议结果确定部门候选人提名，签字后提交主管领导审核，将最终结果提交人力资源部。

（五）被提名候选人根据要求准备相关资料，由所在部门统一提交人力资源部。

第十四条　资格审查

人力资源部对被提名人员进行初步资格审核，将审查合格的人员提交考核与薪酬管理委员会审核。审核通过人员参加评定会，由考核与薪酬管理委员会制定名册并发放参会通知，人力资源部负责具体工作。

审核的内容：

（一）参评标准符合性审查。

（二）资料完备性审查。

第十五条　专业技术序列人员评定会

（一）考核与薪酬管理委员会组织召开专业技术序列人员评定会，对参评人员按要求进行逐个评定、打分。

（二）评定会形式：

第一步，候选人参评陈述。陈述内容包括工作职责、工作经历、学习教育经历等相关内容，具体内容参见每次评定会要求。

表8－4　专业技术序列等级评定申请表

<table>
<tr><td colspan="6">申请目标：</td></tr>
<tr><td>姓名</td><td></td><td>部门</td><td></td><td>岗位</td><td></td></tr>
<tr><td>出生年月</td><td></td><td>入职时间</td><td></td><td>何时任职现在岗位</td><td></td></tr>
<tr><td>最高学历</td><td></td><td>所学专业</td><td></td><td>毕业时间</td><td></td></tr>
<tr><td>毕业院校</td><td colspan="5"></td></tr>
<tr><td>联系方式</td><td colspan="2">办公电话：</td><td>手机：</td><td colspan="2">E－mail：</td></tr>
<tr><td colspan="6">工作总结与自我评价</td></tr>
<tr><td colspan="6"></td></tr>
<tr><td colspan="2">部门意见</td><td colspan="4"></td></tr>
<tr><td colspan="2">公司主管领导意见</td><td colspan="4"></td></tr>
<tr><td colspan="2">人力资源部意见</td><td colspan="4"></td></tr>
<tr><td colspan="2">考核与薪酬管理委员会意见</td><td colspan="4"></td></tr>
</table>

第二步，现场问答。

（三）会议组织。考核与薪酬管理委员会负责会议组织工作整体管理，人力资源部负责具体工作的组织与实施。

第十六条　评定结果的确定与证书发放

（一）考核与薪酬管理委员会根据民主评议及评定会评定结果，确定初步评定名单，起草申请文件报总裁审批。

（二）总裁审批后，考核与薪酬管理委员会公布结果，并向被评定人员发放任职证书，并向人力资源部发送被评定人员薪酬调整通知。

（三）人力资源部负责具体工作的执行。

第十七条　薪酬调整与信息变更

人力资源部根据《被评定人员薪酬调整通知》办理以下事宜：

（一）被评选人员薪酬变更事宜。

（二）与部门配合，调整被评选人考核指标。

（三）变更被评选人基本人事信息。

第五章　任期与专业技术等级变动管理

第十八条　任期时间

专业技术序列人员任期为一年。

第十九条　任职期满评定

任职期满后，原任职人员需要按规定参加评定会。考核与薪酬管理委员会对任职人员的任职资格进行评定，根据评定结果确定专业技术等级或取消专业技术等级。

第二十条　任期内考核

谈话制度。考核与薪酬管理委员会每半年将组织被评定人员进行谈话，了解工作情况，工作需求及相关信息。

绩效考核。人力资源部在每个考核周期结束后将被评选人员考核结果提交考核与薪酬管理委员会。绩效考核成绩为 B 及以下者，专业技术等级降低一级；如果是初级级别人员，取消其所获专业技术等级。

第二十一条 专业技术等级变动类型

（一）专业技术等级变动包括晋升、降级、退出、升任管理岗位/管理级别提升和评选其他序列专业技术等级。

（二）晋升是指已有专业技术等级人员，经评定后晋升新的专业技术等级。

（三）降级是指已有专业技术等级人员，经考核或评定后降低专业技术等级。

（四）退出是指已有专业技术等级人员专业技术等级被撤销的情形。退出的原因包括以下几类：

1. 在任职期间有严重的违纪现象。

2. 任职期内考核结果为 B 及以下，且为初级专业技术等级人员。

3. 任职期满评定，达不到最低专业技术等级要求的人员。

4. 离开本公司的人员。

（五）升任管理岗位是指已有专业技术等级人员担任管理岗位职责。

（六）管理级别提升是指有专业技术等级的管理人员其管理岗位级别提升。

（七）评选其他序列专业技术等级是指已有专业技术等级的人员在任期内，评选上其他专业技术序列的专业技术等级。

第二十二条 专业技术等级变动管理

（一）由薪酬与考核管理委员会发布专业技术等级变动的任免通知。

（二）人力资源部根据通知要求，按规定进行薪酬调整、绩效考核指标调整及信息更新工作。

1. 专业技术等级晋升、降级的人员，按新的级别进行薪酬调整、绩效考核指标调整及信息更新工作。

2. 退出的人员，撤销其享有的专业技术等级待遇，调整其绩效考核指标并进行信息更新工作。

3. 升任管理岗位的人员/管理级别提升的人员，其薪资待遇按两者中较高者为准，调整其绩效考核指标并进行信息更新工作。

4. 评选其他序列专业技术等级的人员，其薪资待遇按两者中较高者为准，调整其绩效考核指标并进行信息更新工作。

第六章　附则

第二十三条　本管理办法由考核与薪酬管理委员会负责解释、修改和调整，由集团总裁批准后实施。

第二十四条　管理办法实施后，原有类似规章制度自行终止，与本管理办法有抵触的规定一律以本管理办法为准。

第二十五条　本管理办法自×××年××月××日起颁布实施。

【附件二】财务管理师任职资格评价标准

一、财务管理师级别

该专业技术资格分为三个级别：财务管理师、高级财务管理师与资深财务管理师。

二、财务管理师概况

1. 主要工作职责

进行会计核算，及时提供真实可靠的、能满足各方需要的会计信息；对本单位实行会计监督；拟订本单位办理会计事务的具体办法；参与拟定经济计划、业务计划，考核、分析预算、财务计划的执行情况；其他业务。

对集团各项业务的财务情况进行分析，进行税务筹划，设计各项业务与税务相关的计划，有效降低企业税务成本，改善企业财务状况，负责具体项目的税务管理工作。

2. 行业相关证书

会计从业资格证书（会计证）、助理会计师、中级会计师、高级会计师、注册会计师、ACCA、注册税务师等。

三、各级别人员的区分点

1. 基本区分点

精通国内会计准则、公司各业务领域会计工作，精通财务分析及各领域税收政策。

独立开展工作的能力。

资格证书。

2. 硬性条件

资格证书、学历、工龄等。

表8－5

部门	岗位
财务管理部	预算评价处经理、预算评价、计划财务处经理、实体公司管理、业务支持管理、业务核算处经理、会计核算、综合管理处经理、资金流程管理、业绩规划及税务筹划管理、税务关系处经理
证券投资部	资金处经理、财务主管、财务会计、财务出纳
资金部	计划处经理、资金规划、计划实施监督、资金流程编制 日常结算处经理、日常结算 综合管理处经理、出纳主管、出纳 费用结算处经理、费用结算、内部稽核 信贷服务处经理、信贷管理、信贷专员 会计稽核处经理、审核专员

四、集团财务管理类相关职位

1. 资深财务管理师

• 级别定义

具有注册会计师、高级会计师、注册税务师资格证书或者职称，精通公司主营业务相关会计准则及相关法律法规与部门规章，具备优秀的税务筹划能力；曾全面负责上市公司、金融机构或者集团公司会计工作，精通公司收购、重组、分立、清算等财务工作；具有良好的沟通能力、组织协调能力与分析判断能力；认同公司文化。

• 标准要求（表 8－6）

表 8－6

序号	资格维度	具体要求
1	基本信息	学历：本科 专业：会计学、财务管理等相关专业 工龄：15 年/10 年（公司内部） 司龄：3 年以上
2	专业知识/技能	具有注册会计师/高级会计师/注册税务师资格证书或职称；精通公司主营业务相关会计准则及相关法律法规与部门规章；熟练应用行业准则，熟悉行业最新发展；精通国家和地方税务政策；能够独立进行上市公司、金融机构或企业集团财务工作，具备公司 IPO、重组、收购、清算等财务工作经历
3	工作经验	从事财务管理工作 15 年以上或在本企业财务管理岗位工作 10 年以上；曾全面负责上市公司、金融机构或企业集团财务工作，公司收购、重组、分立、清算等财务工作
4	培养他人和知识分享	在专业上能够主动分享和指导他人，在公司范围至少进行 3 次以上公开知识分享，在本领域业务上指导过高级财务管理师或初级别者

2. 高级财务管理师

- 级别定义

具有注册会计师、注册税务师资格证，精通公司主营业务两个领域相关会计准则及相关法律法规与部门规章；曾独立负责上市公司、金融机构或企业集团财务工作，公司收购、重组、分立、清算等财务工作中的重大项目工作；具有良好的沟通能力、组织协调能力与分析判断能力；认同公司文化。

- 标准要求（表8－7）

表8－7

序号	资格维度	具体要求
1	基本信息	学历：本科 专业：会计学、财务管理等相关专业 工龄：10年/5年（公司内部） 司龄：2年以上
2	专业知识/技能	具有注册会计师、注册税务师资格证；精通公司主营业务两个领域相关会计准则及相关法律法规与部门规章，熟悉行业最新发展；能够独立进行上市公司、金融机构或企业集团财务工作，拥有公司IPO、重组、收购、清算等会计工作经历，或独立负责上述工作中的主要项目工作
3	工作经验	从事财务管理工作10年以上或在本企业财务管理岗位工作5年以上。曾独立负责上市公司、金融机构或企业集团财务工作，公司收购、重组、分立、清算等会计工作中的重大项目工作
4	培养他人与知识分享	在专业上能够主动分享和指导他人，在公司范围至少进行两次以上公开知识分享，在本领域业务上指导过初级财务管理师或初级别者

3. 财务管理师

• 级别定义

具有中级会计师资格证，精通公司主营业务一个领域相关会计准则及相关法律法规与部门规章，具备基本的税务筹划能力；在负责人指导下，曾独立负责上市公司、金融机构、企业集团财务工作，公司收购、重组、分立、清算等会计工作中的项目工作；具有良好的沟通能力、组织协调能力与分析判断能力；认同公司文化。

• 标准要求（表 8－8）

表 8－8

序号	资格维度	具体要求
1	基本信息	学历：本科 专业：会计学、财务管理等相关专业 工龄：5 年/1 年（公司内部） 司龄：1 年以上
2	专业知识/技能	具有中级会计师资格证；精通公司主营业务一个领域相关会计准则及相关法律法规与部门规章，精通国家和地方税务政策，了解行业最新发展；能够在负责人指导下，独立进行上市公司、金融机构或企业集团会计工作，公司 IPO、重组、收购、清算等财务工作的部分项目工作
3	工作经验	从事财务管理工作 5 年以上或在本企业财务管理岗位工作 1 年以上。曾参与并负责上市公司财务工作，公司收购、重组、分立、清算等会计工作中的项目工作
4	培养他人与知识分享	在专业上能够主动分享和指导他人，在公司或部门范围至少进行两次以上公开知识分享

职场感悟——如何成为一名未来需要、企业满意的专业 HR 人才

未来十年最缺的 HR

（1）懂得在全球方位内寻访人才的招聘高手

目前企业国际化如火如荼地进行，企业国际化不但在国外发生着，也在国内发生着。企业发展，尤其是向外寻求比较优势的扩张，对于人才本地化的要求越来越迫切，作为 HR 一定要敏感地觉察到猎取国际化人才的必要性。随着企业的发展，不但要有人才国际化的意识，还要有跨区域招聘中高端人才的渠道和技术，这才是合格的招聘高手。

（2）懂得影响力建设的企业文化高手

企业留人最终靠的是文化，所以企业文化的建设，特别是有利于产生跟随的影响力文化的建设，是企业 HR 的必备手段和技术。建设文化不能仅仅靠老板来口头传述，更主要的是文化的落地，也就是文化的制度化建设，要形成有效的制度文化。

（3）懂得根据岗位性质差异设计薪酬的高手

薪酬设计将来一定不是一套体系一套结构走天下。因为未来的企业一定会平台化发展，就像今天的淘宝平台，员工一定会转换为掌握不可替代技能的手艺人。企业为做平台要建基础管理制度，但更重要是的根据手艺人嗜好不同设计有针对性的薪酬激励制度体系。

（4）懂得运营的 HR

人力资源管理是企业管理最重要的一个方面，现在经济环境下，已经批量出现了具备 HR 背景的总经理和总裁。企业的经营本身也是经营客户和经营人才，所有 HR，尤其有较高职位的 HR 务必要深入企业的运营一线，有时间的话，多泡在一线了解一线的需求，真正使人力资源的政策和套路符合企业运营的需要，而不是仅仅玩弄权术或者人力资源的技术。

（5）懂得领导力建设的干部管理高手

企业发展离不开一线员工，但是要使一线员工能够发挥作用，最主要的还是一支高效能干的干部队伍建设。干部管理属于企业战略管理的层面。

如果人力资源系统的同事们不能建立一套有效的领导力发展的干部队伍培养机制，那么人才的晋升机制就会出现问题。关键的干部大部分还是以内部培养为主，虽然内部晋升有各种弊端，但目前来看是最有效的人才发展机制。毕竟外部人才的价值观梳理是很麻烦的一件事情，不易形成合力。

（6）懂得课程开发的培训高手

目前经理人的发展有一个非常明显的趋势——经理人的内训师化，这有利于内部人才队伍的建设和发展。作为企业人才队伍建设的领头部队，如果 HR 不能开发课程、不能授课、不能辅导人，那简直难以想象。而这恰恰是目前的状况，很多 HR 面对突发现场显得手足无措。

（7）懂得法律法规的劳动关系高手

虽然仲裁事项事实发生，HR 懂劳动法规最主要的目的是为了预防，而不是给员工下套。调整劳动关系是为了做好员工关怀，而不是为了防着员工。

老板心目中不满意的 HR

（1）招不到人，一大堆理由

自己不行，不说自己不行，总找借口，推脱责任，实际上作为老板对事情的判断不说一目了然，也差不多八九不离十。HR 完全没有必要找借口推脱，反而会让老板小瞧了。

（2）员工有抱怨，不解决，总认为是老板的问题

员工有抱怨，比如说工资低、工作环境差、费用低、工装差等，不解释不解决，反而跟员工一起抱怨公司不好，生生搞乱了企业的文化，这样的 HR 留着何用?!

（3）知道公司问题一大堆，但拿不出解决方案

公司问题很多，但是没有能力提出解决方案，或者能够提出解决方案，也没有影响力来实施方案。总之不是能力不够就是影响力不够，或者人品不好。

（4）让干什么就干什么，自己没主动干什么

说白了就是摆设，放哪都那样，跟机器差不多。

（5）一外出听课就跟老板说做这个做那个，项目都是虎头蛇尾

听着老师讲的都有道理，认为本企业就该依计行事，回到企业就跟老板献言献策，根本不考虑企业的文化、发展阶段和人员的能力。项目一启动，遇到问题就慌神，一般都是虎头蛇尾，久之，老板的信任就会大打折扣。

（6）其他部门不满意的 HR

HR 工作中不能正向影响，时不时地给业务部门带来困扰和骚扰，业务部门体验差，抱怨多。

如何成为顶级高手

（1）大公司的“小鱼”，小公司的“大鱼”，大公司里的“大鱼”

（2）跟随一个 HR 组织和机构，不掉队学习

人力资源群体是最爱学习、最有紧迫感的团体。现在 HR 群和民间组织很多，还有一些机构。刚开始 HR 的同行可以紧随一个组织，亦步亦趋地学习，3 年后会有大的进步和改变。

（3）拜高手为师，言传身教，系统学习

在工作初期，如果有个领导或者高手能够带你，那绝对是上辈子修来的福分，一定不要嫌苦嫌累，要认真学，过年过节的要去师傅那儿送送红包，别没良心。

（4）多看书、勤总结，利用好晚上 20：00 ~22：00 的时段

多读书，一年至少要看 10 ~ 20 本专业领域内的书籍，做读书笔记，分享读书心得；勤总结，要做日计划、日总结，要做学习计划、学习总结，久了自然水到渠成；利用好晚上 20：00 ~ 22：00 这个时间段，哈佛的理论，晚上两小时决定人生的高度。白天上班是挑水吃，晚上学习总结是在挖井，切切！

（5）在不断失败中总结经验，不断突破自我

作为职场人士，虽然失败是成功之母，但前提是需要总结。不总结难有突破，甚至会时时低迷。

（6）坚持